中国建设银行研究院研究成果集萃（2018）

经济金融焦点问题

田国立 ◇ 主 编

中国发展出版社
CHINA DEVELOPMENT PRESS

图书在版编目（CIP）数据

经济金融焦点问题：中国建设银行研究院研究成果集萃（2018）/ 田国立主编. 北京：中国发展出版社，2019.4
ISBN 978-7-5177-0972-5

Ⅰ. ①经… Ⅱ. ①田… Ⅲ. ①中国经济—文集 ②金融—中国—文集 Ⅳ. ① F12-53 ② F832-53

中国版本图书馆 CIP 数据核字（2019）第 043494 号

书　　　　名：	经济金融焦点问题：中国建设银行研究院研究成果集萃（2018）
著作责任者：	田国立
出 版 发 行：	中国发展出版社
	（北京市西城区百万庄大街 16 号 8 层　100037）
标 准 书 号：	ISBN 978-7-5177-0972-5
经 　销 　者：	各地新华书店
印 　刷 　者：	河北鑫兆源印刷有限公司
开　　　　本：	787mm×1092mm　1/16
印　　　　张：	23.5
字　　　　数：	271 千字
版　　　　次：	2019 年 6 月第 1 版
印　　　　次：	2019 年 6 月第 1 次印刷
定　　　　价：	108.00 元

联 系 电 话：（010）68990630　68990692
购 书 热 线：（010）68990682　68990686
网 络 订 购：http://zgfzcbs.tmall.com//
网 购 电 话：（010）88333349　68990639
本 社 网 址：http://www.develpress.com.cn
电 子 邮 件：370118561@qq.com

版权所有·翻印必究
本社图书若有缺页、倒页，请向发行部调换

编委会

主　任

黄　毅

成　员（按篇章顺序排列）

董　利　尹　龙　安　俊

宋效军　边　鹏　王盛刚

金融高质量发展与金融理论建设

中国改革开放40年取得了巨大成就,经济发展举世瞩目,国内外都在研究中国经济成功的原因,探讨中国经济发展的主要推动力,各方人士可谓见仁见智。从最基本的角度来看,我认为40年来推动中国经济发展的主要动能有三个:一是正确的方针道路,在改革开放过程中我们保持了睿智和清醒的头脑,这是国家的力量;二是辛勤的劳作,包括企业家在内的劳动者们通过创新创造、挥洒汗水造就了中国勤劳致富的微观市场主体,这是人民的力量;三是积极作为的金融,为经济社会发展提供了资金融通服务,这是金融血脉和资本市场的力量。

回顾历史,改革开放伊始,中国就十分重视资金和资本的力量,重视金融体系的培育和发展。1978年开始改革开放,1979年金融机构就得以恢复和建设,到1984年中国人民银行专职履行中央银行职责,6年时间中国就完成了现代银行体系基础架构的搭建。同时,1981年中国就允许外资银行在深圳等5个经济特区设立机构,开展金融业务,用

2年的时间实现了金融开放的实质性突破。自此以后，中国金融业和中国金融体系始终保持着快速发展和不断修正、完善。目前，金融行业是中国国际化程度最高、全球合作最密切的行业之一。尽管中国的金融发展仍然存在着这样或那样的问题，但总的来看，金融改革开放的先发和现代金融体系的不断演进，是推动中国经济增长、促进社会经济变革的重要力量。正因为如此，我们将金融看作现代经济的核心，是经济运行的血脉。

这种看法源于实践，但又高于实践。我们没有只停留在对成功经验的简单总结，而是通过不断的研究和思考，逐步将其发展成为适合中国经济发展的金融理论体系。这一体系构成了中国现代金融体系的基础，影响着金融政策体系、管理组织体系、市场体系等的演进和变迁。中国金融发展的成败，与中国金融理论的演变密切相关。

当我们的理论体系符合金融发展的内在规律、符合金融资源配置的市场原则时，金融发展与社会经济发展就会形成良性互动。反之，在金融理论出现了偏差，或是在缺乏理论指导下，金融超常规、应景式发展的现象就十分明显，金融风险就会积聚，就会出现金融资源低效甚至错配。金融发展出现的重大问题，无一例外都带着"行"先与后"知"的色彩。可以说，金融领域最大的失误就是理论的失误或缺失。

作为一个仍处于改革开放进程中的发展中国家，金融发展在一定程度上难免"摸着石头过河"，但这并不意味着有多个"石头"可选择时只是凭着感觉走，科学合理的理论可以给我们提供一个通向彼岸、不断前行、一以贯之的方向。

中国经济已经进入高质量发展阶段，金融要继续成为高质量发展的动能,更需要科学理论作为支撑。这既是现代金融体系建设的需要,也是金融实践的需要。

2018年,中国建设银行确定了"住房金融""普惠金融""金融科技"三个战略方向,试图探索解决金融如何更好地服务实体经济、如何保持可持续发展、如何适应新环境的变化实现自身进化等问题。我们发现,金融服务实体经济并不难,难的是如何找到合适的方式和路径,使之保持科学性、合理性和连续性,避免脉冲式波动。同样,金融实现包容性发展形式上也不难,如果仅从支付结算这一金融服务来看,金融服务已覆盖需要服务的各类人群。普惠金融真正的难点在于如何满足不特定群体在不同时期的不同金融服务需求,能够使商业原则与利他主义(这实际上是保持可持续发展的基础)、网络时代有机融合,通过金融创新解决金融发展中出现的新问题,这些都需要理论研究的支持和指导。

在此背景下,我们于2018年3月正式设立了"中国建设银行研究院",旨在通过建设国际化、开放式、平台型的现代智库,服务建行,建言国家。

本书是中国建设银行研究院2018年部分研究成果的选编,是我们在智库建设和研究领域的阶段性尝试,我们希望与大家一起为中国金融理论建设添砖加瓦,也希望各位专家学者不吝指教。

中国建设银行董事长　田国立

2018年12月28日

High-quality Financial Development and Financial Theory Construction

Thanks to the 40-year reform and opening up, China has made great achievements and its economic development has attracted worldwide attention. Therefore, domestic and foreign people with various backgrounds are researching why the Chinese economy has been so successful and discussing about the main impetus of the Chinese economic development, and they have formed very different views. In my opinion, viewing from the most fundamental angle, the following three elements have driven the development of the Chinese economy: The first elements are the correct policies and road through which we have kept farsighted and clearheaded, which is our national strength; the second element is the toil through which the workers including the entrepreneurs have innovated, created, worked very hard and prospered in the micro-market, which is the strength of the people; the third element is finance playing positive roles and providing financing services for the economic and social development, which is the strength of capital market.

At the beginning of the reform and opening up, China attached great importance to the strength of funds and capitals and paid much attention to the cultivation and development of the financial system. The reform and opening up policies started in 1978 and the financial institutions were recovered and constructed in 1979. The People's Bank of China started to only perform the functions of the central bank in 1984. It cost China six years to complete the construction of the infrastructure of the modern bank system. Meanwhile, China started to allow foreign banks to set up branches in 5 special economic zones such as Shenzhen and started their financial business in 1981. It took China two years to make a substantial breakthrough in the financial openness. Since then, the Chinese financial industry and the Chinese financial system have always been developing fast, correcting and improving. At present, the financial industry has become one of the industries with the highest internationalization level and the closest international cooperation. Although the Chinese financial development faces different problems, generally speaking, the development of the financial reform and opening up and the constant evolution of the modern financial system are the important elements that promote the Chinese economic growth and the social and economic changes. Just because of this, we regard finance as the core of modern economy and the blood of economic operation.

This opinion comes from practice while goes beyond practice. We do not only summarize our successful experiences, but gradually developed the opinion and made it the financial theoretical system adapting to the Chinese economic development. This system has constituted the fundamental part of the modern Chinese financial system and affects the evolution and changes of the systems of financial policy, the management organization and the market, etc. The success or failure of the Chinese financial development is closely linked with the evolution of the Chinese financial theory.

Since our theoretical system conforms to the inherent laws of the financial development and the market principles of the financial resource allocation, it is beneficial to form some benign interaction between the financial development and the socioeconomic development. On the contrary, if some deviation appears in the financial theory development or there is insufficient guidance, the hyper-normal and claptrap phenomenon will be very obvious, the financial risks will accumulate and the financial resources will become inefficient or even mismatched. Every major problem occurs in the financial development just because practice advances theory. The largest mistake in the financial field is the theoretical mistake or lack of the corresponding theory.

China is still a developing country in a reform and opening up process. China has to "cross the river by feeling the stones" in the financial development. However, it does not mean that we can only move forward relying on our feeling when there are multiple "stones" in the river. A scientific and rational theory can show us directions to cross the river, constantly move forward and consistently work.

The Chinese economy has entered a high-quality development stage.

Finance should continue to be the impetus for the high-quality development, and it has become more necessary that finance should be supported by scientific theories. It is both the demand of the modern financial system construction and the need of the financial practice.

In 2018, China Construction Bank determined its three strategic directions: housing finance, inclusive finance and financial technology, trying to find how to better serve the real economy, maintain the sustainable development, and adapt to the new environmental change to evolve, etc. We found that the difficulty was not to make finance serve the real economy, but how to find a suitable method and appropriate way to keep the service scientific, reasonable and continuous so as to avoid impulse-type fluctuation. Similarly, it is not difficult to let finance have an inclusive development form. If we view finance only from the payment and settlement angle, the financial services have covered various groups who need financial services. The true difficulty of the inclusive finance is how to meet different financial service demands of non-specific groups in different periods. To organically integrate the commercial principles, altruism (It is the basis to maintain the sustainable development) and the network era, or to solve the new problems arising in the financial development through financial innovation, we need the support and guidance of theoretical researches.

In this connection, we officially established International Institute of China Construction Bank in March 2018, aiming to serve China Construction Bank and present suggestions to the state by establishing an open internationalized platform-type modern think tank.

This book is the selected works of the research achievements published by International Institute of China Construction Bank in 2018. It is one of our periodic attempts in the think tank construction and research work. We wish to make some contributions to the Chinese financial theory construction together with you. We also hope that experts and scholars could share insights with us.

TIAN Guoli, Chairman of China Construction Bank

December 28, 2018

会聚之道　和而不同

2018年底中央经济工作会议指出，当今世界面临百年未有之大变局，随着强权政治和民粹主义涌起，世界正逐步进入一个急剧变化、动荡不安的时代。国家、企业乃至个人之间的摩擦冲突成为常态，体现在经济社会上就是市场大幅变动成为一种新常态。这正应了中国一句老话："变易乃千古不易之理"。我们认为"易亦有道"，事物不断变化的背后必有其变与不变的道理。站在历史大变局面前，如何认知世界格局？如何把握变易之道？作为承担重要国际公共治理责任的新型大国需要建立一套全球思想与智识的定位系统，会天下有识之士，聚克难攻坚之策，为矛盾重重、冲突不断的国际社会、企业以及个人提供思想资源，研究解决之道。

近年来，党和国家高度重视智库建设，国内智库发展规模和速度前所未有，但也呈现出同质化、官僚化、低水平重复建设的态势，离真正意义上的智库还有不小差距。中国建设银行组建研究院，建设国际化智库，首先要做的就是转变思路和理念，体现新时代的大行引领和责任担当。通过调研国内外智库机构,深入研究不同体制下智库设计理念和功能定位,我们提出了新时代新型智库建设的核心理念:"会聚之道,和而不同"。

一、正本清源树立新理念

近年来,西方主流文化以其科学理性工具万能掠夺大自然的发展观,以其聚敛钱财、过度享乐的物质主义价值观,以及个人主义、弱肉强食、残酷竞争的人生观,引发了人类社会物质与精神、理想与现实、动力与方向的冲突和背离。更值得关注的是,近年来西方价值观对中国的影响逐渐加深,上述问题在中国也有不同程度的体现,面对巨大的物质刺激与财富诱惑,很多人被利益大潮裹挟,失去了自己的思想信仰与道德操守,虽拥有巨额财富,但精神世界却苦闷贫乏,引发了诸多社会焦虑与彷徨。美国系统科学家欧文·拉斯诺(Ervin Laszlo)《巨变》(2001)中预言,未来十年如果不能发动一场彻底改变西方旧价值观的意识革命,从根本上完成文化转型,全世界的政治经济结构将会逐步解构直至彻底瓦解。2018年恰逢改革开放40年,是关键的历史节点,中国要去向何处?我们该怎么办?都是当前急需破解的重大课题。研究提出一套有效驾驭人与自然、人与人之间关系的思维方式和价值理念,重启心灵智慧,引领人类重新走向美美与共、和合共生的良性循环,最终实现人与自然和谐发展、国与国和平共处、人与人和睦相处的大同世界,是破解当下价值观念困局的必经之路,是中华民族的世界责任,也是新时代智库的历史担当!

中华文明博大精深，源远流长，中华文化以其独特的价值观与思维方式滋润着一代又一代中国人，在这个关键的时刻，我们应该从传统反观现代，从中华传统文化中汲取营养，为世界和平发展贡献中国智慧。古人云"多难兴邦"，习近平总书记讲"艰难困苦，玉汝于成"，每一次中华民族处于最危险的时候，都是从传统文化中汲取精神力量，才迸发出巨大的改革创新勇气。中华民族的每一次振兴都是在中华文化引领下的振兴。面对当世之危局，我们也要从传统文化中汲取思想资源，凝聚改革共识，增进社会认同，结成最广大的统一战线并付诸行动，激发全社会的改革创新勇气，克难奋进，勇闯新路，化危为机，力挽狂澜，最终走出困局转危为安。

二、新型智库核心理念的思想内涵和价值导向

基于对西方文化的不断反思，研究院在广泛调研国内外专业智库、充分吸收中华优秀传统文化的基础上，提出了新时代建设新型智库的核心理念，即"会聚之道，和而不同"。

（一）"会聚之道"具象了新时代智库的价值属性

《说文》曰："会者，合也；聚者，会也。"含会合、聚集之意。《易经·萃卦》曰："萃，聚也。"讲的就是会聚之道，引申为会聚人才，会聚财物，会聚美德。"会聚"意指会天下有识之士，聚克难攻坚之策。"之道"就是通往大道。我们不仅要会集智者，更要使之聚合发生聚变，产生新的思想和方法用于指导实践，为中国及世界面临的痛点、难点问题探寻解决之道，提出有高度、有前瞻性、有效的

解决方案。

研究院作为新时代智库,其使命就是会聚众智,参研大道,思以其道易天下,"会聚之道"恰恰是这一使命责任的深刻表达。同时,"会聚之道"还阐明了研究院的平台属性,即研究院将致力于搭建一套全球思想与智识的定位系统,构建一个聚合全球优秀思想者的平台,通过会聚同道,参研大道,共同探索、认知客观世界与人类社会发展运动的本质规律,以新的思想文明指导社会经济实践,致力于化育天下、化成天下、改变天下。

(二)"和而不同"体现了新时代智库的价值导向

"和而不同"思想作为中华民族独有的心理结构特征,是中华民族最重要的思维方式之一,体现了中华民族鲜明的价值取向。《论语》曰:"君子和而不同,小人同而不和",意指君子坚守道义,在言行时能够权衡不同意见,不一味追求与他人一致;而小人以利为先,既可以为了利益追求与别人一致,也可以为了私利不接受别人的正确意见。习近平总书记提出:"文明相处需要和而不同的精神。只有在多样中相互尊重、彼此借鉴、和谐共存,这个世界才能丰富多彩、欣欣向荣",将人类命运共同体倡导为一个合作、普惠、共赢的国际秩序,一个包含多种要素的复合型立体架构。"和而不同"思想使得这一理念更加具有生命力与公信力。

研究院作为新时代智库,首先要正视客观世界是在差异性基础上的和谐统一,因此,研究工作应倡导求同存异,存不同之人和不同之见,不做正确与否的简单判断,而是尊重所有言之有据、言之有理的不同认知;其次要树立君子"和而不同"的思维方式,倡导坚守学术道义，坚持真理的科学精神，不随波逐流。"和而不同"体现了新时代智库的思维方式和治学方法，体现了研究院倡导兼容并包的大气度、大格局、大胸怀，追求人与人之间平等交流、和谐共处的状态，致力于从所见不同到相互认同、从形式不同到实质类同、从差别各异到天下大同的境界提升。

三、新时代新型智库的展望

当前，中国与世界的关系正在发生着深刻变化，在这一进程中，商业银行发展不可避免地会遇到各种问题和矛盾，需要从战略性、前瞻性视角进行研究应对。习近平总书记讲"一代人要有一代人的担当"。总行党委提出设立研究院、组建国际化智库，正是致力于改变传统的问题应对逻辑，积极为国家政策和行业发展建言献策的责任担当。

（一）逐步引导构建内外部良性互动的研究文化

研究工作需要聚不同之人、容不同之见、和不同之心，以多样性方法去研究、探索实际问题。正如习近平总书记所言"不同文明凝聚着不同民族的智慧和贡献，没有高低之别，更无优劣之分。文明之间要对话，不要排斥；要交流，不要取代"。树立"会聚之道、和而不同"的理念，引导学术研究首先要尊重不同、包容不同，并跳出一己之私，坚持研究独立、原创、唯实，逐步形成内外部良性互动的研究文化氛围。

（二）逐步形成人才会聚和培养的平台

研究院致力于打造平台化、国际化和特色化的国家级智库，实现员工素质培养、学术研究及公共政策支撑的功能，必须树立"会聚之道，和而不同"的理念，吸引全球研究精英，会聚各方思想，形成有深度的思想产品，充分体现开放式研究平台属性。同时，利用平台丰富的资讯和精英导师的指导，培养一批拥有全球化视野，掌握先进研究工具，具备创新思想及政策研判能力的青年研究人才和管理人才。

英国著名历史学家汤因比在《谁将继承西方在世界的主导地位》一文中指出："人类已经掌握了可以毁灭自己的高度技术文明手段，同时又处于极端对立的政治、意识形态的营垒，最重要的精神就是中国文明的精髓——和谐。中国如果不能取代西方成为人类的主导，那么整个人类的前途是可悲的"。人类即将告别工业文明时代，步入共享、共建、共有、共生的生态文明时代，新时代呼唤着新思想理念的产生，"会聚之道，和而不同"因其蕴涵的共享、共有、共生精神可谓正当其时。

放眼当下之中国，历史的潮流已经跨入激流险滩之地，改革大业不进则废，慢进亦危，以创新发展突破困局可谓时不我待。我们面临的困难和矛盾很多，亟须建立一套发现真问题和真解决问题的体制机制，新型智库建设就是其中的重要组成部分。建行研究院自2018年初筹建至今刚满一年，我们在新型智库建设上积累尚少，经验缺乏，但我们勇于探索，乐于分享。本书就是一次初步的尝试，记录了我们对国家经济金融焦点问题的思考和认知，其中的一些观点和方法还不尽完善，目的是引发学术思考，激励为国建言，并不想一味求同。在此，我们倡议："会聚之道，和而不同"。中国建设银行研究院愿立心为公，担当大义，携手同道，和而不同，积极构建共有、共治、共生的研究文化生态，实现与社会各界的良性互动，努力以新的价值观、伦理观、文化观和治理观引领新时代，为构建"和合共生"的新型生态文明贡献力量。

中国建设银行副行长兼研究院院长　黄　毅

2018年12月28日

Convening Talent, Creating Harmony in Diversity

The Central Economic Work Conference held at the end of 2018 has illustrated that the current world is facing the greatest change of the past century and the world is ushering into a rapidly-changing turbulent age with the rise of power politics and populism. Frictions and conflicts between countries, enterprises and individuals have become a normal state, its manifestation in the economy and society is the new normal of great changes in the market. This corresponds to an old Chinese saying: Change is eternal. We believe that "change follows its own changing law". There should be reasons behind constantly changing things. How to understand the general world situation in the changing world? How to master the changing laws? As a new power undertaking important international public governance responsibilities, China needs to establish a positioning system with global thoughts and intelligence, convene worldwide talents, collect strategies to solve various problems, provide ideological resources and research solutions for the international society beset with numerous contradictions and constant conflicts, and enterprises.

In recent years, the Party and the State have paid much attention to the think tank construction, and the development scale and speed of domestic ones have become unprecedented. However, some homogenization, bureaucratization and low level redundant construction phenomena have emerged. At present, the think tank is not in the true sense yet and needs to be improved greatly. To establish International Institute of China Construction Bank as an international think tank, China Construction Bank should first change its thinking and ideas so as to reflect the guidance and responsibility of a large bank in the new era. By investigating and researching on domestic and foreign think tanks, and deeply researching the think tank design ideas and function positioning in different system, we have proposed the core ideas of the new think tank construction in the new era: Convening talent, creating harmony in diversity.

I. A radical reform to establish new ideas

In recent years, the western mainstream culture, the western development view on plundering the nature with its universal scientific rational tools, the materialist values focusing on gathering wealth and excessive enjoyment and the individualist life view advocating the law of jungle and cruel competition have triggered the conflicts and contradictions between materials and spirits, ideals and realities, and impetuses and directions of human societies. It is noteworthy that the western values have gradually deepened its effects on China and the above-mentioned problems have appeared in China to some extent. Facing great material incentives and wealth temptation, many people have been captured by great interests and lost their thoughts, beliefs, morals and personal integrity. Although gaining great fortunes, they anguish and are poor in their spiritual worlds, which have triggered a lot of social anxieties and frustration. American system scientist Ervin Laszlo has predicted in his book The Chaos Point: The World at The Crossroads (2001) that the political and economic structures will gradually destruct until they completely break down if an ideological revolution aiming to change the old western values will not be carried out for cultural transformation in the future ten years. The year 2018 happens to include the 40th anniversary of the reform and opening up and it is a key historic node. Where will China go? What will we do? They are current key issues that need to be solved urgently. To find out a set of effective thinking modes and values to guide the relationships between man and nature as well as man and man, restart the human wisdom, guide the human race to the virtuous circle in which the peoples share their wonderful things and harmoniously coexist and finally build a world of great harmony in which man and nature develop harmoniously, countries peacefully coexist and the people are happy together, is the only way to solve the predicament of the current values, the world responsibilities of the Chinese nation and the historical responsibility of the think tank of the new era!

The extensive and profound Chinese civilization has developed for a long time. The unique values and thinking mode of the Chinese culture have nurtured Chinese people from generation to generation. At this key moment, we should view the modern society from the traditional angle, absorb useful things from the traditional Chinese culture and provide Chinese wisdom for the peace and development of the world. As an old Chinese saying goes, much distress regenerates a nation. General Secretary Xi has said: "Difficulties and hardships facilitate your success." At every most dangerous moment, the Chinese nation always absorbs some spiritual strength from the traditional culture and gets great courage to reform and innovate. Every revival of the Chinese nation is guided by Chinese culture. Facing the dangerous situation of the world, we need to absorb ideological resources from the traditional culture, adhere to the reform consensus, promote the social identification, build the most extensive unified battlefront, put our ideas into practice, stimulate the reform and innovation courage of the whole society, overcome difficulties, advance bravely, explore new ways, turn crises into opportunities, make vigorous efforts to change the current situation and finally get out of the predicament and crises.

II. Ideological connotation and value orientation of the core idea of the new think tank

By constantly rethinking the western culture, the research institute has widely investigated and researched domestic and foreign professional think tanks, fully absorbed the excellent traditional Chinese culture and then proposed a core idea on building a new-type think tank, i.e., "Convening talent, creating harmony in diversity."

(I) "Convening talent" reflects the value property of the new-era think tank

The ancient book Words and Expressions explained the word "convening" as follows: "Convening means an assembly of persons or a meeting". Similarly, the ancient book Cui Divination Part of I Ching explained the word "convening" as "gathering". Here the convening means gathering talents, properties and virtues. Talents should be gathered to generate new ideas and methods which can be used to guide the practice, and find solutions to difficult problems of China and the world and propose high-quality, prospective and effective strategies.

The mission of the research institute, as a new-era think tank, is to extensively gather wisdoms, research the main principles and ideas, and strive to apply the principles and ideas in practice. "Convening talent" has deeply expressed the mission and responsibility. Meanwhile, "convening talent" has described the platform property of the research institute, that is, the research institute will strive to build a positioning system for global thoughts and wisdoms and build a platform to gather the global excellent thinkers. Based on the principle of gathering and the principle of research, they together explore and learn the essential development and operation laws of the objective world and human society. They use the new ideological civilization to guide the social and economic practice, and strive to nourish the world, guide and change the world.

(II) "Creating harmony in diversity" reflects the value orientation of the new-era think tank

As the unique psychological structural feature of the Chinese nation, the idea of "creating harmony in diversity" is one of the most important thinking modes of the Chinese nation and it reflects the distinct value orientation of the Chinese people. It is stated in the Analects of Confucius that gentlemen seek harmony but not uniformity and vulgar people are similar but not affable. The meaning of the words is that gentlemen stick to morality and justice, can consider different views and do not want to be consistent with other people, and vulgar people always pursue their interests, keep consistent with other people for the pursuit of interests and refuse to accept correct advices for their private interests. General Secretary Xi has pointed out: "Civilized relations need the spirit of creating harmony in diversity. The world can prosper and be colorful only based on the mutual respects, learning from each other and harmonious coexistence of diversified parties." We should take the proposal of the community of human destiny as a cooperative, inclusive and win-win international order and a compound-type three-dimensional structure containing multiple elements. The thought of creating harmony in diversity has made the idea have stronger vitality and credibility.

As a new-era think tank, the research institute should first regard the objective world as the harmony and unity based on diversity. Therefore, the research institute should advocate seeking common points while reserving differences, reserve different people and different opinions, and do not simply judge whether something or somebody is correct. It should respect all the opinions based on good grounds or that make sense. Secondly, it should establish the thinking mode of "creating harmony in diversity" for gentlemen, advocate the scientific spirit of sticking to academic morality and truth and do not go with the stream. "Creating harmony in diversity" reflects the thinking mode and scholarly research method of the new-era think tank, embodies the grand tolerance, the grand pattern, the broad mind, the equal communication among people and the harmonious coexistent state, strive to promote the realm upgrade from different views to mutual recognition, from different forms to similar essence and from diversity to universal harmony.

III. Outlook of the new-era new-type think tank

At present, the relation between China and the world is changing profoundly. In this changing process, the development of commercial banks inevitably faces numerous problems and contradictions, which should be researched and coped with from the strategic and prospective angles. General Secretary Xi said: "Every generation should shoulder its own responsibilities." The CPC Committee of the China Construction Bank Head Office has proposed to establish a research institute and build an internationalized think tank, which are just the responsibility undertaking striving to change the logic coping with the traditional problems and actively provide advices to the national policy and industry development.

(I) to gradually guide the construction of the research culture with internal and external benign interactions

Research work needs to gather different talents, tolerate different opinions and harmonize different minds. Diversified methods should be used in researching and exploring actual problems, as General Secretary Xi said: "Different civilizations have accumulated the wisdoms and contributions of different nations. They should not be classified into high and lower ones. Of course, they should not be classified into better and worse ones. We should not reject dialogues between nations. They need communication and the dialogues instead of being replaced. The idea of "convening talent, creating harmony in diversity" should be established to make academic researches first respect and tolerate diversity, do not persist with private interests, adhere to independent researches, original researches and actual researches and gradually form a research culture atmosphere with internal and external benign interactions.

(II) to gradually form a talent gathering and cultivating platform

The research institute strives to build an international platform-type state-level think tank with its own characteristics, and implements such functions as the quality cultivation of employees, the academic research and public policy support. It must establish the idea of "convening talent, creating harmony in diversity", attract worldwide research elites, gather various ideas, form in-depth ideological products and fully embody the open research platform property. Meanwhile, it should cultivate a group of young talents in both research and management with the global vision, the mastery of advanced research tools, innovative thought and the research and judging ability in policy.

Mr. Toynbee, a famous British historian, pointed out in his article Who Will Inherit the Leading Position of the World from the West? "Mankind has mastered the highly-civilized technical means that can be used to destroy itself. Meanwhile, there are extremely opposite political and ideological barracks in the world. The most important spirit is the Chinese civilized essence — harmony. If China fails to replace the west and take the leading position of mankind, the future of the whole mankind will be miserable." Mankind will soon farewell to the industrial civilization age and enter an ecologically civilized age with the characteristics of sharing, jointly owning, co-construction and co-existence. The new age calls for generation of new thought and ideas. "Convening talent, creating harmony in diversity" just meets the demand because of its characteristics.

In view of current China, the historical trend has come to a place where there are turbulent rivers and treacherous shoals. If the reform is not furthered, it will fail; if the reform progress is slow, it will be in danger. It is the urgent time to make a breakthrough to put an end to the current predicament through innovation and development. We are facing a lot of difficulties and contradictions and urgently need to find the real problems and the system or mechanism for real solutions. And the new-type think tank is just an important part. It has just been one year since International Institute of China Construction Bank was established in 2018. We have not accumulated much experience in the construction and we need more experience. However, we dare to explore and we are glad to share. This book is just a preliminary attempt and has recorded our thinking and understanding of the national economic and financial focus issues, in spite that some views and methods inside should be improved. The purpose of the book is to trigger academic considerations, encourage suggestions to the state and pursue diversified opinions. Therefore we hereby propose "Convening talent, creating harmony in diversity". International Institute of China Construction Bank hopes to serve the public, undertake the righteous cause, join hands with peers, create harmony in diversity, actively build a research culture ecology with the characteristics of jointly owning, co-governance and coexistence, realize benign reactions with all sectors of the society, strive to play a leading role in the new era by adopting new values, new ethics, cultural governance views, and make contributions to building a new-type harmonious and co-existing ecological civilization.

HUANG Yi, Executive Vice President of China Construction Bank and
President of International Institute of China Construction Bank
December 28, 2018

目 录

第一篇 宏观经济 — 1

新形势下的货币政策 …………… 4

2018年下半年经济与货币政策推演 …………… 10

简析近期人民币汇率波动 …………… 16

少子老龄化对我国经济金融的影响分析 …………… 26

经济政策选择与经济理论 …………… 33

2019年宏观经济形势展望 …………… 36

第二篇 中美贸易摩擦 — 51

中美贸易对抗的深层原因及可能走向 …………… 55

贸易对抗下的金融风险 …………… 60

贸易摩擦对中国建设银行经营影响的简要分析 …………… 64

关于中美贸易摩擦的微观影响分析 …………… 73

美国金融执法机构的类别及可用处罚措施 …………… 81

顺世界经济周期的战略意义 …………… 93

中期选举后中美关系的变化及影响 …………… 95

第三篇 金融风险 103

当前中国金融安全形势与维护金融稳定的策略 ………… 108

对守住不发生系统性金融风险底线的述评 …………… 121

金融危机的可能途径及应对策略 …………… 127

当前地方政府债务的可持续风险 …………… 134

市场竞争与商业银行风险承担 …………… 148

2018年中国主要经济金融风险回顾与展望 …………… 164

2019年中国宏观金融风险形势前瞻 …………… 172

第四篇 住房金融 183

住房租赁市场的资本属性与金融治理途径 …………… 187

住房租赁金融的经济模式探索 …………… 194

化解长租公寓发展困境的思考和建议 …………… 201

住房租赁市场特点及建行的行动路径建议 …………… 208

德国住房制度启示 …………… 218

第五篇　金融科技　　229

金融科技：新生态下的金融变迁 …………………… 232
2019年中国金融科技趋势展望 …………………… 235
欧美大型银行金融科技股权投资 …………………… 243
美国财政部金融科技报告综述 …………………… 248
金融领域人工智能研究进展 …………………… 260
全球金融科技发展现状与趋势 …………………… 270

第六篇　普惠金融　　289

融资难融资贵悖论与金融发展 …………………… 292
普惠金融研究现状和简要综述 …………………… 298
普惠金融的实质与发展路径 …………………… 307
企业融资难融资贵问题的系统分析和应对 …………………… 316

后　记　　333

Table of Contents

Chapter 1 Macro-economy   1

Monetary Policies in the New Situation ························4

Economic and Monetary Policy Evolution in the Second Half of 2018 ························10

Brief Analysis on Recent RMB Exchange Rate Fluctuation ························16

Analysis on the Effects of Sub-replacement Fertility and Population Aging on China's Economy and Finance ···26

Economic Policy Selection and Economic Theories ········33

Outlook on the 2019 Macro-economic Situation ············36

Chapter 2 Sino-US Trade Friction   51

Underlying Reasons and Possible Trend of Sino-US Trade Confrontation ················55

Financial Risks in the Trade Confrontation ……………60

Brief Analysis on the Effects of the Trade Friction on the Operation of CCB ………………………………64

Analysis on the Micro Effects of Sino-US Trade Friction …… 73

Types of US Financial Law Enforcement Agencies and Available Punitive Measures ………………………81

Strategic Significance of the Procyclicality of the World Economy …………………………………………93

Changes and Influences of Sino-US Relation after the Mid-term Election ………………………………………95

Chapter 3 Financial Risks — 103

Current Financial Security Situation in China and Strategies to Maintain Financial Stability ……………………108

Comments on Keeping the Financial Risk Bottom Line of the System ……………………………………121

Possible Approaches of Financial Crises and Countermeasures …………………………………127

Sustainable Risks of Current Local Government Debts ……134

Market Competition and Commercial Bank Risk Bearing ……………………………………………148

Review and Outlook of the 2018 Major Economic and Financial Risks of China ·············164

Prospects of the 2019 Macro Financial Risk Situation of China ·············172

Chapter 4 Housing Finance — 183

Capital Property of Housing Lease Market and Financial Governance Approaches ·············187

Exploration on Economic Models of Housing Lease Finance ·············194

Thinking and Advices on Solving Long-term Rental Apartment Development Difficulties ·············201

Characteristics of Housing Lease Market and Suggestions on the Action Paths of CCB ·············208

Enlightenment of German Housing System ·············218

Chapter 5 Financial Technology — 229

Financial Technology: Financial Changes in New Ecology ·············232

Outlook of the 2019 Financial Technology Trend of China ·············235

Equity Investments of Large European and American Banks in Financial Technology ·········243

Overview of the Financial Technology Reports of US Treasury Department ·········248

AI Research Progresses in the Financial Field ·········260

Current Global Financial Technology Development Situation and Trend ·········270

Chapter 6　Inclusive Finance　289

Paradox that Financing is Both Difficult and Expensive and Financial Development ·········292

Current Inclusive Finance Research Status and Summary ·········298

Essence and Development Paths of Inclusive Finance ·········307

Systematic Analysis on Difficult and Expensive Corporate Financing Problems and Countermeasures ·········316

Postscript　332

第一篇
宏观经济

2018年以及即将来临的2019年，中国宏观经济所处的纷杂多变和高度不确定性的内外环境，使得过去所依赖和崇尚的模型与数据分析方法黯然失色。如何透过纷繁复杂的经济数据和现象，把握经济发展的脉络，是建行研究院一直在探索的一个课题。

现代经济的发展与经济政策密切相关，**《新形势下的货币政策》**回归了经济学原理的分析方法，通过对经济发展与货币政策之间内在联系的分析，从当时存在的经济现象（2018年6月）推断出"我国货币政策在未来相当长的一段时间都会面临两难选择"，"货币政策目标的多元化，正在使货币政策承受着巨大压力，货币政策的复杂性、敏感性不断提升，政策风险相应地也在不断增加"，当时的货币政策措施会对宏观经济产生多重、复杂影响。

按照这种分析方法，**《2018年下半年经济与货币政策推演》**于6月推断，2018年经济运行的内部矛盾将会加剧，货币政策的应急式调控将明显多于前瞻性干预。社会发展方向的困惑，与行政化的事后补救政策交织，将会影响一致性市场预期的形成，市场主体情绪化、闻风而动的决策行为模式会进一步扩散，并预测2018年下半年，"松"的规模会大于"紧"的规模，意味着流动性会逐步宽裕；但"紧"对经济增长的影响会大于"松"的影响，"渠道"双向流动的顺畅程度不同，直接影响流动性向有效社会融资的转化。

2018年8月，**《简析近期人民币汇率波动》**从人民币汇率管理的角度，分析了二季度以来央行采取的重启远期售汇风险准备金政策、重启中间报价逆周期因子政策等一系列有针对性的汇率应对措施的作用，进一步验证了我们所提货币政策偏重应急性的判断。从汇率来看，这些政策短期有助缓解贬值预期，但针对长期汇率的影响有限。

研究院对转型经济中人口结构、中等收入陷阱等社会焦点问题进行了专题研究。**《少子老龄化对我国经济金融的影响分析》**详细分析了未来我国少子老龄化趋势的严峻性，直观上人口老龄化导致投资、消费等需求的下降，深层次上透过储蓄率、劳动生产率等渠道对金融业产生深远的影响。

从政策的反馈、变化及其产生的内在机理管窥经济形势的发展变化，使我们的宏观经济分析保持了较好的前瞻性，这就促使我们去进一步探索经济政策背后的经济理论问题。**《经济政策选择与经济理论》**从中国经济发展的历程探讨了我国经济政策背后所依赖的需求管理理论问题，并认为凯恩斯主义有效需求理论已经不再适合于我国经济发展，经济政策应当"放弃宏观调控的需求管理理念，使宏观经济管理政策回归到经济发展的内在市场逻辑"；政策选择上要由"货币政策偏好向财政政策偏好转变"，推进"财政政策与财政体制改革同步并行"，发挥财政政策分类实施的优势。

2019年来临之际，按照惯例，研究机构都需要对来年的经济形势进行预测。为此，建行研究院与中国宏观经济研究院联合课题组撰写了**《2019年宏观经济形势展望》**，以期抛砖引玉。

（董利）

新形势下的货币政策

2018年4月中国建设银行研究院对中美贸易战问题形成了一个判断，认为这次贸易战是一次不是贸易战的贸易战：表面上是贸易摩擦和关税战，实质上是中美两个大国在全局经济布局和国际产业链重构上的全面博弈，博弈的重点会从关税战迅速转向一系列非关税壁垒的对抗，这种状况将构成未来一段时期中国经济发展的重要外部环境。在外部环境巨变的同时，内部环境也在发生着深刻变化，中国经济从高速增长向高质量发展转换，经济发展所面临的社会政治环境、方向与方式等也必然会经历一系列重要变革。内外部环境的根本变化和演进，叠加起来就形成了我国未来社会经济运行的基本背景，可谓"史无前例"。在这种背景下，研究货币政策问题，需要有一些新的视角和思维。

从国际经济来看，中美经济周期异相化趋势日益明显，加上贸易对抗的影响，可以预见我国货币政策在未来相当长的一段时间都会面临两难选择。

加入世贸组织后，随着中国经济在全球产业链中的渗入和发展壮大，中国经济与国际经济尤其是欧美经济之间逐渐形成了"周期共振"，在较多的时间段内两者相辅相成，在很大程度上促成了中国经济的高速增长。但目前，这种共振出现了明显的异化。美国经济和中国经济的周期变化方向逐渐相反，并有扩大的趋势。

就美国经济来看，经济周期正处于复苏阶段。6月份，美联储会议公告已经给出了比较确定的表述。与5月份相比，美联储对美国经济形势的判断，已经从经济"温和扩张"、失业率"维持低位"、家庭开支"变得温和"，转变为经济"稳步增长"、失业率"下降"、家庭开支"复苏"等。与3月会议相比，变化更加明显，美联储6月会议对2018年GDP增速上调了1%，并对2018、2019、2020年的失业率分别下调了0.2%、0.1%、0.1%，对2018、2019、2020年个人消费支出平减指数（PCE）分别下调了0.2%、0.1%、0.1%。这也就意味着美联储相信，在未来的三年美国经济活动将一直保持在低失业率和低通胀的水平。

就中国经济来看，尽管有人认为中国进入了"L型"的周期发展阶段，但无论是从马克思主义政治经济学还是西方经济学的观点来看，这种论断都没有基础的理论依据和实际案例。客观说，中国经济仍处在周期调整的阶段，而且向下调整的概率要大于向上的概率。5月份，我国规模以上工业增加值同比增长6.8%，社会消费品零售总额同比增长8.5%，增速分别比4月下降了0.2%和0.9%。1至5月规模以上工业增加值同比增长6.9%，与前值持平，社会消费品零售总额同比增长9.5%，较前值减少0.2%。除去投资和进出口波动性不断加大外，社会生产和消费增长停滞或向下的可能性依然较大。这虽然不一定表明我国经济出现了问题，也有可能是我们放弃高速增长的自然反映，但从周期的观点来看，短期内出现上升趋势的可能性不大。

美中经济周期的这种反向变化，预示着在未来的一段时期内，我国货币政策可能要面对重大外部隐患。美国的加息周期要求我国货币政策适当跟随，采取"紧"的方向，否则有可能引发资本外流、本币贬值。在关税战的背景下，本币贬值对刺激出口的作用基本上会被关税抵消，其对资产价格的负面影响反而会进一步放大，汇率市场的波动有可能进一步引发资本市场和信贷市场的动荡。而国内的经济状况又要求货币政策保持"松"的方向，否则流动性风险可能会使企业面临"续融资"困境，被金融机构"挤兑"，个体行为逐步聚合，形成信贷市场的系统性风险，经济景气更加低迷。

"松"与"紧"的连锁反应，将会使我国货币政策陷入两难境地。有学者认为既然"紧"和"松"的政策方向同样都会对资本市场、信贷市场和社会经济产生不利影响，可以采取"时紧时松"或者"不松不紧"的政策方向，以"对冲"不同政策方向的影响。这种策略在没有中美经贸对抗的背景下，或许可行，但在对抗的环境中，这种策略一旦无法使市场形成明确的预期，政策的作用也就无从谈起。同时，由于不同政策方向的传导机制、传导时滞不同，这种策略一方面很有可能由于时滞等原因不仅起不到"对冲"的效果，反而可能使波动性进一步叠加，另一方面也可能加剧市场投机的氛围。

从国内情况来看，货币政策目标的多元化，正在使货币政策承受着巨大压力，货币政策的复杂性、敏感性不断提升，政策风险相应地也在不断增加。

在维持币值稳定的基础上促进经济增长，是我国货币政策的法定目标。但实践中，我国货币政策采取的一直是多目标体系。过去，货币政策的最终目标基本上是在稳币值、保增长、促就业、平衡国际收支之间寻求平衡。随着增长方式的转变，货币政策的目标又增加了调结构、防风险、促绿色、帮扶贫等内容。这种多元化的货币政策目标体系，在经济总量有限、内外部环境明朗的情况下，可能能够做到兼顾彼此。一旦经济规模和复杂程度达到一定水平，多元化目标就有可能使货币政策顾此失彼，超出了其所能承受之重。

由于不同经济目标对货币政策操作的要求不同，目标越多也就意味着货币政策平衡取舍的难度越高、耗时越长，相应地就会增加政策风险、降低政策实效。同时，由于判断不同目标发展状况的经济金融指标体系不同，要形成科学的取舍，就要求对一系列社会经济金融指标做到测算真实准确，预测不能有大的偏差，这在实践中是很难实现的。有些指标可以计量，有些指标需要依赖主观判读，比如资产价格是否形成泡沫、微观金融风险是否正在向系统性风险转化等，如何保证主观判断的科学性和准确定，实践中尚没有有效的标准或方法。

货币政策目标的多元化，在客观上自然要求中介目标的多样化和政策工具的复杂化。从中介目标来看，这些年来囊括的范围十分广泛，货币供应量、社会融资总规模、存款准备金、基准利率、市场利率、债券收益率、汇率、资本流动规模等，在不同时期、不同阶段和不同的取舍过程中，都时常成为操作目标。从政策工具来看，除传统政策工具外，这些年还创新性地推出了短期流动性调节工具、中期借贷便利、常备借贷便利和抵押补充贷款、信贷资产质押再贷款等中短期定向结构性货币政策工具。理论上讲，这些中短期工具的长期化使用，累加起来可能能够实现货币政策的长期目标，但也有可能由于期限错配、透明性差、操作风险大等问题，实现不了预期的政策目标，甚至还有可能扭曲资金资源的配置。

多元化目标之间的平衡取舍，多样化的中介目标和政策工具，作用到不同的市场主体甚至同一市场主体之上，又会形成货币政策传导机制、传导渠道、传导方向等的复杂化，传导体系是否顺畅已经成为制约货币政策有效性的重要问题，突出的一个表现就是宏观经济领域流动性充裕与实体经济领域流动性不足同时长期并存的悖论。

解决两难抉择和货币政策有效性等问题，传统的增加政策组合方式和技术性操作频率，仍然可能起到一定的作用，但也有可能会逐步陷入恶性循环。尽快明确高质量经济发展下的货币政策有限目标，明确货币政策的基本方向，可能会起到"快刀斩乱麻"的效果。

在两难背景下坚持货币政策目标的多元化、作用机制的组合化，就如同一个人"补"或"泄"都需谨慎时，还要完成多目标、高难度的任务挑战，心有余力不足，不如量力而行。同时，我国经济发展战略的新定位，也需要我们对货币政策进行全面的总结和评估，建立起与高质量经济发展相适应的政策体系。

一是需要科学定位货币政策的职能与地位，厘清货币政策的功能边界。货币政策从根本上说是一种总量调节政策，是宏观经济调控政策的一种而非全部。高估货币政策宏观调控的作用范围和效果，或者只是货币政策孤军深入，缺乏其他经济政策的有效配合，都有可能事与愿违。

二是需要构建明确的货币政策规则体系，培育市场理性预期环境。无论是采用"相机抉择"还是"单一规则"，明确的、有约束性的规则体系是解决这些年来货币政策被动性数量操作问题的基础，也是构建市场有效预期的基础。

三是需要集中货币政策目标，进而明确新环境背景下货币政策的基本方向。在政策环境有可能恶化的情况下，两害取其轻，即使有所偏差，也不失为一种管控损害的有效手段。

（田国立，2018年6月）

2018年下半年经济与货币政策推演

在假定经济金融管理方式、决策机制和信息传播管控方式不变的条件下，对下半年经济运行和货币政策走向的推演结果表明，下半年经济运行的内部矛盾将会加剧，货币政策的应急式调控将明显多于前瞻性干预。社会发展方向的困惑，与行政化的事后补救政策交织，影响一致性市场预期的形成，市场主体情绪化、闻风而动的决策行为模式进一步扩散，由此激发的意外事件需要引起额外警惕。

下半年社会投资的边际弱化趋势不会改变，消费有望保持稳定，但会受到储蓄率的反压，进出口对经济影响的不确定性加大。经济运行数据下行幅度有限，但内部矛盾加深。

2018年上半年基建投资（不含电力）下降趋势比较明显，前5个月基建投资同比增长9.4%，较去年增速回落9.6%，较去年同期增速回落11.5%。剔除去杠杆、规范地方政府融资行为、严格PPP建设方式等影响之外，部分前期具有商业可行性的基建项目，由于追加投资的计划外非市场化缩紧，致使基建投资的风险，尤其是政策风险快速上升，总体上拉低了基建投资风险收益水平，金融资源的市场化配置随之降低，进而会引发追加投资的再度市场化缩减。

房地产投资数据总体上虽好于2017年，但从结构上看，大量投资集中于土地购置，建筑安装工程投资仍在下降。2018年前5个月房地产开发投资同比增长10.2%，高于2017年全年的7.0%和2017年年同期的8.8%，但扣除土地购置投资，前4个月同比增速则为-1.6%。逻辑上，土地储备的增加终究会带动建安工程投资的上升，但这种转换依赖于房地产企业的筹资能力。根据人民银行的数据，在房地产开发资金中，购房款（定金及预收款和个人按揭贷款）占46.5%，国内贷款占16.2%，自筹资金占32.6%，其他资金占4.6%。居民去杠杆和房地产产业信贷收紧，直接限制了建安投资的转化。同时，由于目前的房地产调控措施主要作用于一级市场，难以对存量市场（二手房市场）发挥大的影响，而真正影响城市房地产价格水平的是二级市场，投机炒房主体下降越快，持有型二手房房主越能够坚守"低了不卖"的原则，进而会形成一级市场和二级市场的价格倒挂。在这种情况下，房地产商的观望情绪会上升，加上信贷资源的收紧，房地产企业的筹资能力全年会维持在较低水平。

前5个月制造业投资保持了较高的增长，投资累积增长5.2%，较2017年提高0.4%，保持了较为稳定的态势。下半年，这种态势会受到两个方面的不利影响：一是这两年投资最快的领域是"新经济"（新能源汽车、共享经济、5G通信等），金额最大的投资模式是互联网式投资（重故事和商业模式），这种投资需要比较扎实的基础性积累（研发、人才、机制等），且因为行业较新一般会具有泡沫周期。这次中美贸易对抗已经引起了市场的警惕，除非能够快速套现，否则这类投资下半年会明显下降。利用财政政策和行政措施，政府会投资支持这些产业，但总量有限，国有企业会积极响应，但由于去杠杆的约束，能力有限。二是一些传统产业得益于供给侧改革和国际经济复苏带动的原材料价格上涨，在市场基本出清情况下补库存，带来了效益的改善，带动了投资回升。由于目前PPI向CPI转化不畅，下半年补库存周期将会结束。

2018年前5个月，我国出口累积增长13.3%，进口累积增长21%。由于中美贸易摩擦的影响，上半年进出口都存在抢时点、提前交货的现象，这会加大下半年进出口数据的变动幅度和预测难度。总的来看，贸易摩擦导致的关税不确定性、涉及商品种类及范围的不确定性、应对措施的不确定性，都会实质性地影响进出口贸易量。特别是在"内需替代论"的宣示下，进出口对经济增长的贡献，可能保持稳定，但负面的概率更大。

在维持本轮经济增长过程中，消费特别是内需被寄予厚望。内需要实现持续增长，需要两个条件：一是居民可支配收入增长（有钱可花），二是消费结构稳定或外移（愿意花钱）。就前者来看，居民人均可支配收入基本保持稳定增长，居民部门的信用消费在去杠杆的背景下略有下降。总体来看，"有钱可花"的状态近两年没有太大的变化。这几年影响社会消费品零售总额增长的关键不在于"总量"，而在于"结构"，在于"愿意花钱"，主要原因是居民"心理利率"（期望回报率）与实际利率的差异，已经显著地弱化了边际储蓄。经过近几年来互联网金融、理财产品等高收益投资回报的潜移默化的影响，储蓄存款已经成为年轻一代普遍认为"有失公平"和"吃亏"的收入管理方式，当投资回报率达不到他们"心理利率"水准时，宁愿直接消费。2015年后，房产投机受到明显遏制，股票市场长期熊市。

在缺乏基本投资渠道的情况下，消费与储蓄之间的平衡进一步向前者倾斜。在储蓄率没有下降到临界水平时，居民的这种消费行为模式会持续下去，但在居民部门去杠杆的背景下，会逐步收敛。反映在数据上，2018年前5个月社会消费品零售总额同比增长9.5%，已略低于2017年10.2%的水平。下半年经济压力加大，储蓄对消费的反制会明显上升。

经济运行内部矛盾冲突将使货币政策的独立性、前瞻性继续下降，对市场波动的关注度和敏感性提高，随市场"起舞"，采用"对症下药"的事后数量型政策措施会成为货币政策的主线。

货币政策的制定一般是根据其最终目标（如通胀、失业率、增长率）和中介目标（货币价格或数量指标）的走向，按照事前干预的原则，确定其政策方向。但在目前的政治经济背景下，这种机制受到较大制约。

社会环境变化和经济转型引发的关于国家和社会经济发展方向的争议与困惑，政府与市场作为模式与行为边界的争议与观望，下半年依然会延续，货币政策目标的确定需要经历一个过程。仅从技术层面来看，货币政策目标的选择也非易事，失业率目标意义不大，增长率目标已不合时宜，通胀水平由于CPI指数内部结构变动的复杂化，对经济冷热反应的敏感性、真实性都在下降。

最终目标的不确定性使得货币政策中介目标的两难选择问题在下半年会更加明显：维持汇率稳定需要调升利率，而降低经济成本需要降息；支持企业生产需要扩大信用，而货币数量的增加又会助升杠杆率和资产价格。

由于这几年利率"多轨"，央行的基准利率、公开市场利率，银行间同业拆借的准市场化利率，影响居民储蓄心理的"预期利率"等，不同利率在不同领域以不同的机制发挥作用，且相互影响。此次央行没有"跟随"美国加息调升公开市场利率的一个重要原因，就是一旦公开市场利率超过银行间拆借利率，公开市场操作就会失灵。比较之下，利率作为中介目标的政策风险和争议大于货币数量型目标，在下半年会被非常谨慎的使用。

"稳健中性"原则下的货币数量型调控，会沿着"松""紧"两个方向展开。当流动性紧张导致"钱荒"，再融资链条绷紧，债市违约率明显上升，或者股市剧烈波动等时，会降低存款准备金率；当银行信用扩张加快，或者汇率压力加剧等时，会通过MLF等市场操作回收流动性。其中，前者基本上以"事后"操作为主，后者沿着操作惯性，会形成事前和事中影响。

下半年，"松"的规模会大于"紧"的规模，意味着流动性会逐步宽裕；但"紧"对经济增长的影响会大于"松"的影响，"渠道"双向流动的顺畅程度不同，直接影响流动性向有效社会融资的转化。

宏观层面对经济回落容忍度的扩大，事后被动式纠偏的政策措施，会形成复杂的市场信号系统，微观非理性行为和市场情绪化波动将更难以预测。

由于经济回落与经济转型的要求具有名义上的一致性，在缺乏对经济自然增长率的度量和坚持之下，决策机构对经济回落的容忍底线在下半年会随着数据的变化而变化，相关的政策措施和释义也会随之而变，市场经营主体在事前、事中和事后获得的信息和信号的一致性下降。在不同信息、信号的影响下，对经济发展态势的把握能力下降，对社会发展方向的困惑与观望情绪上升。

在不能形成合理的可持续预期的情况下，市场主体对于风险的态度会沿着"担忧—恐惧—无奈—漠视"的轨迹发展，一些过去容易引起社会关注和警惕的现象与事件，大部分将依赖市场的自我吸收消化。累积起来，将在下半年考验中国经济的韧性，冲击市场吸纳能力的临界值和理性底线。

（尹龙、韩雍，《专题报告》第4期，2018年6月29日）

简析近期人民币汇率波动

2018年4月中旬以来，人民币汇率贬值速度加快，相比于"811"汇改后至2016年底的汇率波动，此轮人民币汇率波动弹性增大，双向浮动特征明显。央行8月初提高了远期售汇业务的外汇风险准备金率，月底又重启逆周期调节因子，化解了部分贬值预期，但未来一段时间内，中美贸易摩擦升级的不确定性难以彻底消除，中美利差也将大概率收窄，人民币汇率贬值压力尚存。

一、近期人民币汇率波动的特点

一是人民币汇率弹性增大，双向浮动特征明显。2018年以来，人民币汇率形成机制更加贴近市场供求关系，汇率双向波动弹性总体增大。年初至今，人民币兑美元汇率走势大致经历了四个阶段：1月份大幅升值，2至4月平稳运行，5月初至6月中旬震荡走弱，6月中下旬以来加速贬值。6月中旬至8月中旬，人民币兑美元汇率日内波动幅度为347个基点，高于上半年的231个基点，也高于2015年"811"汇改至2016

年末的131个基点。人民币兑美元中间价的日间波动幅度也明显扩大，最大单日贬值幅度和升值幅度均为2017年2月以来的高点。本轮人民币汇率走贬速度快，双向浮动弹性明显增强。

图1　2018年以来人民币兑美元汇率走势

资料来源：Wind、中国建设银行研究院。

二是汇率波动容忍度提升，市场化改革定力增强。对于6月份以来人民币的快速贬值，央行保持了较高的容忍度，主要通过公开发声、提高外汇风险准备金率和启动逆周期调节因子等方式引导预期，尚未采取跨境资金流动管制等行政干预方式，人民币兑美元汇率中间价主要仍以市场供求为基础进行调节。2018年以来，人民币兑美元汇率收盘价偏离中间价的幅度明显扩大，外汇储备余额和中央银行外汇占款保持平稳，体现出央行对于汇率波动保持了较高容忍度，市场化改革的定力增强。

三是市场主体更加理性，汇率预期管理有效性改善。从近期主要金融市场和社会各界对汇率波动的反应来看，市场主体理性分析和应对汇率波动的能力增强。与"811"汇改后有所不同，近期人民币离、在岸汇差相对稳定,汇率下跌并未引起大规模资金外流和投机套利行为,对于实体经济的影响尚不明显。在人民币汇率持续大幅贬值的情况下,央行通过多种方式引导市场预期效果明显。2018年7月3日,人民银行行长易纲、外汇局局长潘功胜先后就人民币汇率问题发表看法,

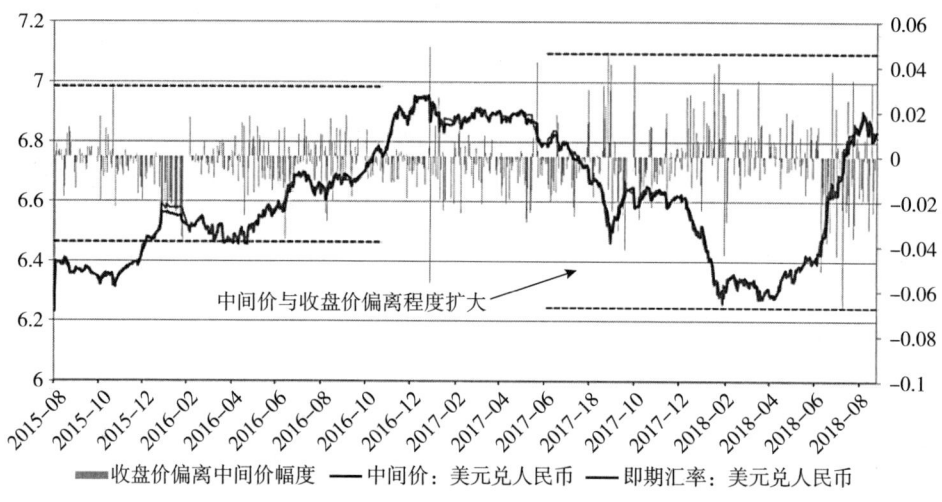

图2 人民币兑美元收盘价偏离中间价幅度

资料来源:Wind、中国建设银行研究院。

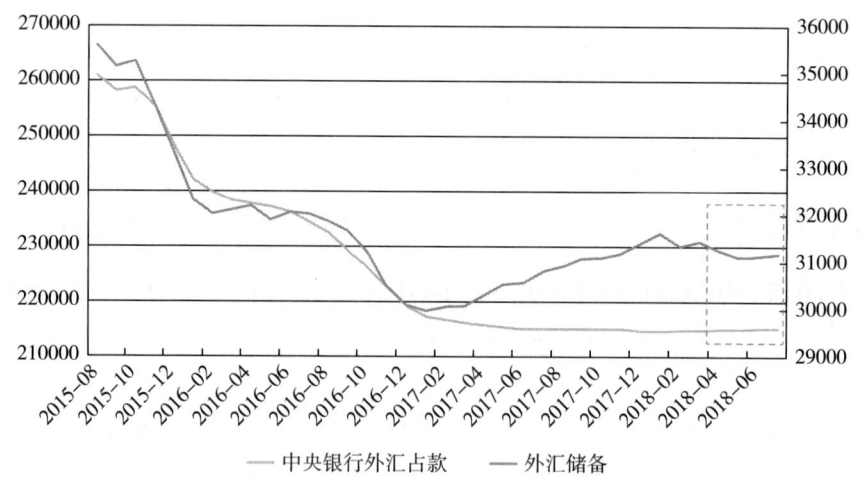

图3 中央银行外汇占款和外汇储备变动情况

资料来源:Wind、中国建设银行研究院。

8月初人民银行提升了远期售汇业务的外汇风险准备金率,随后又限制自贸区分账核算单元(FTU)账户人民币外流,重启逆周期因子,这些举措都会化解部分贬值预期。8月底以来,人民币汇率立即扭转了快速下跌的趋势,市场预期趋于稳定。

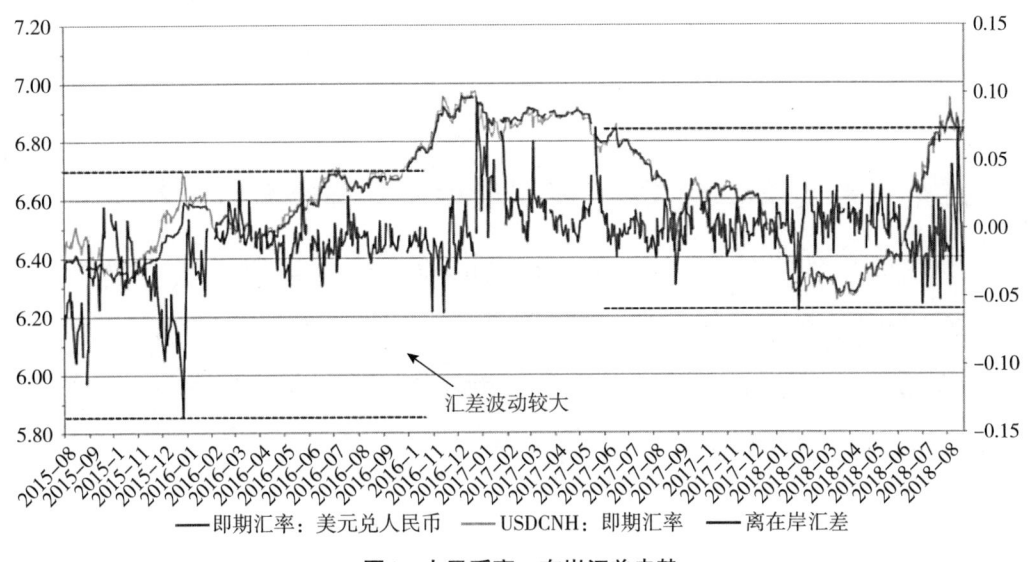

图4 人民币离、在岸汇差走势

资料来源:Wind,中国建设银行研究院。

二、近期汇率波动的主要原因

一是美国经济相对强劲推升美元指数。汇率波动可能通过触发竞争性贬值传导至外部市场,但溢出效应更多是与汇率波动背后的主要因素有关。在欧元区经济复苏势头有所放缓、日本经济增长不及预期的背景下,美国经济增长仍保持相对强劲,推动美元指数企稳回升。4月中下旬起,美元指数加速上涨,连续突破90~95等重要关口,目前在95附近震荡,包括人民币在内的新兴市场货币面临贬值压力。

二是中美贸易摩擦升级引发市场避险情绪。当前全球不确定性和不稳定因素有所增加,尤其是中美贸易摩擦升级、全球货币政策分化以及地缘冲突不断,导致国际资本流动和金融市场的避险情绪上升。特别是6月中旬以来,中美贸易摩擦进一步升级强化了避险情绪,推动人民币汇率走贬。

三是中美货币政策走向背离导致中美利差收窄。当前中美之间经济增长差异有所拉大,经济基本面相比2017年已经发生了明显的变化。2018年以来,美联储连续两次加息,中国央行并未相应跟进,相反,为补充市场流动性,央行连续多次降准。中美货币政策走向背离造成中美利差再度收窄,进而导致人民币兑美元汇率面临新的贬值压力。

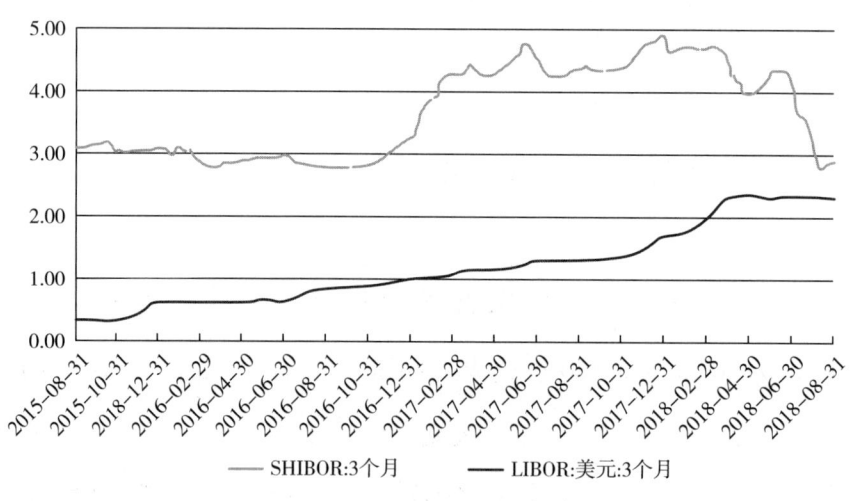

图5 中美短期利差变动情况

资料来源:Wind、中国建设银行研究院。

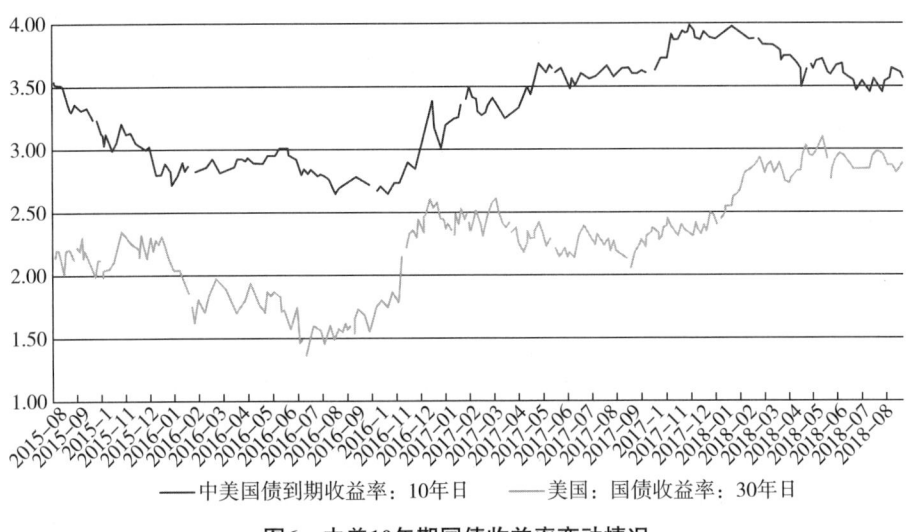

图6 中美10年期国债收益率变动情况

资料来源：Wind、中国建设银行研究院。

三、近期汇率波动引发的市场反应

股市和债市对近期汇率波动的反映增强，在汇率走贬的过程中，金融市场间联动效应显现。2018年以来，汇市、股市和债市较为明显的联动发生在6月中旬至8月初，表现为汇率走贬、股市回落、债市上涨。8月份以来，随着汇率波动趋缓，相关主要金融市场走势已逐渐趋稳。

此轮汇率波动对实体经济的短期冲击有限，进出口额仍保持同比增长。与2015年"811"汇改之后进出口金额同比下降的情况相比，此轮汇率波动对贸易的短期影响有限。考虑到"J曲线效应"，近期汇率贬值对国际贸易的趋势性影响可能还需要观察。

图7 上证综合指数波动情况

资料来源:Wind、中国建设银行研究院。

图8 中债综合指数波动情况

资料来源:Wind、中国建设银行研究院。

跨境资本流动总体平稳,但贬值预期仍有累积。2018年以来,各月跨境资金收支逆差幅度不断收敛,跨境资金收支趋于平衡,银行代客结售汇逆差显著改善。4月中旬以来,沪港通资金保持净流入,外汇市场供求相对均衡。此外,4月份银行代客结售汇由逆差转为顺差,且增幅明显。可见,在本轮人民币走弱过程之中,市场表现较为淡定,人民币贬值并没有对资本流动造成明显影响。但近两月结售汇顺差不断下降，7月数据出现小幅逆差，反映出贬值预期可能有所累积。

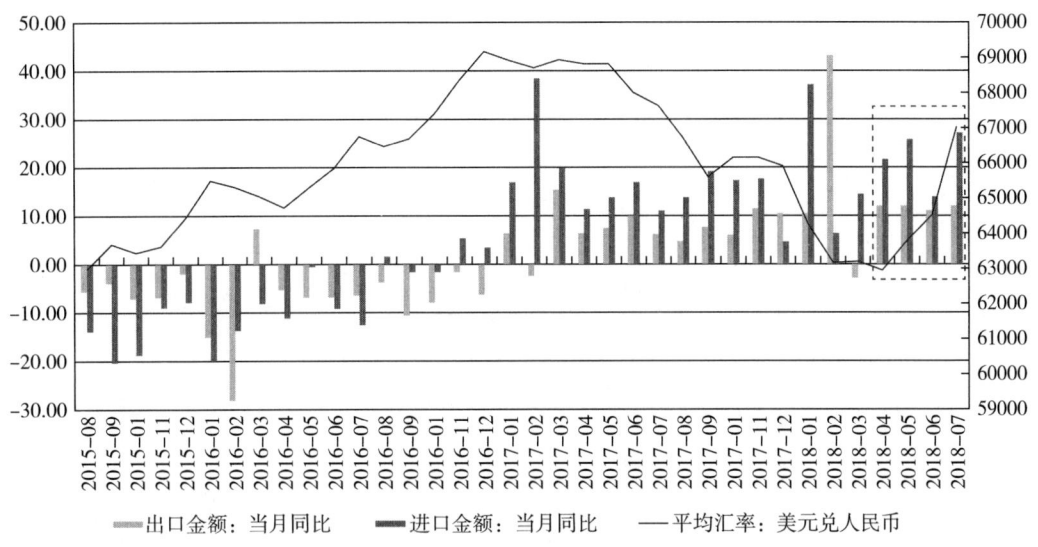

图9 人民币汇率波动与进出口金额变动情况

资料来源：Wind、中国建设银行研究院。

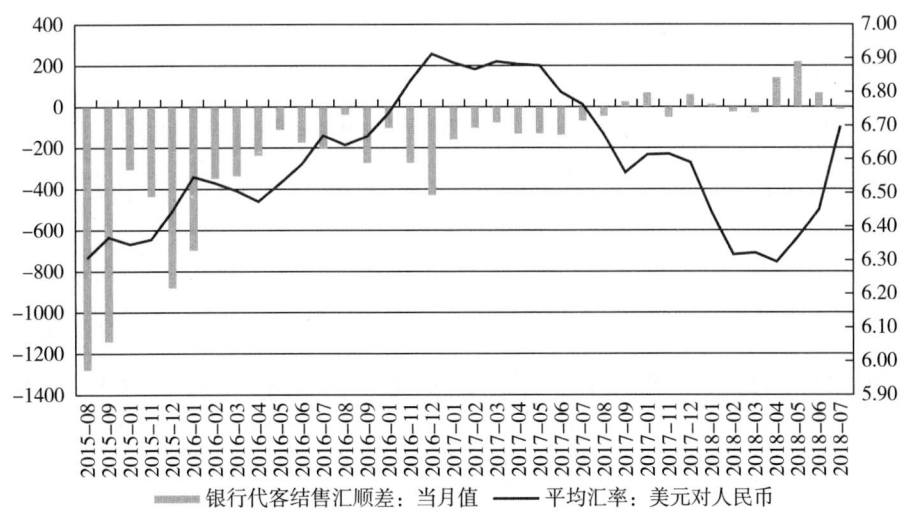

图10 沪港通资金变动情况

资料来源：Wind、中国建设银行研究院。

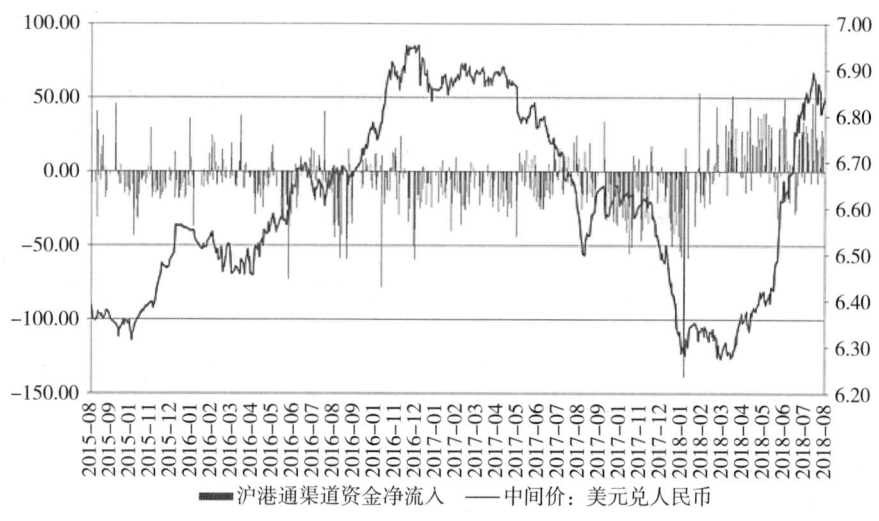

图11 银行代客结售汇变动情况

资料来源：Wind、中国建设银行研究院。

四、未来汇率走势展望

从8月初远期售汇业务的外汇风险准备金率重新上调为20%，到逆周期调节因子重启，目前央行维稳人民币汇率的意图已非常明显，一定程度上化解了贬值预期，但人民币兑美元汇率仍将面临贬值压力。

一是从央行汇率定价公式来看，逆周期调节因子并不起决定性作用。考虑到逆周期调节因子对市场供求的过滤作用，"收盘价+一篮子货币汇率变化+逆周期调节因子"的定价公式可以转变为"收盘价*（1+逆周期系数）+一篮子货币汇率变化"，可见，逆周期调节因子是对市场供求决定的收盘价进行打折。因此，逆周期调节因子的加入只是对定价机制进行微调，增加篮子部分的权重，借外部不确定性来增加投机成本，打击市场的做空情绪与稳定汇率预期，并不会对中间价定价起到决定性作用，更不会完全扭转市场走势。若经济基本面持续欠佳，逆周期调节因子的加入只会积累更多的空头。

二是从货币政策环境来看，中美利差收窄仍是大概率事件。未来一年，美联储将会继续收紧货币政策，下半年仍然可能加息两次，而在国内经济增长放缓的背景下，中国央行至少不会显著收紧货币政策，因此中美利差继续收窄将是大概率事件。

三是从贸易环境来看，中美贸易摩擦升级将持续冲击汇率。中美的战略利益决定了中美贸易摩擦是长期过程，短时间内并不会结束。美国对华2000亿出口商品的征税或在不远的将来实施，汇率也会不断受到冲击，资金流向也将不断测试监管底线。此外，人民币的跌幅一定程度对冲了美国对中国出口商品加征关税的负面效应，监管是否会默许人民币贬值也值得深思。

五、对建行汇率风险管理的启示

下一步，应当密切关注汇率变化对现有资产负债损益的影响，短期内减少汇率风险敞口，不断增强外汇风险的识别、计量、监测、控制能力，尽早采用与国际接轨的汇率风险计量系统及管理方法；要关注汇率变化对资本金及资本充足率的影响，在引入境外资本过程中，应更多考虑中长期汇率变动因素；再融资过程中，应综合考虑境外发展需要和未来汇率变动风险，合理确定资金在境外的留存时间和规模，适当采取远期、期权、掉期等汇率避险措施。

（韩雍，《观察述评》第7期，2018年9月11日）

少子老龄化对我国经济金融的影响分析

少子老龄化的直接影响是导致劳动力日渐短缺，劳动力成本不断上升，进而致使我国劳动密集型产业的比较优势不断丧失。鉴于此，需要高度重视人口结构的巨大变化，在广泛吸取国际社会人口老龄化应对经验基础上，制定适合我国的应对策略。我们认为，一方面通过出台生育鼓励政策，不断改善人口结构；另一方面通过增加教育、维护健康、激励就业、完善社会保障制度和培育家庭理财能力等，培育老龄人口红利，跨越中等收入陷阱，保障经济可持续健康发展。

一、少子化与老龄化叠加形势异常严峻

根据国家统计局数据，我国人口出生率持续下滑，致使0~14岁少年儿童人口占比相应下降，65岁及以上人口占比上升，少子化与老龄化不断叠加呈现出异常严峻的形势。剔除当前因社会经济发展带来的婚育延迟、不婚不育等情况，我国人口尤其城市人口因医疗、教育、住房以及女性职业发展等多方压力，更是出现想生不敢生的情况，生

育政策实施效果远低于预期。

一是总和生育率大幅下降。 由于生育政策未能及时调整、经济社会发展产生的生育观念变化等原因,我国青少年占总人口的比重呈现逐年下降的趋势。1990~2017年,我国的人口出生率[①]由1990年的21.06‰下降到2010年的11.90‰,虽然2016年二胎生育政策放开,出生率出现短期小幅回升,但很快回落,刺激效果并不显著;0~14岁少年儿童下降到2011年的16.60%后,一直停滞不前。当前,我国的总和生育率实际在1.4%~1.6%左右[②],不仅远低于2.1%的人口世代更替水平,也低于全球平均水平的2.45%和高收入经济体的1.67%。

二是劳动年龄人口比重严重下滑。 持续低位的生育率所产生的结果就是年龄结构发生变化。0~14岁人口占比持续下降的曲线,20年后将整体平移为劳动人口下降的曲线。劳动人口占比不断下降甚至负增长,人口结构从纺锤形日趋演变成哑铃形。自2013年以来,我国15~64岁劳动人口[③],以每年近200万左右的速度持续下降,由2013年的峰值10.05亿人下降到2017年的9.98亿人,预计2023年以后,劳动人口以每年近1000万的速度锐减,人口结构发生深刻变化,未来将面临无人可用、深陷人口负债的境地。

三是老龄人口全球规模最大。 我国老龄人口的绝对数量、人口比重一致保持上升态势,早在2001年底,我国65岁及以上老年人的比重就达7.1%,标志着我国正式进入老龄化社会。截至2017年底,我国60周岁及以上人口数[④]为24090万,占总人口的17.3%,65周岁及以上人

---

① 根据国家统计局网站相关数据计算。
② 任泽平,《生与不生——来自12万人的生育调查》,2018年4月。
③ 根据国家统计局网站相关数据计算。
④ 根据国家统计局网站相关数据计算。

口数为15847万，占总人口的11.4%。中国60岁以上人口占全球比例为25%，而中国总人口仅占全球总人口的18%，比例严重不对称。

四是儿子赤字将成社会性危机。独生子女政策不仅导致中国低生育率持续走低，而且导致没有儿子的老年人数量稳定增长。对于社会保险不完善和不健全而且长期文化传统是依靠子女赡养的地域来说，尤其是农村地区，这个问题是比较严重的。鉴于中国40年的独生子女政策，如果按照男女比例1：1来计算，几乎是一半以上的父母没有儿子。虽然"养儿防老"的传统养老观念正在弱化，但家庭观念、养老观念急剧变化，留守老人、"城漂"老人将成为严重的社会问题。

五是养老保障基金积累不足。西方国家多数是在完成工业化进入富裕社会后才步入老龄化阶段，而我国人口老龄化与经济发展并不同步，总体上呈现"未富先老"。我国进入老龄化时，人均GDP仅处于4000美元的水平，远低于日本、瑞典、英国、德国、法国等发达国家的水平。2017年，我国人均GDP仅仅8836美元[①]，差不多只有美国的1/5，我国面临养老保障不足的局面，截至2017年底[②]，全国参加基本养老保险人数为91548万人，基本养老保险基金累计结存50202亿元；全国企业年金[③]积累资金总规模为12879.67亿元，参加职工人数2331.39万人，平均养老金替代率逐年下降，已经低于55%的警戒线水平。

二、少子老龄化导致我国经济发展速度放缓

虽然人口增长与经济发展的关系问题一直是人口学争论的焦点问

---

① 《2017年国民经济和社会发展统计公报》，2008年2月28日。
② 《2017年度人力资源和社会保障事业发展统计公报》，2018年5月21日。
③ 《2018二季度年度全国企业年金基金业务数据摘要》，人力资源和社会保障部。

题，但是经济可持续健康发展离不开合理的人口结构已成共识。1979年独生子女政策出台前出生的女性，在2000年进入生育期，从而形成中国的人口红利——大量的年轻成年人以及少量的老人和孩子。这样的人口结构提供了足够的劳动人口但不需要负担很多，加速了我国的经济改革并最终造就改革开放四十年飞速发展的神话。但是，目前形成红利的人口正在步入老年，中国的人口结构优势正被少子老龄化所改变。

一是人口结构直接影响国内生产总值。 在1990~2017年间，我国15~64岁的劳动人口增速自2000年达到峰值后，增速放缓甚至负向变动，而65岁及以上老龄人口增速以波浪形式不断攀升。这一时期，每次老龄人口增速小高峰均伴随着国内生产总值增速的小低谷，国内生产总值与老龄人口增速负相关、与劳动人口增速正相关。

二是劳动力供给短缺，拖累经济持续增长。 我国目前正处于劳动密集型产业向资本、技术密集型产业转变的关键时期，需要大量懂技术、有文化、掌握多重技能的复合型创新人才支撑。少子化容易导致决策部门降低教育投资支出，进而减少专业人才供给。老龄化势必造成劳动力年龄结构日趋增大，大量劳动力随着年龄增长而创新能力、适应能力、知识更新能力减弱，进而制约新兴产业发展和产业结构优化调整。

三是导致储蓄不足，抑制投资增长。 居民储蓄主要来自16~60岁人群，老年人不仅不能继续提供储蓄，反而会减少储蓄以满足生活的各项支出。老年人收入降低且更倾向于消费，老年人口比例上升必然引起储蓄率的下降。社会储蓄是经济建设投资的基本保障，居民储蓄水平降低，势必造成社会投资的减少，从而影响经济发展速度。

四是抑制消费需求,致使消费乏力。少子化和老龄化必将导致未来消费需求乏力,主要表现在直接改变消费需求的水平和结构。一方面老龄人口消费支付能力不足,对消费需求产生一定的抑制效应;另一方面,老龄人口的消费需求促使产业结构向医疗卫生、社会保障与福利服务业等老年需求产业方向调整,引发资本与劳动等生产要素在全社会范围内向服务业和老龄产业转移配置。

五是影响收入分配,增加财政负担。少子老龄化会减少纳税人的比例,降低财政收入。政府为了确保老年人的生活质量,会增加医疗、卫生、养老等社会服务的财政支出,从而挤占在经济建设方面的投入,一方面增加政府的负担,一方面又抑制经济的发展。

三、我国少子老龄化的应对策略

我国少子老龄化引起的劳动力损失,可用科技革命和产业升级带来的效率提升弥补。从短期来看,可以通过增加教育、维护健康、激励就业、完善社会保障制度和培育家庭理财能力等,不断培育老龄人口红利的新渠道,以保障经济的可持续发展。从长期来看,新兴产业在我国刚刚起步,产业发展跟不上出生率下降和老年人口增长速度,需要生育政策调整、加强医疗养老以应对少子老龄化危机。

一是出台鼓励政策,提高人口出生率。结合区域人口结构特点,实行财政补贴、税收、教育、女性权益等鼓励生育政策提高出生人口数量。鼓励和引导社会资本建立月子中心、妇女儿童医院、托儿所和幼儿园等一体化的普惠型生养教育服务机构;对于育龄女性员工较多的企业,实行税收减免,减轻企业负担的同时,保障育龄女性的职业权益；改变征税方式，以家庭为单位纳税并停止征收社会抚养费，进一步完善计划生育奖励假制度和配偶陪产假制度。

二是加大教育投入，提高国民整体素质。针对我国当前基础教育投入不足与发展不平衡，以及人口结构中少子化与老龄化叠加现状，提升教育投入回报水平，加大财政教育性支出尤其是对基础性教育的投入刻不容缓，重点解决我国当前城乡基础教育中早期教育服务欠缺、学前教育资源不足、课外机构办学不规范、优秀教师短缺、义务教育标准不统一的突出问题，切实补齐基础教育的短板，提高国民整体素质。

三是培育终身教育文化，延长老龄人口职业寿命。为提升经济活力，可以通过提升老龄人口的职业技能、延长职业生涯来提升该年龄层的经济贡献度。通过提高退休年龄、鼓励低龄老人再就业、保障老年人合法权益、取消强制退休、禁止歧视老年人等办法，充分利用老龄人口资源，提高老龄人口在经济发展中的贡献度。通过终身学习教育、职业技能培训等手段，延长老龄人口的职业寿命以及研发创新能力。与此同时，要制定保障老年人权益的政策法规，打破对老年人的就业歧视，进而缓解老龄时代的劳动力供求难题。

四是加大科技创新力度，推进产业转型升级。在互联网、大数据、人工智能等平台基础上，积极发展现代农业、高端服务业、高端制造业、生物技术、新能源、新材料等产业。不断投入老年人需要的生活用品、保健产品、医疗设备等养老保障领域，结合老年人在旅游、文化、娱乐等方面的消费需求偏好加大产业投入。在医疗领域，可以融合大数据、云计算、物联网、互联网等多领域技术，创新商业模式，推进预防、诊断、治疗、购药各个医疗细分领域的智能化、一体化等，改善解决中国医疗行业特有的资源配置不合理、服务质量低、医患关系紧张等问题。

五是加大金融创新力度，大力发展养老金融。 围绕居民养老资产储蓄、管理、保值创新金融服务，不断满足社会养老产业发展所带来的房地产、医疗、健康、生活、消费、投资、子女、遗产继承、避税等方面金融需求。增加老年人用户养老结算、保险金、储蓄、养老规划方面的服务，提高老年人客户忠诚度，增强客户黏性。探索创新养老理财、遗嘱信托以及"以房养老"等新型金融业务，满足客户追求安全和代际传承的需求。从养老金和资本市场有效结合的视角出发，尽快制定和完善与养老金筹集、投资运行及发放各个环节相关的养老金融法律体系，探索养老金和证券、保险、基金、银行等不同金融形态的结合，为实体经济持续提供稳定的资金来源。制定促进人口生育和儿童抚养教育相关的金融政策，通过成长周期理财、信托等金融手段，分散家庭经济风险，降低家庭在养育子女方面的经济压力。

（梅兴文，《专题报告》第8期，2018年12月17日）

经济政策选择与经济理论

有效的经济管理需要有一套与之相适应的经济理论，以及建立在理论基石上的思想脉络。反之，即使已被证明科学的理论，如果迎合的是政策制定者的偏好而不是经济运行的偏好，就可能导致费心费力的好意不能产生好的结果。

回顾我国宏观经济管理的理论与政策，以及经济发展的内在逻辑，经常可以看到所谓的"两张皮"现象。

在理论上，由于我国实施的是渐进式改革，加之传统文化对"四两拨千斤"等借力打力"功夫"的偏好，使得凯恩斯主义有效需求管理理论和政府积极干预经济的政策主张，自然而然地成为我国宏观经济管理依据的首选目标。在此基础上，形成了一系列宏观调控的基本套路。但在实践中，改革前30年的经济运行成果与所谓有效需求的管理，相关度很低。前十几年，我国基本上处在短缺经济常态下，经济发展成功的动力不在于有效需求的问题，而是政府放弃了计划经济年代生产供给的垄断，并不断变更扩大生产供给的政策规则，允许农民、企业经营人员（承包制）、企业主运用市场方式，不断增加向社会的供给。后十几年，尤其是2001年后，经济增长的动力是中国供给从境内向境外的高速扩张，中国成为世界加工厂，境内的需求管理对经济增长的贡献度微乎其微，反而是支持供给的经济政策使社会和企业获益匪浅。

有效需求管理真正落到经济增长实践，始于2008年后的4万亿投资。这轮投资通过人为地扩大需求，使中国经济避免了国际金融危机的正面冲击，但也打破了过去宏观经济理论与宏观经济增长之间各说各话、相安无事的脆弱平衡。需求管理一方面从根本上改变了过去源于市场内在逻辑的供给生态，过剩经济、泡沫经济或早或晚必然会出现；另一方面，当经济由"千斤"变为"万斤"后，"四两"就有可能不再是拨动者，而可能成为被拨者，交错反馈就会导致经济运行中多重矛盾的不断叠加和剧烈波动。

需求管理在我国一旦"有用"反而"有害"，除了理论自身的一些问题外，存在着深层的原因：一方面中华民族有着悠久的勤奋节俭传统，有"供给"优势，相反，要改变社会传统消费习惯一个相当长的时期；另一方面，需求管理要能很好地发挥作用需要两个条件：一是社会经济体相对成熟而不是处于不断变革过程之中；二是政策的制定与实施不仅需要战略正确，还需要战术精细，需要有市场水平高超的"参谋"队伍。

因此，适时放弃宏观调控的需求管理理念，使宏观经济管理政策回归到经济发展的内在市场逻辑，对于保证新常态下经济的平稳运行有积极意义。

一是货币政策偏好向财政政策偏好转变。需求管理十分强调货币政策的作用，但现实是"放水关闸"式的货币政策，目前无论从管理空间、复杂程度，还是管理能力均已到了现有体制和人员水平的临界点，政策的传导机制也日益复杂和难以把握，即使真的想管理需求，这类政策的实际效果也值得商榷。相反，我国的财政政策由于体制问题，可改进的余地还较大，政策本身也简单明了，利于传导，能更好地向市场彰显新常态的经济主张。

二是财政政策与财政体制改革同步并行。我国的互联网化已经广泛启动，财政体制借助于互联网手段实现扁平化、精准化和一体化完全可能，至少在局部省市已经不存在硬件性障碍。在一定程度上，变更财政管理方式，提高财政效率本身就是支持供给发展的一种"财政政策"。

三是分类实施是财政政策的逻辑和优势。在基建领域，实现传统钢铁水泥式的投资向那些供给能创造需求的领域（如手机2G变3G、3G变4G、5G）转移。在一般企业邻域，对于一定规模的小微企业实现税收豁免（与电子商务对接），开展一些基于制造业就业人数进行的税率累减试点，可以切实支持实体经济的发展。在社会公平方面，建立补贴（或抵扣）、豁免和征收三个层次的资本利得税制，可以遏制贫富分级加剧和"快钱"文化的蔓延。

（尹龙，《参阅件》第6期，2018年11月26日）

2019年宏观经济形势展望

2018年是充满变化和不确定的一年，中国经济发展的内外部环境正在发生深刻变化，中国经济下行压力增大，经济增速稳中趋缓。2019年中国经济面临的形势将更加复杂，经济运行中的内外部风险因素有增无减，部分领域长期积累的深层次结构性矛盾不断显现，经济保持平稳运行将面临更加严峻的考验和挑战。

一、2018年经济运行的总体特征

2018年，我国经济在紧平衡中延续总体平稳、稳中有进的发展态势，经济结构持续改善，发展动能稳中提质，经济效益总体较好。

宏观动力基本稳定。一是经济增长稳在合理区间内。GDP增长已连续12个季度保持在6.7%~6.9%的区间，预计全年经济增长仍可望稳定在合理区间内。二是价格总水平温和可控，前11个月居民消费价格（CPI）和工业生产者出厂价格（PPI）分别上涨2.1%和3.8%。三是就业形势基本平稳，11月份全国城镇调查失业率为4.8%，前11个月全国城镇新增就业1293万人，较上年同期增加13万人。四是国际收支基本平衡，前11个月货物顺差大幅收窄21.1%，人民币对美元汇率小幅贬值，外汇储备规模稳定在3万亿美元以上。

发展动能稳中趋优。一是产业结构持续优化，内需对经济增长引领作用提升。前三季度，第三产业增加值占GDP的比重达53.1%，比上年同期提高0.3个百分点，服务业对经济增长的贡献率达60.8%；最终消费支出和资本形成对经济增长的贡献率达到109.8%。二是居民消费持续升级，带动供给侧投资结构不断优化。1~11月，全国网上零售额增长24.1%；生态保护和环境治理业投资、农业投资、社会领域投资（包括教育、卫生、文化体育和娱乐投资）同比分别增长42.0%、12.5%和12.6%。三是供给体系质量继续改善，新旧动能加快接续转换。前11个月，新兴服务业增长迅猛，信息传输软件和信息技术服务业、租赁和商务服务业分别增长35%、10%以上，高技术产业和装备制造业增加值分别增长10.8%和6.5%，在规模以上工业中比重分别比上年同期提高1.4和0.3个百分点。

微观活力总体较好。一是市场主体保持较快增长，1~11月新登记企业数量日均1.81万户。二是企业生产成本下降、杠杆率趋降、经济效益提高。1~10月，规模以上工业企业每百元主营业务收入中的成本费用同比下降0.25元；企业资产负债率同比降低0.5个百分点；规模以上工业企业利润总额增长13.6%；企业主营业务收入利润率同比提高0.24个百分点。三是企业生产经营活动保持扩张。11月份，综合PMI产出指数为52.8%，特别是非制造业商务活动指数连续26个月保持在53%以上的较高景气区间。

二、经济运行中存在的主要问题及风险

经济运行稳中有变、变中有忧，长忧短痛叠加交织，供需双向收缩，多领域分化局面再现，经济下行压力明显加大。

外部环境总体趋于恶化，不确定性风险冲击较大。一方面，全球经济同步复苏进程接近尾声。发达经济体普遍面临经济景气下行，资本市场调整压力增大；新兴经济体资本外流加剧，一些相对脆弱的国家已出现汇率大幅贬值，债务危机已在暴露。政治事件激化经济矛盾的问题不断增多，大宗商品价格加剧波动，全球贸易、市场投资呈收缩趋势，市场信心有所减弱。世界主要经济体经济增长和政策分化，全球经济总体下行压力明显增大。另一方面，中美经贸摩擦引发不确定性风险上升。美国摒弃多边贸易体系和自由贸易规则，从3月份开始频频对我国施压，先后宣布对我国500亿美元、2000亿美元的出口美国商品加征25%和10%的关税，重点打击我国本土企业主导的高技术制造业，以遏制我国产业向全球价值链的高端环节攀升。中美经贸摩擦在反复变化中持续发酵，短期市场预期发生骤变，既严重扰乱我国经济发展秩序，也影响我国主动扩大开放进程，已然成为掣肘我国经济发展最大的外部风险。

内需增长空间收紧，经济下行风险增加。前11个月，全社会固定资产投资和社会消费品零售总额分别较上年同期放缓1.3和1.2个百分点，表明内需增长中枢仍在持续下移。投资增长大幅回落的主因是，受去杠杆、严控地方政府债务（特别是隐形债务）和规范清理PPP项目影响，许多地方出现了基础设施投资负增长情况。消费减速既有汽车等大类商品消费收缩的原因，也有高端产品供给不足的影响，但更重要的是

居民持续增收困难、购房支出增加对商品消费的挤出效应。一季度，居民人均可支配收入实际增长6.6%，较上年同期放慢0.9个百分点。

金融市场绷紧，调整压力加大。一是信贷市场流动性风险上升。金融去杠杆导致金融机构流动性大幅收缩，信用派生趋于弱化，对结构性存款、同业存单等主动负债的依赖程度加大，商业银行负债成本持续攀升并逐渐向贷款传导。资管新规要求非标业务回表，但表外业务向表内转移受到信贷额度、风险资本、统一授信和不良贷款率的诸多限制，既加大了商业银行经营难度，也弱化了其支持实体经济发展的能力。2018年以来，银行间人民币市场同业拆借和质押式债券回购月加权平均利率总体呈上升趋势，部分商业银行对公投放贷款指导价较基准利率上浮20%以上。二是债券市场信用风险增多。国内信用债市场集中违约现象明显增多，截至11月5日，已有33家新增违约主体，除违约外还有少量企业出现了债务逾期和兑付风险。三是股市调整幅度不断扩大。上半年上证综指从3587点一路下行，累计下跌幅度接近30%，居全球股市跌幅之首。股市运行完全背离经济基本面，且悲观情绪仍呈蔓延之势。

资金等要素供应吃紧，企业困难程度加深。长期以来形成的融资难融资贵、人工成本上升、隐性成本增加、社保等负担过重的压力尚未缓解，2018年以来原材料和环保成本继续上升，货币紧缩效应加速向微观主体传导，成本压力成为困扰企业生产经营的最主要问题。11月末，广义货币M2增长8%，持续保持低位运行，社会融资规模存量增长9.9%，较上年同期回落2.6个百分点。实体企业反映的生产成本上升、应收账款拖欠增多、资金紧张、销售困难、亏损扩面等问题变得更加显性化、普遍化。由此推升就业风险，造成就业总量下降，结构矛盾恶化,一些地区失业率上升、部分群体就业困难,劳动关系不和谐、社会不稳定性因素增多。

三、经济政策实施效果评价

回顾2018年,稳增长、调结构、防风险、促改革、惠民生等政策稳步推进,效果显著,对促进经济平稳健康运行发挥了积极作用。

大幅减税降费举措有效地激发了微观主体活力。 2018年国家出台多项减税降费措施,具体包括增值税改革、支持小微企业发展的减免优惠政策、促进科技研发创新的加计扣除税收支持政策等。总体看,减税降费政策措施大幅降低了企业税费负担,2018年减税降费规模约超过1.3万亿元;同时有助于降低工业企业经营成本,1~10月份,规模以上工业企业每百元主营业务收入中的成本为84.27元,同比减少0.25元。此外,还制定了促进居民消费的税收优惠政策。8月31日,第十三届人大常委会第五次会议审议通过了个人所得税修正草案,将个税起征点上调至5000元/月,提高超额累进税率的级距水平,在此基础上新增赡养老人、子女教育、大病医疗等多项专项附加扣除,降低了居民缴税额度。据测算,此次个税调整将带来3500亿元以上的减税幅度,且中等偏上收入者所获减税比例最高,月工资两万至两万五千元的居民减税比例最高可达6.41%。若减税额度全部转化为实际消费,预计可带来1%左右的社会消费品零售总额增长。

松紧适度的货币政策着力保障了企业合理融资需求。 2018年,央行实施多次降准等,预计总体净释放流动性约2万亿元,重点保障了中小微企业融资。1月25日,央行普惠金融定向降准全面实施,释放3000

亿元流动性。4月25日，央行下调人民币存款准备金率1个百分点，以置换中期借贷便利并支持小微企业融资，净释放资金规模约为4000亿。7月5日，央行下调人民币存款准备金率0.5个百分点，支持市场化法治化"债转股"的定向降准，释放资金约5000亿元。下调邮政储蓄银行、城市商业银行、非县域农村商业银行、外资银行人民币存款准备金率0.5个百分点，释放资金约2000亿元，主要用于支持相关银行开拓小微企业市场，发放小微企业贷款，进一步缓解小微企业融资难融资贵问题。10月15日，央行下调人民币存款准备金率1个百分点，进一步释放增量资金约7500亿元。

重点领域补短板措施有力促进了投资回稳。"7.31"中央政治局提出"六稳"，将补短板作为当前深化供给侧结构性改革的重点，加大基础设施领域补短板力度。国务院办公厅后又出台《关于保持基础设施领域补短板力度的指导意见》，提出加强重大项目储备等10项政策措施，重点投向脱贫攻坚、铁路、公路及水运、机场、水利、能源、农业农村、生态环保和社会民生等九大领域。9月份以来，我国固定资产投资完成额累计同比增速持续回升，1~11月份投资增速较8月的年内最低点回升0.6个百分点，作为补短板重点领域，生态保护环境治理业和社会领域投资分别增长42%、12.6%，较1~10月份分别加快5.3和0.6个百分点。

促消费政策有效激发了消费需求潜力。9月20日，中共中央、国务院印发了《关于完善促进消费体制机制，进一步激发居民消费潜力的若干意见》，针对消费细分市场与消费新增长点、质量标准和信用体系、政策配套和宣传引导等进行了全面部署，着力激发居民消费潜力。随后，三大运营商取消流量漫游费、节能汽车车船税减半征收政策扩容、消费维权工作体系逐步完善等一系列"政策红包"相继落地,在不同层面、不同维度上破除了制约消费扩大和升级的藩篱,促进了消费规模扩张和消费结构的优化,政策效果逐渐显现。粮油食品类、服装类、日用品类商品均保持较快增长,部分升级类商品增速高于全部消费增速。

综合应对中美经贸摩擦政策有力稳定了出口增长。国务院政策、外资外贸、金融稳定等部门加强政策统筹协调,形成政策合力,通过减单证、优流程、提时效、降成本等惠企举措,推动贸易便利化,加强了对于出口企业的支持力度,政策实施效果持续显现。截至2018年11月,以美元计价出口增速持续保持10%以上,累计进口增速持续保持在20%左右,较上半年呈现加速态势。

防风险政策有效管控化解重点领域潜在风险。2018年,财政部、央行等部门先后出台多项文件推动结构性去杠杆,整顿地方政府、国有企业和金融机构等存在的风险隐患,地方债务得到了较好约束,国企资产负债率明显下降。根据财政部统计,截至10月末,全部国企资产负债率64.8%,较2017年底下降0.9个百分点;中央企业资产负债率67.7%,较2017年底下降0.4个百分点。金融机构合规意识增强、表外业务得到有效规范。当前宏观杠杆率基本趋于稳定,市场预期发生明显变化,部分野蛮生长的金融控股公司和影子银行风险得到有效控制。

四、2019年经济形势展望及主要指标预测

2019年,我国经济发展仍存在基本面好、韧性强、潜力大等诸多

有利条件,但经济运行的困难、矛盾和问题增多,短期宏观增长动力和微观主体活力趋于弱化,预计年内经济增长或将稳中趋缓。

(一)从有利条件看,推动经济继续走稳的积极因素主要是服务经济、消费经济和温和的通胀水平

服务业稳定增长,继续发挥经济增长主引擎作用。新兴服务持续旺盛,生产性服务业配合制造业转型升级,人民日益增长美好生活需要不断拓展"幸福产业"发展空间,互联网+服务、设备生命周期管理等新兴服务业加速成长。

消费升级持续加快,经济稳定器功能总体不减。基本生活品类消费增长稳中有升,互联网+消费保持蓬勃发展,居民在交通通信、教育文化娱乐、医疗保健等改善型、服务性消费方面的人均支出增长较快,个性化及比较注重个人体验的产品的消费需求增长迅猛。

价格水平温和可控,为经济平稳运行创造了有利环境。农产品总体供应充足为消费价格基本稳定创造了条件,工业品和服务领域新涨价因素不多,生产资料价格和国际大宗商品终端需求基本相对稳定,居民消费价格(CPI)和工业生产者出厂价格(PPI)涨跌空间非常有限。

(二)从不利因素看,导致经济下行的负面影响主要是中美经贸摩擦、市场风险和供需动能减弱

全球经济下行预期和中美经贸摩擦风险,外需紧缩效应更加明显。一是世贸组织预测,2019年全球货物贸易量增速由4%下调至3.7%。主要发达经济体加息、缩表、减税等政策调整外溢效应进一步

显现，对国际资本流动、跨国投资、大宗商品价格和全球金融市场等产生多重影响。二是中美经贸摩擦短期有所缓和但并未结束，仍是制约我国经济平稳运行的主要因素。中美两国在G20峰会期间达成暂停互征新的关税重要共识，并就强制技术转让、知识产权保护等开展谈判，短期内化解市场担忧情绪，但仍存在一些不确定性影响。从当前看，中美开启新一轮谈判有望就结构性改革等问题达成协议，但短期内很难就涉及我方核心利益的高技术产业发展等方面达成一致，也不可能从根本上解决贸易不平衡问题。因此，美国仍有可能对从我国进口的2000亿美元商品（或其中部分商品）的关税率从10%提高到25%。模型模拟测算显示，若美国对从我国进口2500亿商品加征25%的关税，预计我国对美国出口将下降14.3%，直接导致我国GDP减速0.35个百分点，就业人数减少261.3万人。从趋势看，即使中美达成协议，经贸摩擦出现阶段性缓和，也不能改变美国长期遏制中国发展的战略意图，美国仍有可能继续采取投资限制、技术封锁、人才交流中断等多种方式对我国进行施压。这种不确定性和不稳定性影响直接表现为，严重扰乱市场预期，干扰我国经济运行秩序，造成投资消费信心下降、金融市场动荡，进而增大经济增长下行风险，影响我国经济转型升级的进程。

国内主要市场多重潜在风险交织叠加，经济系统的稳定性面临较大考验。 一是虽然金融机构流动性总体充裕，但偏紧的信用环境，货币传导机制不畅，信贷市场活水难以高效地导入实体经济。二是股权质押等问题亟待妥善解决，股市悲观情绪依然较重，上市公司业绩增长放缓，横盘整理或持续低迷状态的概率较大，市场难有明显起色。三是债市在打破刚性兑付后，一些发债主体既面临到期债务偿付问题，也面临新增债券发行难问题，可能引发资金链断裂、连锁违约风险。四是贸易顺差减少甚至出现逆差的可能性上升，人民币汇率双向浮动的基础面临松动，汇率贬值风险上升，或将引资本流出、金融动荡等风险。五是房地产在调控政策不放松的背景下，商品房市场需求和销售面积已现萎缩，预期变化导致短期市场波动风险增大。此外，严控地方新增债务特别是隐性债务的情况下，地方政府化解存量债务压力较大，平台公司面临"举债无门、续借无望、转型无路"，不能到期偿债的点发式"暴雷"风险可能进一步扩散。

供需增长动能不足，引发经济变盘的因素增多。从供给侧看，支柱产业难有显著改善。汽车市场经过近几年的高速增长，已从增量市场向存量市场转换，据中汽协预计2019年车市销量同比将下滑10%以上，进入周期性低谷。房地产市场预期转向，地产行业保持较高增长的难度加大。从需求侧看，投资、消费继续承压。基础设施投资领域，随着国家对地方政府举债融资、购买服务等行为的进一步规范，以及土地交易市场降温导致的土地出让收入减少，地方政府投资能力将继续下滑。

工业投资领域，高新技术产业占比仍较低，增速较快但难以对投资形成支撑，以广东省为例，目前高技术制造业投资占总投资比重仅为5.6%，另一方面传统实体经济回报率过低，企业投资意愿不强。且随着出口增速的下降，以及企业技能环保改造浪潮的基本结束，制造业投资增速可能明显回落。房地产投资领域，房地产宏观调控大概率不会放松，加之统计调整因素导致的土地购置费增速的下降，这也意味着房地产投资增速的温和回落。通过与主要房企座谈，各龙头房企均表示2019年投资整体谨慎，投资额将视市场环境而定，基本遵循以销定产原则。居民消费领域，受高房价"挤压效应"影响，家庭消费趋势性回落。

表1　主要经济指标预测　　　　　　　　　　单位：%

指标	2018年	2019年
GDP	6.6	6.3
工业增加值	6.3	5.8
服务业	7.5	7.3
社会消费品零售总额	9.1	9.0
固定资产投资	5.9	5.5
CPI	2.1	2.5
PPI	3.7	1.5

资料来源：中国建行研究院与中国宏观经济研究院联合课题组预测。

2018年以来北上广深等主要城市住房租赁价格快速上涨，进一步抑制消费动能释放。数据显示，珠三角九市租金上涨10%–30%，深圳市房租收入比已超五成，广州市也接近四成。与此同时，汽车消费领域难有改观，石油制品类消费或有减速，2019年消费领域面临较大回落压力。综合上述因素测算，正常情况下，若中美经贸摩擦得以缓和，国内市场不发生局部性风险，保持政策力度不变，预计2019年GDP增长6.3%左右，CPI涨幅2.5%左右。若中美经贸摩擦继续升级，国内市场风险管控失当，经济增长面临较大失速风险。

五、政策建议

结合当前经济形势的重大变化，和中央经济工作会议精神，应加紧制定应对经济下行的政策体系，出台一批重大改革、重大政策和重大工程，着力解决最直接、最突出、最关键的问题，力促经济在平稳运行中实现高质量发展。

稳增长，努力确保经济平稳运行。经济剧烈波动会严重影响金融稳定，并引发一系列社会问题，甚至需要付出更加高昂的代价才能使经济回归正常增长轨道。为此建议，实施更加积极有效的财政政策和稳健中性的货币政策，深化供给侧结构性改革与扩大内需相结合。

一是要进一步加强减税降费力度。加快增值税简并税率步伐，尽早实现三档并两档，同时针对具有财政承受能力地区的重点行业、重点企业，实施增值税留抵税额退税政策。与此同时，尽快降低企业特别是中小企业缴存社保的比例，确保总体上不增加企业负担。二是提高预算赤字规模，扩大地方政府专项债券发行规模，增发中长期建设国债，加大对三大攻坚战和补短板支出力度。要支持京津冀协同发展、长江经济带等重大战略以及精准扶贫、生态环保、棚户区改造等重点领域，优先用于在建项目平稳建设。三是为市场提供合理充裕流动性，保持广义货币（M2）、社会融资规模增速与2018年基本持平，满足实体经济信贷融资需求，保持利率水平相对稳定。四是综合运用再贷款、再贴现等政策工具，引导金融机构加大对小微、民营、科技型企业和绿色经济、"三农"、扶贫领域等信贷支持。进一步加强中小微企业融资增信服务和信息服务，加快企业信用信息归集与应用，推动国家政策性中小微企业融资担保基金政策及早落地，提高不良贷款容忍度落实尽职免责，引导金融机构将更多资金投向中小微企业。进一步明确基础设施投融资政策，加强政府和金融机构信息互通，推动金融机构为基础设施项目合规提供融资。五是加快推进已确定的基础设施建设等重大工程项目落地，强化在建项目资金保障，在铁路、民航、油气、电信等领域谋划推出一批有吸引力的民间投资项目。六是放宽服务消费市场准入，加快发展幸福产业和婴幼儿托育服务产业，优化消费环境，进一步激发居民消费潜力。

防风险，着力维护经济体系稳定性。正确认识把握风险源头和性质，做好情景分析和应对预案，防范风险对经济平稳运行带来不利影响。

一方面，有效应对化解中美经贸摩擦风险，可针对不同类型的出口产业开展分类指导。一是对于可替代性强、成本敏感型的加工制造业和劳动密集型产业，主要涉及电子、机械、家居、纺织等行业，要大力帮助企业降低综合成本，降低出口通关费用和时间，支持企业尽量保住已有市场份额。二是对于具备一定市场竞争优势、发展速度较快的中高端制造业，主要是在相关领域技术领先的先进制造业，应依托企业产品自身优势，帮助其开拓多元化市场，拓展与欧盟、日韩、东南亚、非洲等市场的合作空间，加快退税进度，落实出口信用保险补贴，适度提高对美出口保费扶持比例，扩展对出口型小微企业的承保支持。三是对于具备重要战略意义，可重塑国际竞争格局的战略性新兴产业，面对进口限制、投资管制乃至技术封锁。短期内应着力支持企业寻找替代产品，中长期则需针对"卡脖子"的关键核心技术，加快布局一批科技重大专项，加强基础研究的广度和深度，为上述产业发展提供长期稳定的有效支撑。

另一方面，加强对区域和地方层面经济运行情况的监督和研究，找出引发经济快速回落的主要原因和问题障碍，全面排查和梳理重大风险领域及其风险点位，防范处置国内市场风险。一是鼓励地方政府管理的基金、私募股权基金等帮助具有较好发展前景的公司纾解股票质押次生风险；积极稳妥推进科创板，强化注册制风险管理。二是强化对影子银行和互联网金融的监管，分类处置高风险金融机构，完善逆周期、跨市场系统性金融风险的早期识别预警、事中监测控制和事后救助处置等机制。三是出台防范化解地方政府隐性债务风险实施意见，在严控新增债务、严禁违法违规举债担保的前提下，适度扩大规范举债规模。与此同时，对负债规模较大、债务风险较高的城投公司、大型国有和民营企业要做好风险监测和防控，创新化解渠道，提前制定相关应对方案。四是出台房地产市场健康发展长效机制，注重因城施策、疏堵结合，避免地方竞相严调，促进市场供需平衡。五是研究制定促进大学生、经贸摩擦受影响失业人员、去产能职工等重点人群就业实施方案，支持国有企业不裁员，防范大规模失业风险。

促改革，多措并举推进高质量发展。 调整经济结构，释放创新活力，关键还在加快推进改革，破除体制机制障碍。一是推进服务业"二次开放"，加快电信、文化等领域开放进程，放宽教育、医疗外资股比限制，取消养老机构设立许可，推进民办大学建设试点。二是推动民营经济发展，出台产权、物权保护具体措施，研究建立因政策调整导致企业合法权益受损的补偿救济机制，推动简化小微企业创立程序、减免相关费用、放宽经营场所限制等政策实施。三是深入实施创新驱动发展战略。制定完善研发投入加计扣除政策，扩大加计扣除范围，调整企业会计制度，专列研发投入科目；设立技术改造专项资金，重点支持传统行业技术升级、环保改造和核心零部件国产化。

（中国建行研究院与中国宏观经济研究院联合课题组，2018年12月25日）

第二篇
中美贸易摩擦

始于2018年的中美贸易摩擦，从一开始就表现出不同以往国与国之间贸易摩擦的范式。3月23日，美国总统特朗普根据美国贸易代表办公室的"301调查"报告，签署了对中国进口商品大规模加征关税的备忘录，目标并不是中国有比较优势的轻纺产品和低端产品，反而是中国有待发展的生物医药、新材料、工业机器人、信息技术、新能源汽车，航空产品等新兴产业。贸易摩擦已不仅仅是所谓的顺（逆）差问题，其战略意味不言而喻。建行研究院正是从这一角度展开的对中美贸易对抗的研究。

在贸易对抗初期，**《中美贸易对抗的深层原因及可能走向》**认为，"美国这次挑起的贸易战实际上并非是真的贸易战"，"美国发起这样一场不是贸易战的"贸易战"，其核心诉求和目的至少有三个方面：一是试图在高新技术创新和产业领域建立新的博弈格局，核心就是高科技技术制衡与知识产权保护。二是提升其金融资本的作用深度和广度，重点就是金融市场的开放。三是拉升部分产品价格，均衡其国内就业问题"。贸易战会经历报复阶段、博弈阶段和均衡阶段三个阶段，只有当两大经济体在全球重要产业链形成默认的行为规则和边界时，才会进入均衡阶段。

《贸易对抗下的金融风险》比较了中美贸易对抗中关税战和非关税壁垒的不同影响，认为关税战属于"总量"措施，"药量大"但

"药效慢",而非关税壁垒制裁属于贸易战中的"结构型"措施,实施的是定向或者定点"打击"。强调"非关税壁垒制裁在微观和行业方面可能引发的金融风险,尤其需要我们高度关注和警惕"。

《贸易摩擦对建行经营影响的简要分析》将建设银行作为一个样本,探讨了两类措施对微观主体可能的影响,认为"关税战对建行的影响整体可控,建行制定和实施相关风险控制措施的时间窗口较宽,非关税壁垒由于其突发性和对产业链的可能致命性影响,更加值得警惕"。

针对不同的影响,《关于中美贸易摩擦的微观影响分析》进一步从关税战的角度,分析了加征关税对不同行业、企业和地区等的影响;《美国金融执法机构的类别及可用处罚措施》则从非关税冲突的金融视角,分析了美国政府对中资银行拥有监管权的执法机构,其处罚措施、执法依据和相关案例等。这些分析再次表明,中美贸易对抗对中国金融风险的演变存在较大的不确定性,某些潜在影响具有相当的破坏性。

经过研究,《顺世界经济周期的战略意义》认为,经济发展取决于千万计微观企业的相对竞争优势,以及他们能够在全球产业链中占据的节点或环节。世界经济大国对全球产业链重要节点和优势环节的争夺,是大国间贸易对抗的关键所在,本轮"殖链"之争会影响深远"。

随着贸易对抗的深化,产业链之争开始向另一个方向演变。"现在这么多有影响力的声音主张中美经济'脱钩',特别是与技术相关的贸易和投资,这将造成供应链的破坏。这些论点不会很快消失","更重要的是,经济紧张局势正在达到一个崩溃点,这四个方面(物品、资本、技术、人才）的流动正面临巨大压力，加大脱钩风险，也即形成经济铁幕的风险"①。作为中国的老朋友、非鹰派人物，保尔森的这些看法可以说在很大程度上反映了美国的主流意见。为此，我们就**《中期选举后中美关系的变化及影响》**，组织了内部研讨会，并将会议综述收录进来，供大家参考指正。

（尹龙）

---

① 刘裘蒂，《中美对峙与"经济铁幕"的风险》，www.ftchinese.com，2018年11月8日。

中美贸易对抗的深层原因及可能走向

　　国与国之间的贸易必然会产生差异（顺差或逆差），有差异就会有摩擦。在现代社会，贸易摩擦一般并不会导致两国之间爆发集中式的关税壁垒对抗，即贸易战。贸易摩擦转变成贸易战一般需要满足两个条件：一是一方的贸易基础受到严重威胁，甚至无法保持贸易的持续性；二是在贸易中一国利益受到严重损害或不公平对待。贸易战的目的就是希望矫正贸易的这种严重失衡状态，进而促进贸易的可持续性或公平性。

　　由此来看，美国这次挑起的贸易战实际上并非是真的贸易战。一方面中美贸易的不平衡是国际分工细化和全球产业链演进的结果，贸易的可持续性在目前以及可以预期的未来都不存在问题。简单来说，美国对中国的贸易逆差，即使不产生于美中贸易，也会因为美元的特殊地位和美国在全球经济生态中的地位，在美国与其他国家的贸易中显现出来，这部分贸易差额只会转移而不会消失。退一步而言，假如美国希望冲销这部分逆差，其可动用的贸易资源（特别是大量限制出口的产品）并不匮乏，并不存在影响其贸易持续性的威胁。另一个方面,就贸易的公平性而言,无论美国如何指责中国人占便宜,就最终的利得分配来看,"美国拿大头、中国拿小头"是一个不争的事实。在不同的利润率水平下,贸易额和贸易利润额并不一定正相关。虽然没有完整的统计数据,但就手机、电子产品等贸易数据来看,在贸易数量上,美国是逆差国,但在贸易利润流向上,美国是典型的"顺差"国。

在这种情况下,美国发起这样一场不是贸易战的"贸易战",其原因显然已超越了贸易本身。

一、美国的核心诉求和目的

一是试图在高新技术创新和产业领域建立新的博弈格局,核心就是高科技技术制衡与知识产权保护。20世纪末,美国就将技术创新和知识产权作为国家的核心竞争战略,当时能与其在这些领域构成有效竞争的国家尚不存在。美国也如其期望的那样,成了"有脑袋无身体"的国家:凭借着先进技术和知识产权攫取着大量"养分"(利润),占据着全球产业链的高端。对应地,中国几乎是一个"有身体无脑袋"的国家,挥汗如雨,消耗大量资源,只分享到了微薄的利润,成为世界加工厂。21世纪以来,这种局面正在发生深刻变化:尽管利润微薄,但中国人的勤奋依然使中国成为世界第二大经济体,加之中国人的聪明和才智,在"四肢发达"的同时,中国正在构建世界级的另一个"脑袋",这无疑使美国人感到了威胁甚至恐惧。按照美国的政治经济行为习惯,面对威胁要么消灭之,要么对手化。"消灭之"已不可能,建立对抗与协商动态发展的博弈格局,与主要对手划分必要的边界和建立一定的行为规则,是美国最优的选择。

二是提升其金融资本的作用深度和广度,重点就是金融市场的开放。 为适应或者说为配合20世纪末技术创新和知识产权战略,美国的产业格局也发生了重要变化,延续了上百年占据着经济发展统治地位的实业资本,开始让位给金融资本:国家经济扩张已经不再是简单地获取廉价的原材料和产品销售市场,开拓更多的"殖民地",而是将金融资本与技术、知识产权相结合,控制国际产业链和利润分配的核心环节,分享全球化的利益。企业外迁、国内市场充斥着国外产品、高额的贸易逆差等,换取的是美国金融势力在全球的不断扩张和增强。这是一个不可逆的演进,只有存在贸易逆差,美国才能从"穷国"借到钱(顺差国购买美国国债),然后再投向"穷国",一头牛身上剥两张皮,维持美国高昂的生活方式。既然不可逆,限制债权国直接投资规模以保证美国可获得的低成本资金规模,要求债权国开放金融产业和市场以不断提升美国金融资本在债权国获利的广度和深度,都会成为美国未来一定时期内重要的扩张战略。

三是拉升部分产品价格,均衡其国内就业问题。 技术创新和知识产权领先战略、金融资本统治地位的强化等,附带了一个巨大的副作用,就是美国中下层就业岗位的流失和贫富差距的扩大。尽管美国经济复苏,失业率下降,但只要低端产业不断外移,从根本上来看,中下层就业岗位即使有所增加也会十分有限。特朗普政府之所以赢得选举,重要的一条就是其承诺引导企业回归,创造更多的中低层就业岗位。要使企业回归,就需要美国本土生产的产品具有一定的价格竞争能力。一种方式是使美国本土产品价格下降向国际产品价格水平靠拢,另一种方式是使国际产品价格上升向美国本土产品价格靠拢。前一种方式可以通过提高效率、降税等方法降低产品成本，但由于技术扩散速度快、税收优惠他国可以仿效等只能满足一时之需，根本上还是需要参考国际劳动成本降低人员成本，这又会加大贫富差距，不可取。后一种方式则具有较大的可操作性：通过贸易保护甚至贸易战的方式，一方面可以采取关税或非关税壁垒措施直接提升国际商品价格，另一方面可以引发相关国家采取报复性贸易对抗措施，促使目标产业链在更高价格水平上形成国际市场新的均衡。

二、演进出三个阶段：报复阶段、博弈阶段和均衡阶段

在报复阶段，中美贸易对抗会以关税战的形式呈现。关税战爆发后，双方会对"实战"数据进行验证或评估，以决定关税战的走向和时间。从美国来看，其报复性关税壁垒的目标性和战略性很明确，加之相关产品的可替代性、可选择性较强，对国内产业链的影响力度有限，报复性阶段拖得越长，对其实现战略相对优势可能越有利，因此可能会采取虚虚实实、真真假假的方式进一步保持"贸易战"的面貌。从中国来看，报复性关税的重点和力度都很强，但实际"作战"效果和风险还需要进行仔细评估。一方面双方报复性关税涉及的产品存在不同的价格弹性，关税带来的成本价格上升对实际贸易量的影响会显著不同。同时，中国经济对全球产业链的渗透程度和依赖性较强，相关产品和产业的变化有可能扩散成整个产业链的问题。另一方面，中国经济一直处在改革和转型过程中，经济生态较为复杂，贸易问题不仅会影响生产领域，也直接关系到社会货币供应量（外汇占款）、汇率等重大和敏感性金融问题。贸易战的不确定性远高于美

国，报复性阶段持续的时间越长，相对风险越大。

在博弈阶段，双方寻求都可接受的经贸摩擦管理的游戏规则会成为贸易对抗的归宿。报复性关税壁垒的实施和持续，双方都会承受一定的经济损害和风险，相对而言，可能会有一方更加不利。当美国部分实现国内特定产业产品新的国际价格均衡后，或者中方经过数据评估，不再愿意承担相关损害和风险，直接对抗性的报复性关税措施就会被双方自我限制和约束，双方会以贸易摩擦为切入点，协商探索两国经贸管理的可接受模式。美国可能会逐步调升对中国带有计划经济色彩的一些产业政策和行政管理措施的理解度和容忍度，中国可能会逐步调整自己的角色，在高新技术等部分国际产业领域从参与者向组织者转变。

在均衡阶段，双方乃至世界的经贸合作和交流会形成新的格局，两大经济体在全球重要产业链形成默认的行为规则和边界。

（尹龙，《参阅件》第1期，2018年4月16日）

贸易对抗下的金融风险

关税对抗和非关税壁垒制裁是贸易战的两个主要层面，在贸易战中两种措施的诱发方式、作用机理和破坏程度有着明显的不同，其对金融风险的影响也因时因势而不同。

一般而言，关税对抗在贸易战中属于"总量"惩罚措施，对于列入关税报复清单的产品和原材料等，按照不同的税率，实施无差别的关税惩罚。"药量大"但"药效慢"，一方面报复性的关税对抗往往超越了行政当局的管理权限，一般需要履行必要的法律程序，也需要在技术上对税收机制和方式进行必要的调整。另一方面，关税惩罚需要转化为价格上涨，才能使进口产品从价格上丧失竞争优势，被本国或第三国产品替代。只有当替代累积到一定规模后，才会形成相关产业全球产业链的重构，使对手国的贸易状况发生不可逆转变。因此，关税对抗一般会表现出"雷声"大、传导时滞长，作用效果会受产业链内部对涨价的吸收消化程度、全球产业链重构的难易程度影响等特点。

这些特点反映到金融风险领域，**关税对抗会在微观和宏观层面**

形成不同的影响，总的来看对宏观层面金融风险的影响要大于微观层面。从行业和微观层面来看，由于金融机构一般可以较为准确地预期关税对抗的范围和影响程度，也有较宽裕的时间制定其风险管控或对冲预案，除非宏观环境发生明显恶化，一些金融机构可能会遭受一定损失，但一般不会形成直接的风险冲击。总体上，单纯的关税对抗引发的金融风险基本可控。从宏观层面来看，贸易状况的变化会直接导致货币价格（汇率）和货币数量（外汇占款相关的基础货币投放）的变化，一国货币政策的独立性和政策效果都会受到较大的影响，宏观金融风险的管控需要更加复杂的应对。

相对于关税对抗，非关税壁垒制裁属于贸易战中的"结构型"措施，实施的是定向或者定点"打击"。通过对某类甚至某一个产品、企业设置针对性的技术、标准、质量等准入壁垒，非关税制裁可以直接终止该类或该产品的贸易。或者，通过对技术、标准和上游原材料等设置针对性的限制出口或交易的禁令，可以直接破坏对手国产品生产和服务的可持续性，打击对手国相关产业链的运转和相关产品的贸易。

对于全球产业链依赖较轻的产品或企业（比如牙膏），非关税壁垒的作用直接，但对一国贸易的影响有限。对金融业的影响一般也只是一个或几个"点"，个别情况下，可能会影响到一条"线"。对于全球产业链依赖较强的产品或企业（比如手机），非关税壁垒的作用会呈几何级数增长：准入壁垒不仅会导致相关产品或企业直接"淡出"市场，而且会从整体上破坏该类产品或企业的生态圈（如供应商、技术支持、售后服务等），其影响可以从"点"迅速扩展到"链"和"圈"。上游技术和原材料的禁销措施，更有可能从生产上而不是贸易上直接掐断对手国下游企业（甚至产业）的"生机"，其造成的破坏不仅速度快，也有可能直接导致一国支柱产业的重创。由于这些产业或者企业在没有经受非关税制裁时，属于能够在全球产业链中生存和发展的产业或企业，一般会都金融机构视为具有竞争力的好企业，在社会金融资源配置中处于较有利的地位，拥有较大的份额。一旦其遭受重创，就有可能引发突发性高额风险暴露，金融业会受到直接的风险冲击。

从中美贸易对抗的实际情况来看，**非关税壁垒制裁在微观和行业方面可能引发的金融风险**，尤其需要我们高度关注和警惕。

一是在产业政策指导下，近年来我国银行业在先进制造业、大数据及云计算等新兴科技行业、生物医药、新能源等领域的贷款余额和贷款规模都较大，集中度相对也较高，而这些行业又恰恰是容易受到美国非关税壁垒制裁的行业。由于这些行业涉及的美国技术优势（如芯片优势）和其他国家上游技术优势（如日本的光原件优势、韩国的显示屏优势等），其背后是一系列的基础研究、专利、标准等的支撑，要实现替代，已经不仅仅是技术或产品本身的问题，需要基础研究支撑、专利积累支撑、知识产权保护等系统生态的建设，短期内无法实现。因而，一旦这些行业被打击并受到重创，银行风险就有可能在短时间内爆发，并需要较长的时间去消化。

二是如果这些行业的某些企业借助爱国主义或者民族思潮，推动上游基础性技术或产业的短期化替代投资，在目前的氛围下，有可能会吸引更多的金融资源向这一高风险产业配置，融资的集中度也会进一步提高。除非全球化出现逆转，国际产业链和分工向自给自足的"国家自然经济形态"转变，这些融资会形成新的金融泡沫，金融风险的累积会进一步加剧。

三是由于关税对抗的时间窗口较宽，金融机构在应对过程中即使出现意外，导致的结果也只是"黑天鹅"的出现。而非关税壁垒制裁引发企业和产业危机的突然性较强，一旦风险释放，很容易形成"灰犀牛"，直接冲击银行体系的稳定和风险底线。

四是金融行业本身一般不会直接受关税战的攻击，但却可能直接受到非关税壁垒对抗的打击。一种情况是对一国的金融业采取准入壁垒，比如限制投融资和相关产品交易、提高融资成本、削减交易便利等，另一种情况是美国可以通过寻找金融机构在合规、反洗钱、透明度等领域的瑕疵，凭借其掌握的全球清算系统、银行卡支付结算系统、评级体系等，定点打击相关金融机构，损害其实际竞争能力。

（尹龙，《参阅件》第2期，2018年4月24日）

贸易摩擦对中国建设银行经营影响的简要分析

关税战和非关税壁垒是中美贸易对抗的两个主要层面，对中国建设银行目前乃至未来一段时间的影响方式、可能的深度和广度有所不同。目前来看，关税战对中国建设银行的影响整体可控，建设银行制定和实施相关风险控制措施的时间窗口较宽，而非关税壁垒由于其突发性和对产业链的可能致命性影响，更加值得警惕。

一、关税战及其影响

美国针对我国的航空航天、通讯、医药、机械等多个领域合计约1333项500亿美元的产品征收25%的关税，其中97%以上为工业制成品，钢铁、铝也在前期打击范围内。根据美国海关分类，主要集中在8类商品：机械产品、机械设备和电气设备；光学、医疗等仪器；杂项制品；运输设备：汽车、飞机、船舶；贱金属及其制品；化工产品；塑料、橡胶及其制品；武器、弹药及其零附件。

按照海关总署公布的数据，美国打击范围内的8类产品，其中7类均在我国对美出口的前十大行业。特别是机电、音像设备行业,2017年,在我国出口美国商品总额中最高,达到1.3万亿,位居22项大类产品第一位(见图1)。过去的衣服、鞋等贸易摩擦重点产品不在本次征税清单内。

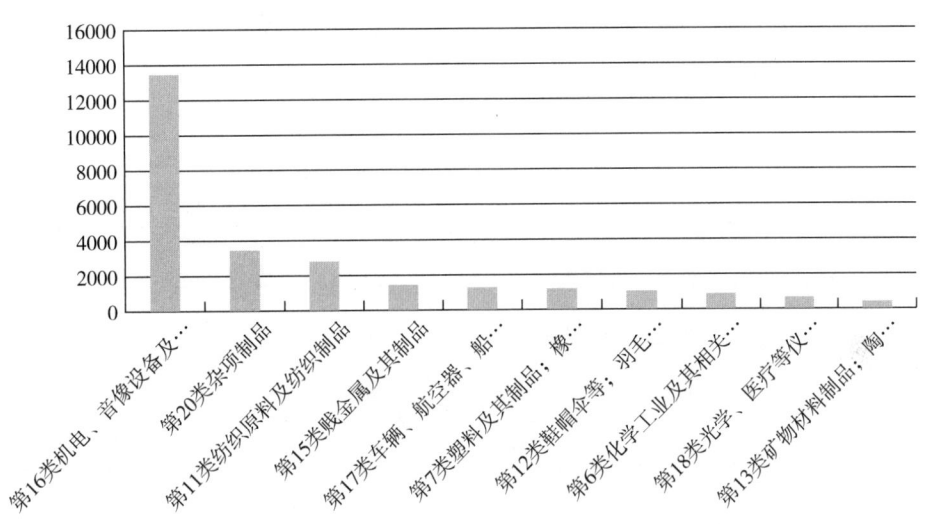

图1 2017年中国出口美国的商品净额总量前10 单位:亿元人民币

资料来源:商务部。

中国针对其大豆等农产品、汽车、化工品和飞机等约500亿美元的产品征收25%的关税。2017年,我国进口的美国商品中,机电、音像设备及零件总额最高,其次为车辆、航空器、船舶及运输设备,植物产品位居第三(见图2)。我国加征税收的商品,主要是从进口美国的商品金额以及美国国内的政治因素方面考量,均为美国的强势领域,但同时也具有较强的替代性。

策略上,美国旨在限制我国制造业升级,主要针对我国长远利益,而我国主要通过当期利益博弈。对比来看,双方把第6类化学工业及其相关工业的产品,第15类贱金属及其制品,第16类机电、音像设备及其零件、附件,第17类车辆、航空器、船舶及运输设备等四类产品均纳入了加税清单。

关税对抗周期较长,企业一般拥有足够的时间,进行调整和控制,其影响的也主要是企业成本和收入。在全球化的产业链中,价格因素可以通过上下游转移逐步消化。因此,关税壁垒对我国不会形成较大的冲击,形成的风险基本可控。

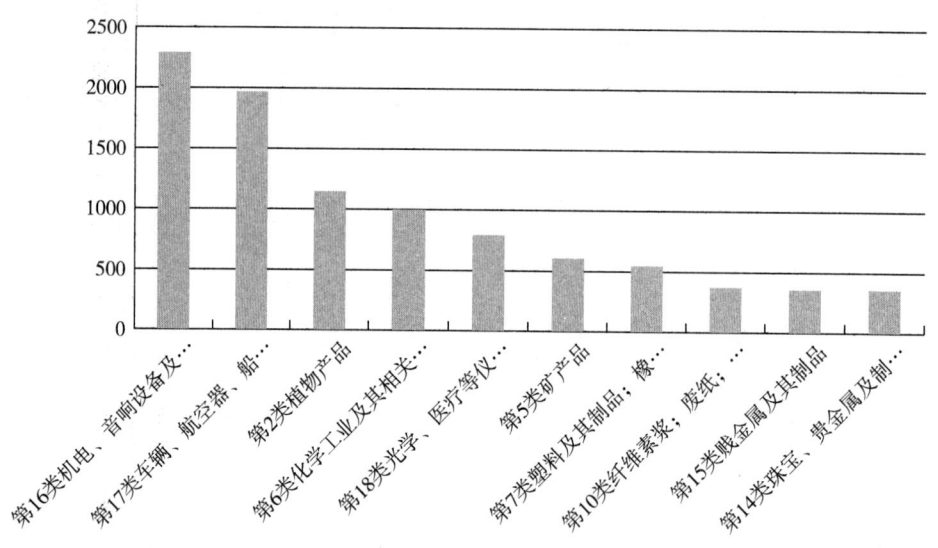

图2 2017年中国进口美国的商品净额总量前10 单位:亿元人民币

资料来源:商务部。

二、非关税壁垒及其影响

随着中美贸易战不断延伸,非关税壁垒可能对我国的影响更为突出,如近期的中兴事件。未来,美国或将借知识产权保护、打击恐怖主义等"名",设非关税壁垒之"实",且打击的对象可能会集中于单个具有代表性的企业。

商品贸易方面，美国将主要针对某些关键零部件，而不是成品商品。 特别像芯片等集成电路、精密机床以及高精度仪器仪表、微电子类等，在中国制造业升级的过程中，扮演着至关重要的角色的产品。整体上，我国的制造业大而不强，许多行业的关键零部件都受制于其他国家，如计算机、仪器仪表、汽车制造、医疗设备等（见表1）。

服务贸易方面，计算机、人工智能等领域的软件服务、算法等，可能会成为美国着力的博弈点。 目前，我国操作系统、各类重要应用程序等，基本依靠进口；算法研究也仍然是跟随阶段。而美国则拥有从基层软件到网络通信到应用程序的完整IT体系，如windows系统、手机操作系统（安卓）、网络服务器、基础开发语言（如C、java）等。即使BAT等公司，也都在美国的IT体系内开发应用。

表1　　　　　　　　　部分行业受限制技术举例

行业	受限制技术举例
医疗设备	血液诊断设备，以及特种材料加工、微电子类加工和真空电子类
汽车制造业	发动机、电喷系统、变速器等
船舶业	深度搜救装备、水下机器人等
化工业	膜技术、氟化工专利、脱销催化装置、PE大型挤压造粒机
电气机械和器材制造业	高端机床、动力总成精密测试设备
计算机、通信及电子设备制造业	半导体、通讯测量设备、芯片等集成电路
仪器仪表制造业	高精度电度表、数字电网监测表、高精度显微镜、电化学分析仪器、动力测试仪器、智能微生物培养系统等
电力行业	发电用燃气轮机等
金属制品业	特殊类钢材等

非关税壁垒形成的冲击具有突发性，影响范围广。 按照层层递进的逻辑，对我国经济的影响将体现在三个方面：**一是大型企业直接破产。** 这些企业前期经营状况良好，甚至是中兴这样的知名企业，但由于核心技术受到限制，特别是没有替代品的关键技术，企业可能会面临直接破产。且破产事项不可预期，突发性较强，外部救助难以解决

本质问题。

二是产业链重构。个别企业的问题体现的也是整个行业的问题。美国即使打击的是个别企业，但其他企业要实现稳定发展，就必须主动解决核心技术问题。更进一步，制造业的问题，可能会衍生到交通运输、采矿、水利建设等其他领域。我国整个产业链都可能面临重构。

三是整个经济转型路径受阻。我国当前经济正处于转型升级的特殊时期。关键产业问题将引发一系列问题。如近年，制造业低迷，资金缺乏合理的出口，货币政策、资本市场都受到较大的影响，解决地方债务、国企改革、税改、房地产风险防控等也受到掣肘。我国经济发展的长远战略中，大数据应用、人工智能等也都将受阻。

三、贸易摩擦对银行业的影响

银行业务发展高度依赖于实体经济。当前，金融去杠杆也在引导银行业服务于实体。贸易战将对银行业产生较大的影响，一些深层次冲击在当前尚无法估计。

一是贸易摩擦增加银行业信用风险。贸易摩擦对企业和产业的影响，将直接传递到金融业的信用风险上。银行是我国金融业的主体。2017年，银行信贷规模达到125万亿（不良率达到1.74%）。根据测算，若加征关税并实施非关税贸易壁垒，我国银行业不良率将会在未来5年不断上升。

二是贸易摩擦加剧流动性问题。近期，我国银行业存款增长压力较大，居民储蓄率下降，杠杆率上升过快的问题较为突出。贸易摩擦可能将更加凸显这些问题。两国互加关税，将直接增加商品成本，最终都将传递到消费终端，居民部门的消费支出将增加，储蓄率进一步下降。在银行层面，流动性问题将进一步加大。

三是贸易摩擦增强资本市场波动。贸易摩擦爆发以来，汇率、股市、债市、大宗商品都已有所反应。在银行层面，需要做好资金规划和运用。强化资本市场走势，特别是汇率、债券市场的预警和预判，控制市场风险。更进一步，为维护市场稳定，我国的货币政策可能会适时做出一些调整，但中美贸易摩擦的幅度和频率难以预计，那么货币政策调控的不确定性也将增加。

四是贸易摩擦影响金融开放节奏。在贸易问题针锋相对的同时，我国的金融业进一步扩大了开放力度。从日本的经历看，金融业可能会成为贸易摩擦的延伸领域，那么控制金融开放节奏将成为中国应对贸易摩擦的一项手段。我国银行业虽然体量庞大，但竞争力仍然不强。未来，银行业可能面临内外部多方博弈。

四、贸易摩擦对中国建设银行业务的影响

当前，贸易摩擦对建设银行业务的影响，主要集中在信贷业务和信用风险，其他业务和风险影响还有待观察。综合来看，非关税壁垒对中国建设银行的影响或将超出预期。

从中国建设银行信贷投向看，制造业、批发零售业将是受影响的主要领域。按照我国统计局行业分类，首先冲击的是制造业（农产品加工也属于制造业），以及其上下游相关行业。

2017年，中国建设银行制造业贷款达到1.2万亿，在公司类贷款

占比达到18%，是信贷第二大行业，但也是不良额最多的行业，不良率也高居6.36%。批发零售业规模虽然远不及制造业，但不良率达到7.69%，是所有行业中最高（见表2）。

表2　2017年中国建设银行重点行业信贷分布情况　　单位：百万人民币、%

（人民币百万元，百分比除外）	贷款金额	占总额百分比	不良额	不良贷款率
公司类贷款	6443524	49.94	166044	2.58
交通运输、仓储和邮政	1304691	10.11	13806	1.06
制造业	1178373	9.13	75000	6.36
租赁和商务服务业	913395	7.08	3282	0.36
其中：商务服务业	819916	6.35	2998	0.37
电、热、燃气及水生产和供应业	822782	6.38	4210	0.51
批发和零售业	436275	3.38	33564	7.69
房地产业	414867	3.22	9236	2.23
水利、环境和公共设施管理业	378620	2.93	778	0.21
建筑业	252989	1.96	6549	2.59
采矿业	222694	1.73	11625	5.22
总计	12903441	100	192291	1.49

资料来源：中国建设银行年报。

制造业。制造业受到的影响面较广，加征关税和非关税壁垒都将受到影响。根据2017年数据测算，若中美均执行500亿美元征税举措，建设银行制造业贷款不良资产将多暴露约10亿元，不良率上升0.083个百分点[①]。非关税壁垒影响上，按照不利情形计算，制造业不良率将多暴露约400亿元，不良率上升3.5个百分点。

批发和零售业。趋势上，与制造业资产质量趋势高度相关（见图1），不良率相关系数达到0.86。根据历史轨迹，综合批发零售行业与制造业的产业关系测算，加征关税后，批发零售业不良资产将多暴露约7.5亿元，不良率上升0.17个百分点。非关税壁垒影响上，按照极端

---

① 按照简单逻辑，先建立关税与制造业增加值增速之间的关系，然后根据建行制造业的不良率历史数据和制造业增加值之间的比值关系估算得到。

情形，建设银行批发零售业不良率将多暴露310亿元，不良率上升7个百分点。

建设银行其他重点行业尚不受影响。交通运输、仓储和邮政，电力、热力、燃气及水生产和供应业，水利、环境和公共设施管理业等基础设施建设以及房地产、建筑业领域将不受影响。这些不存在直接的对外贸易，在产业链中与制造业关联度较弱。部分相关原材料，如钢材等，在美国长期"双反"和国内去产能背景下，影响可忽略不计（2017年美国共进口钢材3593万吨，进口中国钢材产品78.4万吨，而我国全年的钢材产量为10.48亿吨）。采矿业受到的影响也基本可以忽略。服务贸易尚未包括在贸易战中，商务服务业受影响不大，但随着非关税壁垒的出现，可能会受到重大影响。

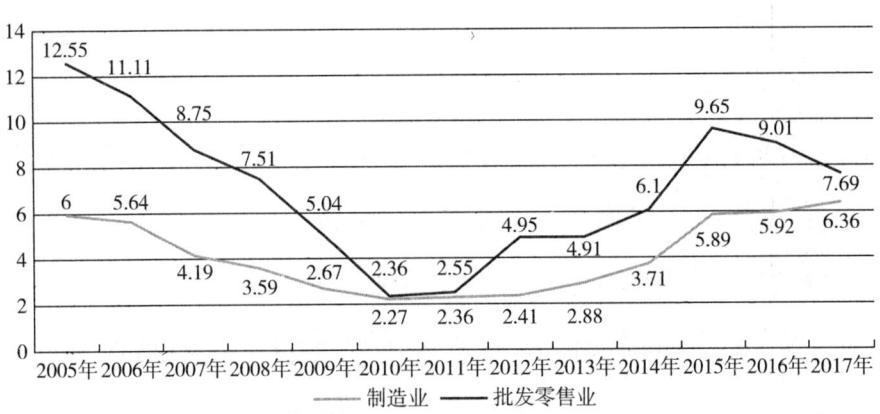

图3 建设银行制造业和批发零售业不良率关系 单位：%

资料来源：中国建设银行年报。

五、建议

一是防范重点行业风险。贸易战冲击的企业和行业，将在建设银行资产端直接形成风险。虽然存在诸多不确定性因素，但在当前，首先应当做好企业和行业风险的排查和监测,充分揭露可能存在的风险点。其次,需从重点行业入手,特别是核心技术缺失的行业,梳理产业链的风险传导路径和范围,做好集团整体风险的预警和预判。

二是大力支持高新技术产业。要从根本上化解我国经济的产业风险,扭转贸易对抗中的被动,需要大力推动技术创新。建设银行需要从技术创新的客观规律出发,创新业务模式,增强对新技术的跟踪和理解,适当放宽对高新技术企业的风险容忍度,加大对高新技术产业的支持力度。在银行层面,也将在长远上,化解产业问题带来的系统性风险。

三是强化合规管理。未来,金融业也可能会面临直接的非关税壁垒打击。一方面是限制中国金融机构投资;另一方面,则可能通过反洗钱、合规审查等,对我国金融机构进行限制或处罚。未来,建设银行要针对欧、美等法律、法规展开深入研究,熟练掌握并运用国际规则,避开法律陷阱,维护自身利益;进一步完善合规管理的体制机制,将合规文化融入建设银行经营管理每个环节。

四是着力构建中国银行业科技生态。建设银行正在实施金融科技战略,走在了行业前列。但从技术角度看,我们仍然是在某些领域或者建设银行层面展开应用。对比于美国的IT生态,银行要打造绝对的金融科技优势,关键还在于是否拥有涵盖客户信息管理、风险评估、支付结算、融资、投资等从基层数据到服务开展的金融科技生态系统。随着用户习惯养成,建设银行打造的金融科技生态将成为行业标准,竞争地位将处于绝对优势。

(李一阳、李昊,《专题报告》第1期,2018年4月24日)

关于中美贸易摩擦的微观影响分析

当前,中美贸易摩擦仍在持续升级,在客观论证贸易统计口径差异、产业优势比较、战略战术选择等问题的同时,还需要关注贸易摩擦对相关企业及商业银行的实际影响,以做好宏观环境变化后,有关企业经营跟随劣变的风险预防预控,以及对临时性困难企业的支持。从企业经营看,加征关税对清单商品涉及贸易企业的影响最为直接,美国加征关税等同于提高出口产品售价,降低市场竞争力;我国加征关税将增加企业生产成本,挤占利润空间。因此,分析贸易摩擦影响需要综合考量双方加税清单的共同作用。

一、加税清单对进出口贸易企业的影响分析

(一)不同贸易方式货品的关税管理不同,应重点关注一般贸易、进料加工贸易等项下商品涉及的企业

海关统计进出口贸易方式有一般贸易、进料加工贸易、来料加

工装配贸易等19种①类别，不同类别项下货品的关税征收要求不同。例如，根据《海关进出口货物征税管理办法》规定，经海关批准暂时进境或者暂时出境的货物，在海关规定期限内，可以暂不缴纳税款；外国政府、国际组织无偿赠送的物资免征关税。再如，企业办理的《加工贸易手册》中规定，对来料加工料件不征进口关税，出口时对成品也不征收出口关税。**因此，加征关税对保税区仓储转口货物、保税仓库进出境货物、来料加工装配贸易等类别项下货品的实际影响较小，应重点关注一般贸易、进料加工贸易和其他（以下简称"三种方式"）项下货品涉及有关企业。**

通过比对海关数据和第一批340亿美元加税清单②，2017年美国加税清单涉及三种方式的客户数和进出口贸易金额分别占总客户数和总贸易金额的40.01%、27.13%；我国加税清单涉及三种方式的客户数和进出口贸易金额分别占比为6.8%、10.39%。从波及范围来看，第一轮加税的实际影响已经较大，虽然目前直接影响还未充分显现，但研究表明③，不管是加工贸易还是一般贸易，关税增加均将导致贸易增值率下降，进而影响相关企业对技术创新的投入，不利于企业提升生产效率，需要我们保持警醒和冷静，持续密切关注相关企业的经营行为，做好风险的预警预判。

---

① 具体包括：1.一般贸易；2.国家间、国际组织无偿援助和赠送的物资；3.华侨、港澳台同胞、外籍华人捐赠物资；4.补偿贸易；5.来料加工装配贸易；6.进料加工贸易；7.寄售、代销贸易；8.边境小额贸易；9.加工贸易进口设备；10.对外承包工程出口货物；11.租赁贸易；12.外商投资企业作为投资进口的设备、物品；13.出料加工贸易；14.易货贸易；15.免税外汇商品；16.保税仓库进出境货物；17.保税区仓储转口货物；18.其他；19.免税品。

② 根据加税清单，税则号（对应美国HSSUS Subheading）为8位编码，但海关数据提供的客户报关商品的编码数字仅为前4位，为便于比较，取税则号前四位进行客户筛选，一定程度上扩大了涉及企业的范围，但对于风险管控是有利的。以下比较均采用相同方式处理。

③ 吴悦："关税对加工贸易企业竞争率影响因素的实证研究"，载于《经营与管理》，2014。

（二）外商投资企业占比较高，不可避免受到贸易战影响，但应重点关注内资企业影响

当前，外商投资企业（包括外商独资企业、中外合资企业和中外合作企业）在我国进出口贸易总额中占比较高，同时新设外商投资企业呈快速增长态势，2018年前5个月同比增长97.6%[①]。在当前阶段，外商投资企业不可避免地会受到贸易战的直接影响。但需要关注的是，在加税清单实施后，USTR（美国贸易代表办公室）即发布了301条款项下加征关税的中国产品的排除程序，允许美国企业提出申请对符合特定条件的产品进行关税豁免，豁免期为一年。同时，部分外商投资企业的大型集团化特征较为明显，加工能力较强、加工规模巨大，具有谈判话语权，可以最终寻得转移成本的有效路径。因此，预计贸易战对于外商投资企业的实际影响在可控范围之内。

反观我国内资企业（主要包括国有企业、集体企业和私营企业等）在进出口贸易中同样也占据较高份额，且不容忽视的是，当前我国制造业正在经历由低端向高端的转型之中，内资企业普遍处于贸易附加值较低的价值链末端。如果企业缺乏核心技术，只能被动接受牵制，特别是，如果企业规模小、技术水平低，更加不具备谈判能力和寻求保护能力。目前，我国提出将积极采取措施帮助企业减少损失，或将对内资企业抵消部分影响，但美国对我国部分出口商品加征关税部分，将逐步沿着产业链和价值链上下游进行转嫁，国有企业、私营企业等或将不得不面临成本增加后利润被挤占的实际困难。

---

① 数据来源：商务部、海关总署发布数据。

二、加税清单对建设银行的实际影响分析

（一）客户行业分布较为集中，主要集中在制造业、批发和零售业

从第一批加税清单内容看，美国加税清单主要涉及信息和通信技术、机器人和机械制造所需零部件产品等，我国加税清单主要涉及肉类、海鲜、豆类等农产品和汽车等，其影响涉及的建设银行客户群体主要分布在制造业、批发和零售业，占比均为93%，如表1所示。

表1　　　　　中美加税清单涉及建设银行客户行业分布情况表

美国加税清单涉及建设银行客户行业分布			我国加税清单涉及建设银行客户行业分布		
序号	行业门类	占比	序号	行业门类	占比
1	制造业	72%	1	制造业	60%
2	批发和零售业	21%	2	批发和零售业	33%
3	交通运输、仓储和邮政业	2%	3	交通运输、仓储和邮政业	3%
4	科学研究和技术服务业	1%	4	农、林、牧、渔业	2%
5	信息传输、软件和信息技术服务业	1%	5	租赁和商务服务业	1%

进一步分析可以发现，美国打击我国高端制造行业的意图明显，在制造业门类项下计算机、通信和其他电子设备制造业、电气机械和器材制造业、通用设备制造业、专用设备制造业等6大类行业的客户数量占比高达75.7%。我国清单则重点影响了农副食品及工业和汽车制造业。**目前关税导致原材料成本上升，客户尚有能力应对贸易战造成的冲击，如未来面临有关技术、上游原材料等限制性出口或交易禁令时，企业经营或将面临较大影响。**

(二)传统区域特征明显,长三角、珠三角、环渤海区域客户占比近八成

自20世纪末,东部沿海地区受益于对外开放和区域外向型经济方式,产业发展速度较快,相对于全国其他地区外向化程度较高,但外贸依存度也较高,受本轮中美贸易战影响相对较大。长三角、珠三角和环渤海区域内,建设银行受影响客户合计占比近80%。与此同时,东北地区虽然涉及客户数量较少,但受我国加税清单影响的农副食品加工业和批发业客户集中度较高,占比为65%,需要持续关注成本提升后对企业经营能力的考验。

表2　　　　　中美加税清单涉及建设银行客户区域分布情况表

区域	美国清单影响涉及客户	我国清单影响涉及客户
长三角	39%	32%
珠三角	26%	23%
环渤海	15%	20%
中部地区	11%	10%
东北地区	4%	9%
西部地区	5%	6%
合计	100%	100%

(三)部分客户风险分类下迁,整体风险可控

通过对比客户半年内情况变化发现,建设银行对相关客户进行了有效管理。截至2018年6月末,双方清单影响涉及建设银行客户有信贷余额的客户中,分类为正常的占比95.67%,整体风险可控。

三、两种可能变化的影响分析

情况一：中美双方聚焦贸易领域对抗升级，无多方参与

目前，中美贸易摩擦仍处于第一阶段，在双方各自提出的500亿美元加税清单中，真正落地的只有约340亿美元，有关影响尚且可控。但尚未执行的140亿美元（涉及商品284项）及2000亿美元（涉及商品6031项）清单中产品领域将大幅增加，涉及众多高、低端制造业产品和消费品，造成的影响将更加明显和直接。且数据表明（表3），美国对两次清单中所涉及产品从中国进口依赖度有限，2000亿美元清单项下产品进口份额也仅占美同类商品进口份额的23.17%，表明同类商品的替代性较高。在中美谈判无法达成一致前提下，美国或将推动中美贸易战进一步升级可能性较高。据经济学人智库判断，具体伤害效果可能会在8月末至9月初开始显现。二是如果双方贸易对抗演变成一种常态，将会影响我国贸易环境，对跨国公司将资本、技术、品牌、管理等高级生产要素带入我国产生不利影响，并进一步传导至消费端和劳动力市场，衍生影响较难以估计。

表3 2017年美国从我国进口及关税涉及商品情况表（单位：亿美元，%）

美国清单	目标金额	实际金额	（拟）加征关税税率	HS8商品个数	占美从中进口份额	占美同类商品进口份额
钢铝232清单	—	28	钢铁产品25% 铝产品10%	330	0.55%	7.09%
6月15日"301"清单（7月6日已执行）	340	325	25%	818	6.43%	7.72%
6月15日"301"清单（计划执行）	160	141	25%	284	2.79%	14.67%
7月清单（8月20~23日听证）	2000	1971	25%	6031	38.98%	23.17%
未在清单上	—	2592	—	3313	51.27%	37.93%
美从中国进口总额	—	5056	—	8814	100.00%	24.20%

资料来源：《数据透视中美贸易摩擦》，央视新闻网。

情况二：美、日、欧达成贸易协议，贸易规则发生变化

近期，美、日、欧贸易谈判取得一定进展（7月17日，欧日正式签署自由贸易协议；7月25日，美欧发表自由贸易联合声明，表示双方将致力于消除关税和贸易壁垒；8月9日，日本经济再生大臣茂木敏充将赴华盛顿参加日美新一轮部长级贸易磋商），三方贸易关系暂时恢复良性。虽然有关协议正式议定或生效有待时日，短期内影响比较有限，但美、日、欧三大经济体在技术转让、市场导向上的具有较高一致性，如最终达成贸易协定，或将主导贸易规则的改变，影响我国在全球产业链中的参与程度，制约我国产业发展。

四、下一步对商业银行的工作建议

（一）筛选重点客户，持续加强跟踪管理

中美贸易摩擦影响将通过作用于进出口贸易企业向商业银行体系传递，商业银行需要主动加强预防预控管理，筛选出重点客户，组织相关分行持续加强跟踪管理。如，与加税清单商品高度相关的企业；从事加工贸易，但生产所需核心技术、材料等要素主要依靠进口的企业；技术成熟、进入门坎低的"微利"企业；产品同质化较高、出口主要依靠政策扶持的企业；主要加工生产高耗能、高污染中间原料的企业；规模小、技术水平低的企业等。但应注意的是，贸易摩擦事关国家命运，商业银行要树立大局意识，对涉及企业的风险管理不能仅考虑避险而退出，要处理好风险管理与客户生存、产业发展的关系，与客户共渡难关。

（二）关注衍生影响，加强协同配合

贸易摩擦持续发酵会引发有关市场和信贷供需的联动反应，目前汇率市场、债券市场、大宗商品交易、贵金属交易等已经出现波动变化。在当前形势下，需要商业银行集团内相关条线管理部门、子公司协同合作，共同制定应对中美贸易战的行动方案，在统一思想、统一原则和统一框架下开展工作，避免"此退彼进"，或"相互拖累"。同时，还应积极与同业机构沟通，在危机面前共同进退，发挥国有大行的压舱石作用。

（蒋帅，《专题报告》第5期，2018年8月13日）

美国金融执法机构的类别及可用处罚措施

当前，中美贸易冲突加剧，美国全球制裁及反洗钱执法也趋于活跃，未来美国金融执法机构对中资银行加大处罚和制裁力度或难以避免。本报告**以中国建设银行（以下简称"建行"）及建行纽约分行为对象**，梳理了美国联邦及纽约州政府对中资银行拥有监管权的执法机构，分析其处罚措施、执法依据和相关案例，以便建行未雨绸缪，增强危机应对和处理能力。

一、执法机构概述

美国当局对中资银行拥有监管权的执法机构众多，且一直存在管辖权重叠、彼此之间互不协调、甚至相互竞争的问题。除了联邦和州各级法院享有司法权外，美国金融执法机构可以分为以下三类[①]。

---

① 除下列机构外，美国有权对金融机构采取处罚措施的机构还包括美国证券交易委员会（Securities and Exchange Commission，"SEC"）、财政部下属国内税务局（International Revenue Service，"IRS"）等，但因中资银行在美业务种类和范围有限，且其部分规定已通过国家间签署双边协议的方式内化为中国国内法进行执行，中资银行直接受到这些机关处罚的可能性相对较小。

一是银行监管机构。联邦层面主要为**美联储**(Federal Reserve Board,FED),可用处罚措施包括监管执法同意令、下发禁止令、吊销营业执照、签发传票、刑事处罚、罚款等;州层面主要为**纽约州金融服务局**(New York State Department of Financial Services,NYDFS),可用处罚措施包括监管执法同意令、吊销在纽约州的银行执照、提交纠错报告、罚款等。

二是专项执法机构。主要是财政部下属两个机构:**金融执法署**(Financial Crimes Enforcement Network,FinCEN)和**海外资产控制办公室**(Office of Foreign Assets Control,OFAC)。金融执法署行使反洗钱、反恐资金监管职能,主要职责是保护金融系统不受非法利用,打击洗钱,并通过对金融监管当局提供的数据进行收集、分析和传播,来保护国家安全,其可用处罚措施包括列"初步洗钱牵连对象"名单、强制提交信息、罚款等;海外资产控制办公室执行美国制裁政策,主要负责美国对外政策中有关经济和贸易制裁领域的监管和执法,包括与大规模杀伤性武器或其他威胁美国国家安全、外交政策和经济政策相关的活动,其可用处罚措施包括发布制裁名单、扣押或冻结可疑财产、关闭账户、罚款等。

三是刑事执法机构。在打击金融犯罪方面,联邦层面的机构为**美国司法部**(Department of Justice,DOJ),下设**联邦调查局**(Federal Bureau of Investigation,"FBI"),可对涉及违反《银行保密法》(Bank Secrecy Act,"BSA")和制裁规定而导致可能承担刑事责任的行为进行调查并采取民事或刑事处罚措施,可用处罚措施包括刑事调查及起诉、搜查、逮捕、强制提交信息、罚款等。州层面的机构为**纽约州检察院**(District Attorney)。纽约州检察院可能会与美国司法部、纽约州金融服务局及海外资产控制办公室等联合执法。

二、处罚措施类型

（一）下发监管执法同意令（Consent Order）

监管执法同意令是金融机构以承认自己的部分违规行为为前提，作为免除进一步处罚甚至起诉的条件，与执法机构协商通过和解方法解决行政争议。美联储和纽约州金融服务局、财政部下属两个执法机构均有权采取这项措施。

同意令的内容通常会包括对银行进行处罚的措施：如缴纳罚金、在一定时间内提供整改计划并进行全面整改，放弃申请复议和起诉的权利等。在签署同意令后，执法机构可能会要求聘请一个独立第三方（费用由银行承担）来监督银行是否按要求履行了同意令中承诺的条件。而银行是否遵守了和解协议，整改是否达到要求，整改后的合规机制是否足够完善，完全由执法机构来决定。

接受监管执法同意令，意味着被监管对象放弃了申请复议和提起行政诉讼的权利。即使对执法机构的决定有异议，也不能再寻求司法救济或第三方的中立裁决。但因为避免了烦琐的行政或司法程序，同意令成为美国执法机构最常用的处罚措施之一。

（二）罚款（Fines）

罚款也属于美国执法机构使用最多的处罚措施之一，可以单独使用，也可以与其他手段一起并用。种类包括民事惩罚金（Civil Money

Penalty)、作为行政或司法附加手段的罚金（Associated Fines）、法院的强制履行罚金（Coercive Fines）等，前两种罚金由相应的监管及司法机构做出，后一种罚金一般由法院在强制履行阶段做出。

美国关于银行处罚的"罚金"一般有以下三个特征：**一是**对银行违规行为按日计罚。如银行持续违规，每天的违规行为均被视为一个独立的违规行为，执法机构根据违规行为的持续天数计算最终的罚款数额。**二是**罚款有最高限额。出于对银行承受能力及其持续经营需要的考虑，法律规定了罚款的最高限额。**三是**法定处罚数额区间跨度比较大，赋予执法机构相当大的自由裁量权。

（三）下发禁止令（Cease-and-desist orders）

禁止令一般要求银行终止一项违规行为，或者采取有效措施去纠正该行为产生的结果，或对银行活动进行一定的限制，某些情形下，可能还会要求违规银行对受害者给予补偿性的经济救济或恢复原状等。有权下发禁止令的机构为美联储及纽联储，该禁止令可以单独做出，也可以和执法同意令一起做出。

禁止令的典型措施如暂停美元清算业务一年，也有的禁止令会包括要求银行确保遵守银行保密法及反洗钱法的要求，提高监管能力及公司治理能力等整改内容。

（四）吊销在美营业执照

针对极为严重的违法行为，美联储可以禁止一家外国银行在美国经营银行业务，而纽约州金融服务局有权吊销外国银行在纽约州的银行执照。

（五）列入有关处罚制裁名单

如果美国财政部有合理理由怀疑一个或多个位于美国法域外、一个或多个位于美国境外的金融机构、一个或多个位于美国境外的交易、一个或多个账户涉嫌洗钱时，财政部长可以在征求司法部长和国务卿意见后确定"初步洗钱牵连对象"名单，对某一法域、或辖区内的一个或多个金融机构罚款，或者对其辖区内相关账户或交易采取"特别措施"。有权采取该项措施的机构一般是金融执法署。

而海外资产控制办公室则负责发布特别指定国名单（Specially Designated Nationals List，"SDNs"）、综合制裁名单（Consolidated Sanctions List）和其他制裁名单（Additional Sanctions Lists），直接对外国银行进行制裁。被列入制裁名单则意味着被美国视为威胁其国家安全，名单上的自然人及法人在美国的资产将被冻结，也不允许美国实体与其发生交易。

（六）强制提交境外交易信息

如果被列入"初步洗钱牵连对象"名单，则财政部（一般是金融执法署）可以要求美国境内的金融机构或代理机构，提交位于美国境外的相关交易记录，具体措施包括：①要求银行保留并报告特定金融交易记录；②报告账户的实际控制人（beneficiary ownership）；③以在美正常开立存款账户的标准，获取并报告为外国金融机构开立的过渡账户（payable-through accounts）的信息，以识别账户使用人、交易资金流向；④报告代理行账户（Correspondent account）信息；⑤保持过渡账户或代理行账户的条件。如果发现有通过这两种账户洗钱的情况，美国财政部可以征求国务院、司法部长、美联储主席的意见后，对保有或新开这两类账户予以禁止或附加一定的条件。

另一种强制提交信息的方式是大陪审团传票（Grand Jury Subpoena），多出现在刑事诉讼、税收及民事欺诈案件中。大陪审团在法庭调查阶段拥有较大调查权，大陪审团可向外国银行在美国的分支机构送达传票，要求外国银行提供位于美国境外的客户账户资料。外国银行如不按要求提交文件，可被判蔑视法庭并处以罚款。

（七）没收（Forfeiture）美国银行联行账户存款

《爱国者法案》对民事没收做了如下规定：如果国外银行在美国的金融机构里开有联行账户（Interbank accounts），而该国外银行在国外吸收了一笔存款，美国政府将视这笔存款已经存入它在美国金融机构的联行账户里。如果这笔存款是美国政府要扣押的对象（如反恐反洗钱资金），美国将有权向在美国的金融机构发出扣押令，将联行账户所涉及的资金（最高不超过存储于外国银行账户的资金金额）进行冻结或没收，即使国外银行对非法行为不知情且未参与。有权采取该措施的机构为财政部。

（八）对银行员工实施逮捕

当银行的违法行为已构成严重犯罪能够被刑事起诉时，其员工及高管层可能会被搜查甚至逮捕，美联储和司法部有权限授权有执法权的行政机关（如FBI等）执行与刑事处罚相关的行为。司法部及各州检察院有权对洗钱犯罪等行为提起刑事诉讼。

三、具体实施情况

在银行及其关联方出现违规事件时,不同的执法机构均可根据各自权限直接对其进行处罚,且各家处罚可以并行。因此,一家违规银行有可能受到两个以上处罚机构的联合处罚。具体实施情况如下。

(一)联邦储备委员会(FED)

联邦储备委员会的执法依据非常广泛,包括《银行保密法》《国际银行法》(International Banking Act of 1978,"IBA")等,美联储的职责是确保外资银行在美国的公司治理和银行保密、反洗钱等规则符合美国要求,包括客户身份识别、了解你的客户、客户尽职调查、可疑交易报告等。

美联储的处罚以书面通知的形式作出,并考虑减轻情节来决定罚金的数额。银行可在通知作出后20日内申请听证,否则罚金立即生效并向美国财政部缴纳。如银行有违法行为,美联储可以直接进行民事罚金及下发禁止令、禁止在美国经营银行业务等。在《银行控股公司法》(Bank Holding Company Act,"BHCA")等法律项下,美联储还可以签发执行、检查及调查的传票,不遵守传票要求的行为将受到刑事处罚,包括对故意违法造成他人损失的个人处以5年以下有期徒刑,对不遵守传票要求提交信息、回答问题的个人处以1年以下有期徒刑等。

典型案例如台湾某商业银行于2018年1月因其纽约分行在反洗钱方面未达当地标准,被美联储罚款2900万美元,并被要求提交整改计划,委任独立第三方机构就纽约分行2015年1月至6月间的美元清算交易进行重检和回溯。

(二) 纽约州金融服务局 (NYDFS)

纽约州金融服务局的执法依据为《纽约州银行法》(NY Banking Law)和《纽约州金融服务法》(NY Financial Services Law),纽约州金融服务局可以对在其监管下的银行签发命令要求停止未授权行为、不安全行为、违反纽约州银行法的行为等,若有违反可以处以罚款。该机构2017年1月1日生效的新的制裁/反洗钱管理条例第504条超越联邦政府的法律法规,在州的层面制订额外的强制性标准。

纽约州金融服务局经常设立独立监察员,以确保合规得以落实以及协助执法,其采取的措施包括监管执法同意令、吊销纽约州银行执照、民事罚金、提交纠错报告等。仅2016年一年,纽约州金融服务局就对五家违反了反洗钱规定的非美国银行处以罚款,总金额超过12亿美元。

典型案例如2016年11月4日,纽约州金融服务管理局在其官方网站上公布了对某中资银行的监管执法同意令,该行及其纽约分行因违反美国反洗钱法和掩盖潜在可疑金融交易被施以2.15亿美元罚款,是迄今为止中资银行在海外遭受的最大单笔金额的监管处罚。

(三) 财政部下属金融执法署 (FinCEN)

作为美国的金融情报机构,金融执法署为执法部门提供情报支持,主要监管反洗钱反恐怖主义融资方面,在《银行保密法》及反洗钱方面的职责与美联储相同。此外,《爱国者法案》第311条授权财政部长在征求司法部长和国务卿意见后确定"初步洗钱牵连对象"名单,对某一法域或辖区内的一个或多个金融机构罚款,或者对其辖区内相关账户或交易采取"特别措施"。

在处理程序上,财政部必须征求美联储主席的意见,或其认为合适的其他监管机构的意见;同时要考虑:类似措施是否已经被其他国家或国际组织采取;采取该种措施是否会带来显著不利,包括给在美国金融机构带来任何不当的负担;是否严重影响国际金融支付的效率;是否会影响美国国土安全和国家政策。此外,在财政部依据《爱国者法案》没收、扣划中资银行在美国银行的联行账户存款时,司法部有暂停权,即如果司法部长认定,外国银行所在地的法律和美国法律在对上述资金进行限制、没收或扣留而引起的法律责任方面存在法律冲突,而暂停或终止对上述资金进行限制、没收或扣留的行为有利于社会公正,且不会损害美国的国家利益,则司法部长在和财政部长协商后,可以暂停或终止相应罚没行动。

金融执法署可以将监管对象列入"初步洗钱牵连对象"名单;书面形式索取"保存在美国以外"的外国银行的客户资料及交易记录,如不提交将面临罚款、冻结账户甚至终止代理业务的处罚。

之前金融执法署的执法更多是在非银行领域,如赌场、货币转移商等,也曾以加入执法的形式联合对银行采取措施。例如:2011年,根据《银行保密法》及其实施条例的授权,金融执法署决定对以色列贴现银行纽约分行(Israel Discount Bank of New York)开具民事罚款处罚单。2018年2月,金融执法署认为ABLV Bank of Latvia违反反洗钱规定,建议对其禁止在美开立代理账户。

(四)财政部下属海外资产控制办公室(OFAC)

海外资产控制办公室的执法依据是所有与制裁相关的法律法

规和行政命令等,包括2017年8月2日签署生效的《以制裁反击美国敌人法案》(Countering America's Adversaries Through Sanctions,"CAATSA")。负责制订和发布经济与贸易制裁名单,禁止银行与名单上的客户发生交易,且海外资产控制办公室有权对可疑财产予以扣押或冻结。

海外资产控制办公室启动调查的原因有多种,包括自己主动发起调查、竞争者举报、银行内部人员揭发等。在处罚过程中,海外资产控制办公室会考虑很多因素,如银行是否明知或应知违法行为,是否进行了尽职调查,是否有着有效的合规体系,是否配合调查等。如果银行自觉主动地告知自己的违法行为,那么处罚金额将会减半;相应的,如果银行不配合调查或不按要求保存及提交记录,海外资产控制办公室可能会予以额外的处罚。

海外资产控制办公室的处罚措施包括颁布特别指定国名单、综合制裁名单等,直接对外国银行进行制裁,制裁名单上系被美国视为威胁其国家安全的恐怖主义自然人、法人等,其在美国资产将被冻结,也不允许美国实体与其发生交易。如果中资银行违反制裁法律,为制裁名单的国家、组织或者个人或者特定制裁事项提供金融服务的,海外资产控制办公室可采取冻结资产、关闭账户、巨额罚款等处罚措施。

典型案例如2016年9月26日,海外资产控制办公室将某中资企业以及四名企业管理人员列为合谋企图逃避针对核武器和弹道导弹项目受制裁对象;司法部提出了相关刑事诉讼,并导致12家中资银行卷入诉讼,诉讼请求是没收该企业及其相关公司在各家银行共25个账户的资产。

（五）司法部（DOJ）

司法部依据《美国国际紧急经济权力法》（International Emergency Economic Powers Act，"IEEPA"）和《对敌贸易法》（Trading with the Enemy Act，"TWEA"），可对蓄意帮助被制裁实体进行交易的个人及组织提起刑事诉讼。也可依据《金融机构改革、恢复和执行法》（Financial Institutions Reform, Recovery and Enforcement Act，"FIRREA"），对于涉及电汇或邮件欺诈的金融机构进行民事处罚。还可依据《反洗钱法》（Money laundering 18U.S.C.§§1956，1957）对特定金融机构参与洗钱犯罪或其他违法活动进行民事或刑事处罚。司法部签发的传票可直接送达给纽约分行，也可通过多边司法协助条约、多边协议或其他国际司法协助要求进行送达。

在《爱国者法案》项下，财政部长或司法部长可以对在美国持有代理行账户的任何外国银行签发传票，索取与该代理账户有关的银行记录，可以要求银行终止在美代理行关系。在IEEPA法案项下，可对银行罚款或对个人处以不超过20年的有期徒刑。在TWEA法案项下，可对银行罚款。

典型案例如法国巴黎银行（BNP Paribas S.A.）2015年在美国联邦法院就针对该行与被美制裁国家交易的刑事指控表示认罪，承认其通过美国的金融系统代表苏丹等国家进行了超过88亿美元的交易，进而接受了89.7亿美元的罚金处罚。

（六）联邦及州各级法院（Court）

美国法院有权依据联邦民事诉讼法及各州的长臂管辖法律及判

例，在涉及知识产权侵权、海事纠纷、商业纠纷、刑事诉讼等各个领域的案件中，跨境直接对非案件当事人的总行或国内分支机构行使司法权，要求提供国内客户账户信息或冻结、移交我国境内财产等。

具体程序为，法院直接向纽约分行送达传票，中资银行可以向法院提出撤销传票的动议，如该动议被法院驳回，则中资银行必须提交国内账户信息，如不提交将可能面临藐视法庭的处罚。对藐视法庭的裁决，可以上诉至上级法院并申请暂缓执行罚金。

典型案例如2010年6月，美国某奢侈品公司以制售假冒商品侵害知识产权为由，向纽约南区联邦法院起诉中国人李某、赵某等人。由于被告通过某中资银行在纽约的代理行账户进行美元清算，将违法收益汇回国内，纽约法院命令该银行提供被告国内账户信息、冻结被告在国内分行的财产。该银行以纽约法院对其国内分行没有管辖权为由拒绝提供，法院裁定该银行构成"藐视法庭"。其后该银行提出上诉，2014年9月，美国上诉法院指定纽约法院重审该案件。重审后，法院仍然命令该银行提供国内账户信息，并判其藐视法庭，在提交账户信息前每日缴纳5万美元的罚款。尽管该银行已再次上诉，但其暂停罚款的申请于2016年1月13日被驳回。该案最终通过和解解决。

（扶晴晴、方磊，《专题报告》第3期，2018年5月15日）

顺世界经济周期的战略意义

中美贸易对抗经过几个月来的演变,社会情绪从激愤走向理性,从理性引发出了困惑。一方面以战止战,寄希望用中国经济的韧性承载经济发展压力,或者以战促和,寄希望用强硬的可置信威胁信息改变美国的博弈策略等口号式、情绪化和理想主义的思潮已开始退潮,社会普遍关心的问题已不再仅是贸易战的问题,而是在这种背景下中国经济应该向何处去的问题。这一问题已经成为社会思维困惑的焦点,不断引发着社会焦虑和观望。明确的经济发展方向是稳预期的基础,也是当今社会管理需要解决的首要问题。

审时度势,我国决定实施经济转型,实现经济高质量发展。决定这一战略能否成功的根本,不在于政府,也不在于宏观,而是取决于微观千万计的企业实际经营活动,取决于这些企业的相对竞争优势,以及他们能够在全球产业链中占据的节点或环节。没有微观产业链地位和质量的改善,就不可能有高质量的发展。

中美贸易对抗是在贸易争端表象下,众多中美企业在国际经济布局和全球产业链中竞争、对抗与抢占优势的矛盾显露。当出现机会时，世界经济大国对全球产业链重要节点和优势环节的争夺，不会亚于当年对殖民地的争夺，只不过从"殖民"换成了"殖链"。中国不仅会与美国发生贸易对抗，与其他主要经济体同样会发生全面或局部的"贸易"对抗。

美国首先发力，在于他的机会已来临。美国经济处于上升周期，提升了其微观企业在产业链节点战中的"战力"储备；美国自2012年以来制定并实施的《先进制造业国家战略计划》《制造业创新国家网络》，以及2014年形成的"工业互联网联盟"，为节点战提供了"战线"储备，而人工智能和信息科学技术的新突破，形成了微观"战机"。

在这场节点战中，我们的劣势逐渐显露：中国经济处于调整期，微观企业正在准备"过冬"，在全球产业链中原来具有优势的环节开始收敛，而新的领先优势尚未长成；科工贸形式的科技发展路线，很容易被别人卡住"弹药"，内部竞争使得一些企业面临双线作战。

此时，我们或许应该放下争论，放下权衡，采取一切积极措施刺激经济走向上升通道，保住几十年来在国际产业链中的积累优势，改善中国的产业链结构。明确这一方向，或有饮鸩止渴之嫌，但这会给社会一颗定心丸，给企业一个明确方向。倒在今天和争取明天的解毒机会，后者更为现实。百年来看，本轮"殖链"之争会影响深远，中国经济与世界经济周期已经形成"顺者强、逆者弱"的关联。

（尹龙，《参阅件》第3期，2018年8月22日）

中期选举后中美关系的变化及影响

2018年11月美国中期选举后，中美关系发生了一些变化。目前来看，美国中期选举的结果可能会使中美贸易战阶段性降温，但长期来看，中美经贸关系依然存在三个不变，即美国对华战略的基本态度不变、美国对华经贸诉求不变、中美全面对抗的风险不变。因此中期选举对中美关系不会产生很大的影响，美国对华政策不会发生太大改变。此外，中期选举的结果将会限制特朗普财政政策、移民政策的推进，而中国政府已经开始着手准备度过中美关系的"寒冬"，总体而言，应该以审慎乐观的态度看待中美贸易摩擦的演进。

一、中美经贸关系急剧降温

在美国"301报告"、USMCA协议签订以及彭斯"新冷战演说"等一系列事件的影响下，中美经贸关系进入了改革开放以来"最寒冷的冬天"。造成这一现象的原因很大程度在于美国战略目的直指"中国制造2025"和"中国发展模式"，同时中美之间缺乏有效的沟通管道，双方严重缺乏战略互信。"301报告"剑指"中国制造2025"，这表明美国开始担忧"中国制造2025"通过扶持国有企业进而对美国新兴制造业形成威胁。同时USMCA协议的签订以及彭斯的"新冷战演说"加剧了中美经贸关系的"严寒"。有纠纷其实并不可怕，可怕的是现在双方缺乏良好的沟通渠道。

中美双方都因贸易摩擦受伤，表现为中国受伤，美国焦虑；双方都很紧张并希望能够尽快解决。由于中美贸易战导致中国经济承受的压力增大；同时美国也面临经济可能达到了阶段性高点，进而出现下行的压力以及通货膨胀的情况。中期选举中民主党夺回众议院以后，肯定会对特朗普的财政政策形成掣肘。

二、需要防止误判美国主流民意和战略意图

美国对华态度已经发生了根本性的变化，然而中国尚未充分意识到这些变化。国内一些分析人士将特朗普政府对中国的威胁视作衰落强国的徒劳挣扎，认为陷入分裂和政治两极分化的美国太过脆弱以致无法应对中国的崛起，这种观点是带有盲点的。国内分析人士认为，特朗普的"美国优先"意味着撤退，减小了对中国的压力，这种论述也是带有盲点的。会议认为，不能以中国惯性思维理解美国问题，不能忽视美国对华态度的根本性转变，而且在特朗普政府之后这一转变仍将持续。

中国可能错判了美国的主流民意。关于五月份特朗普反悔中美贸易协议的事情，很多人说中国错判了特朗普，其实不然，实际上是中国错判了美国的民意。五月份协议发布后，因为美国国内反响不好，

政治压力过大，特朗普因此反悔。中期选举后是中美贸易战的真正开始。从美国来说，美国的政治活动是有周期的，其中关键就是钱从哪里来，要去动员哪些人。共和党的资金是来自传统行业，要用以动员传统行业中的工人，这部分工人在全球化中是受到损失的。一般情况下，在选举白热化的时候，美国的政策是最极端的，因为要赢得选民的认同；而选举结束及以后阶段政策就会平衡一点。因为为了两年后的正式总统大选，特朗普会考虑企业利益，因此选举之后其实是有相对缓和的机会，中美关系缓和就有落地的可能性。第三，G20非常重要，因为这个事件中美才真正地开始谈，美方相对理性，存在缓解机遇。

三、需要关注中美经济政策理念的差异性

从历史上看，中美政策和经济的关系不一样。美国的政策一般会选择一个经济学流派作为执政的基础。例如里根政府放弃凯恩斯主义、选择供给学派，小布什选择综合，奥巴马回归新古典经济学，特朗普上台后，经济学又回溯到供给学派、货币主义。这就是研究院对政策的判断问题。按照这个逻辑，特朗普的减税政策仍将持续，维持供给学派"大企业、小政府"的环境。对中国而言，经济政策过去主要以凯恩斯主义为主导，即政府支出、基建、扩大内需，所有的改革都是需求侧的改革，包括供给侧的改革也需要控制需求侧的量。供给学派和供给侧改革不一样，供给学派更多强调市场机制，"小政府""大市场"、尊重市场效率。中国的供给侧改革反过来了，强调政府的干预和控制。当下中国的经济政策是凯恩斯主义加上列宁斯大林学派的特征。未来中国经济政策的走向仍然是需求管理及稳投资。

如果中美难以"脱链",而中美背后是经济政策以及理念的不同,在理论基础迥异的情况下,大家各自坚持自己的方向,则未来中美摩擦难以避免。

四、中美贸易对抗深层次的原因是产业链问题

中美贸易摩擦不是两国局部战术问题,更深层次的原因是战略问题、产业链问题。中国改革开放40年为什么能够取得这么大的成就?为什么美国认为中国加入WTO占便宜了?原因是中国产业进入全球产业链中,而且在某个领域具有优势,甚至威胁到了美国。这引起了美国的警觉和担忧。产业链问题是研究中美贸易对抗中的核心问题,保尔森演讲中提到"脱钩"一词本质上就是"脱链"问题,其目的是将中国排除到国际产业链之外,这是中美贸易对抗中的战略和要害问题。

要充分把控产业链转移节奏,在这几年的关键时间内做到"高也要成和低也要就"。对于产业链有两个方面需要特别注意:"脱链"和产业空心化。考虑到目前产业链转移的趋势,因此目前关键是把这个转移的节奏掌握住。在前有堵截后有追兵的情况下,在这几个关键时间窗口,应该做到产业链的"高也要成低也要就",把产业链守住,争取几年的时间,让产业转移升级。

五、中国需要认真评估"脱链"的实际后果

中美关系有三个问题值得深入研究:第一,双方想不想"脱链"?对中国而言,"脱链"比损失财富更可怕。既然美国已经预料

到中国的反制措施,却依然开打关税战,其原因是美国在加关税后有更大的终极目标,即将中国挤出国际产业链。如同美国对俄罗斯和伊朗的制裁一样,其目的是将中国排除到国际产业链之外。如果预想真的发生,这对中国的影响就不仅仅是GDP的问题。第二,双方能不能"脱链"?如果中美双方的产业链已经深度融合,那么"脱链"难以促成。这牵扯到中国某些行业在全球产业链中的地位,和全球产业链对中国产业链依赖度的问题。如果中国的产业链地位强,那么美国在这些产业难以"脱链"。而在另外一些领域,美国可以较为容易地"脱链"。第三,双方会不会真的"脱链"?当前中国"去美国化"力量十分强大,具有说"脱"就"脱"的魄力,但是对"脱链"真正的负面影响可能理解的不够深入。如果继续按照当前的方式开展贸易战,那么"脱链"的可能性比较高,一旦"脱链",中国将面临新的未知发展局面。现在很多企业已经开始抢跑,将产业转移到越南等东南亚地区,中美贸易对抗对双方都有害,而受益的是第三方。

我们尝试对中美关系进行了压力测试。第一个情景发生概率为20%:美国维持当前加征程度,500亿美元商品加征25%关税,对中国2000亿商品加征10%关税。第二个情景发生概率为50%:美国维持第二阶段加征范围,但2019年初如公告所述,提高加征税率;美国如期将对中国2000亿美元商品加征的关税税率从10%上调至25%。第三个情景发生概率为20%:美国对中国反制措施进行回击,采取第三阶段措施,对2670亿美元其他中国进口商品加税;美国对从中国进口的商品全面加征关税,但对新增部分加征税率为10%。第四种情景发生概率为10%:贸易摩擦全面升级,且不仅限于关税,并持续至2019年以后;美国对从中国进口商品全面加征关税,且税率均升至25%,同时对中国采取孤立与隔离策略，切割分离中美技术、人员、资本交流，甚至分化两个阵营的对抗。目前看，后两个情形发生概率不大。

六、中期选举后中美贸易摩擦可能阶段性降温

中期选举后，美国国会再度分裂。2018年美国中期选举于11月6日举行，选举结果是民主党夺回众议院，获得435个众议院席位中的228个；共和党守住参议院，获得100个参议院席位中的51个，符合市场预期。美国国会将再次进入"分裂"时代。跛足国会的形成将增加特朗普内、外政策的推进难度，移民、税收、废除医保法案等关键政策上的推进及立法速度将大幅放缓。股票市场、汇率市场以及黄金市场的震荡也预示了金融市场对于本次选举结果带来的不确定性的隐忧。

预计中期选举之后，中美贸易摩擦可能阶段降温，但从中美大格局的演化来看，中美贸易摩擦有长期化趋势。短期内双方可能会推动首脑会晤，发布相关声明。中国也可能进一步扩大市场开放、加强进口。但从中美大格局的演化来看，中美贸易摩擦有长期化趋势。尽管中期选举对美国国内产生了一定的变化和影响，但是中美经贸关系依然存在三个不变，即美国对华战略的基本态度不变、美国对华经贸诉求不变、中美全面对抗的风险不变。总的来说，中期选举的结果对中美关系不会产生很大的影响，美国对华政策不会发生太大改变。

七、中美经贸关系展望：审慎乐观，积极沟通

目前双方仍有利益交集和协商空间，对中美经济关系的未来应

该持审慎乐观的态度。贸易政策应该还是由总统主导，国会影响可能会相对小一点，因此中美贸易摩擦的走向最终还是取决于特朗普及其团队，这次中期选举对贸易政策的影响应该不会太大。未来需要双方通过建立有效的沟通机制，积极寻求共识，在关键的战略问题上开展深入合作；同时明确时间表，将中美贸易拉回"中美经济合作百日计划"的框架下，在美方主张的"301报告"与中方主张的WTO机制的交集下互做让步，以改善当前的中美经贸关系。

在中美贸易摩擦中，目前其实已经达成了一定共识；在"脱链"的背景下，适当做出让步是必要的；首先，现在已有的共识之一就是扩大进口，虽然说特朗普的主要目标并不在此，但是在扩大进口给他钱的情况下，也能够满足美国一部分的需求，进而缓解贸易摩擦。其次，还是要做出一定让步，这个判断是与初始状态和假设有关的。之前不让步的做法是基于前几年的状况，但是现在看来如果不让步就会导致脱钩，那么这个成本就完全不同。在脱钩的背景下，让步就是利大于弊。第三，中美关系不仅仅是美方决定的，中方也有主观能动性。其实现中美贸易摩擦的玩家不仅仅是中国和美国，还有很多非美国家。美国孤立中国的措施就是拉拢非美国家，如欧盟、日本；而中国也一样，美国对我们发动贸易摩擦，但是除了美国之外，中国其实也有很大的非美国家市场。第四，战略就是选择，战略就是两害相较取其轻。中国目前战略选择有两点问题需要确定：让步的程度大小和战略的底线。

（安俊，《参阅件》第7期，2018年12月4日）

第三篇
金融风险

2018年在中国金融发展史上是极不平静的一年，市场形势空前严峻，风险状况错综复杂，引起了社会各界的高度关注，党中央明确将防范重大风险列入三大攻坚战之首。在宏观管理政策和市场微观主体多重复杂博弈背景下，金融市场已经变得高度复杂并呈自我强化趋势。金融风险表现为多因素交织缠绕、互相影响传染，如果应对不当，可能造成系统性金融风险进而严重威胁国家金融安全。目前来看，单靠一种经济或金融理论已难以准确描述、解释金融风险状况。因此，风险研究也要与时俱进，以变制变。研究院依据经济学基本分析框架，在风险研究中引入整体化、系统化、生态化观点方法，按照发现问题、定义问题，分析问题和解决问题思路对新时期中国金融风险的内涵、定义、现状及治理策略进行研究分析。

金融是现代经济核心，维护金融安全是关系我国经济社会发展全局的一件带有战略性、根本性的大事。在当前经济下行压力趋大、中美贸易摩擦升级、外部环境不确定性增加等因素作用下，各界对金融风险、金融安全尤其关注。**《当前中国的金融安全形势与维护金融稳定的策略》**一文将金融风险管理上升到国家安全高度，梳理了当前我国八大类型的金融风险暴露，分析了造成风险不断积累的四个来源。提出了近期维护金融稳定的策略，包括守住不发生系统性风险的底线、避免滥用货币和金融手段、鼓励资本形成等。最后提出了厉行法治和大力推进改革开放等维护长期金融安全的政策主张。

2018年5月15日，刘鹤副总理在全国政协第一次专题协商会强调防控系统性金融风险要"稳定大局、统筹协调、分类施策、精准拆弹"，贯彻落实这一精神的前提是准确把握系统性金融风险及其底线的内涵，当前社会上对于系统性金融风险的理解不一，甚至有概念混淆和误读的情况，可能对金融管理部门制定政策和金融机构执行政策造成干扰，一是对金融风险的认识不够辩证客观；二是对金融风险和系统性金融风险的关系认识比较模糊；三是对系统性金融风险和守住不发生系统性金融风险底线的关系有所混淆；因此有必要对此作出辨析澄清。**《对守住不发生系统性金融风险底线的述评》**一文从辨析金融风险、系统性金融风险及其底线的概念入手，辨析了三者的相互关系，并提出了摸清风险底数，研判风险实质，明确管控目标，坚守风险底线等政策建议。

2018年8月，国际金融市场动荡加剧，部分国家出现货币大幅贬值、股市大幅下挫、主权债务评级下调等危象，再加上国内股市大幅下跌、债市违约事件增多、人民币汇率波动加剧、房价上涨压力不减等因素，引发人们对中国是否可能步上述国家后尘出现金融危机的担忧。**《金融危机的可能途径和应对策略》**一文通过明晰金融危机定义、梳理金融风险形成和传导机理，提出了中国发生金融市场危机的风险有所上升的观点。研究认为国内金融风险的形成机理总体可知，其根本在于化解实体经济运行风险。金融危机的传导路径总体可知，其关键在于切断风险传导路径。建议从控制风险累积、管控风险节点、消除羊群效应、阻断风险传导等方面入手，为应对可能的金融危机提供政策含义和操作工具。

地方政府债务风险问题一直是各方高度关注的领域，《国务院关于提请审议批准2015年地方政府债务限额的议案》，要求通过三年过渡期完成对存量地方政府债务的置换。2018年8月31日是中央要求地方政府进行存量债务置换的最后期限。《关注当前地方政府债务可持续风险》对当前地方政府债务情况进行概括，并运用一种动态模型分析预测地方政府债务的可持续风险。研究表明，一是目前地方政府负债率远低于国际警戒水平，债务风险总体可控。然而这一结论得以成立，有其前提条件。二是以地方政府跨期预算约束为基础的分析框架进行的动态模拟研究表明，个别区域的政府债务风险将持续累积。青海、内蒙古、宁夏、云南、甘肃五省（自治区）在未来几年中负债率将不断攀升，相关风险值得重点关注。三是为促进经济增长，需在执行积极财政政策的同时控制好地方政府债务风险，保持防风险和促增长的平衡关系。四是债券成为地方政府债务"唯一"合法形式，将产生深远影响。

中国以间接融资为主体的现状决定了商业银行在金融风险管理中将扮演重要角色，伴随着中国经济市场化改革进程，商业银行风险管理和承担主要通过信贷市场竞争完成，《市场竞争和商业银行风险承担》一文通过构建一个考虑银行在贷款市场上竞争的扩展模型，揭示了一种完全不同于现有理论的风险传导机制，即贷款市场竞争的增强使得商业银行降低贷款利率，从而相应减轻了企业贷款成本和从事冒险投资项目的动机，间接降低了商业银行的信用风险承担。基于我国115家商业银行1996—2014年的面板数据，实证检验了市场竞争与银行风险承担之间的关系。结果发现，银行业市场越垄断，商业银行的风险承担水平越高；相反，市场越竞争，商业银行的风险承担水平则越低。本文的政策含义十分明确，应进一步深化金融领域的市场经济体制改革，充分发挥市场在金融资源配置中的决定性作用。

《2018年中国主要经济金融风险回顾与展望》一文从金融市场视角观察总结2018年中国较为突出的经济金融风险。一是美国向中国发起贸易战超出市场预期。二是国内实体经济去杠杆导致信用紧缩。三是国内经济增速超预期回落。四是债券市场信用违约事件频发。五是国内金融市场波动加剧。展望2019年,中国宏观经济和金融市场仍将面临诸多风险。一是经济下行压力在GDP总量数据上将得到更为明确的体现,预计2018年实际GDP增速为6.6%,而2019年将放缓至6.3%,增长动能相比与2018年也将发生切换。二是CPI同比中枢将明显上移。预计2019年全年CPI同比2.5%左右,高于2018年的2.2%,通胀压力主要来自猪肉。三是国际地缘政治事件、民粹主义兴起、美联储货币政策超预期和海外市场震荡等因素的冲击,将会传导到国内金融市场。

下一阶段我国宏观金融风险总体形势是稳中有变,变中有忧,危中有机。风险结构有变化,风险释放有压力,风险转换有新机。《2019年中国宏观金融风险前瞻》一文从宏观视角对2019年中国主要经济金融风险进行展望,经济周期与金融周期"双收缩"是下一阶段风险防范的主要矛盾。金融风险防控的重点有四个方面:一是外部冲击风险,其中中美贸易摩擦是主要的"变数"。二是高杠杆风险,需重点关注国有企业去杠杆不明显、居民部门杠杆率上升速度较快、地方政府性债务风险处置任务艰巨等问题。三是房地产泡沫风险。四是影子银行风险。因此,宏观风险管理策略也要以"稳"字当头,风险管控政策措施要稳中求进,稳重求新,稳中求活。要以更加宏阔的经济金融视野、更加宽广的时空观看待当前金融风险格局,树立信心,沉着应对,守住底线,把握机会,争取在新一轮经济成长中稳健驾驭风险,有序释放风险。

(安俊)

当前中国金融安全形势与维护金融稳定的策略

金融是现代经济的核心,维护金融安全是关系我国经济社会发展全局的一件带有战略性、根本性的大事。在当前经济下行压力趋大、中美贸易摩擦升级、外部环境不确定性增加等因素作用下,各界对金融风险、金融安全尤其关注。本文通过对我国当前金融风险状况和问题进行梳理分析,并对当前我国金融安全形势作出初步判断,进而提出维护我国金融安全的近期策略及长治久安的根本方略。

一、当前金融风险暴露状况

总体来看,当前我国金融风险呈现出点多面广的特点,主要有以下八大类型。

(一)非法集资风险

2017年全国新发涉嫌非法集资案件5052起,涉案金额1795亿元。仅2018年一季度,新发非法集资案件1037起,涉案金额269亿元,案件总量仍在高位运行，参与集资人数持续上升，跨省案件持续多发，一些个案触目惊心。如昆明泛亚案涉及22万投资者、金额超过430亿；"e租宝"案涉案金额达762亿余元，集资参与人达115万余人，涉及全国31个省市，未兑付缺口380亿余元。无法得到兑付的投资者在北京、上海、昆明等地聚集。[1]

（二）P2P网贷风险

2018年5月底仍在运营的1901家网贷平台中，仅6月当月就有194家"爆雷"。从6月初到10月底4个月时间，451家网贷平台爆发风险，无法维持运营，受损人群上访压力激增。许多互联网理财平台无法持续经营，不仅涉及违规，而且很可能已触及犯罪[2]。

（三）地方政府债务风险

2015～2017年，中央对地方政府进行了大规模债务置换，并对举债行为进行了规范清理，地方政府债务风险总体可控。截至2017年末，官方公布全国地方政府债务余额16.5万亿元，政府部门杠杆率为47%，低于全球新兴市场经济体平均水平，远低于国际发达经济体平均水平。但是一些地方政府违法违规举债行为仍然存在，个别省地方政府实际债务负担比正式披露高出80%[3]。

（四）信用债券违约

2017年底前，中国信用债市场（不包括私募债）债券发生违约的

---

[1] 数据来源：公安部官方网站。
[2] 数据来源：网贷之家网站。
[3] 数据来源：《中国金融稳定报告（2018）》，中国金融出版社2018年4月版，第29、30页。

共111支,违约金额合计650亿元。进入2018年以来,我国信用债共有113只债券违约,违约金额总计1066亿元,主要集中在煤炭与消费用燃料行业、石油与天然气的炼制和销售行业[①]。

(五) 金控集团的风险

部分非金融企业通过各种方式,控制了一批银行、保险、基金、支付等金融牌照,形成具有金融控股公司特征的集团。在把金融牌照收入囊中之后,少数已具有金控性质的企业集团借此获取大量资金,通过虚假出资、监管套利和关联交易等方式,将从社会吸收或募集到的资金一部分变相转为出资放大资本金,另一部分通过关联交易满足集团内成员以及海外扩张需要,存在突出的违法违规问题和严重的金融风险[②]。

(六) 私募基金风险

截至2018年10月底,私募基金总管理规模为人民币13万亿,已登记私募基金管理人2.4万家,已备案私募基金7.5万只。目前私募基金各类风险事件层出不穷,私募基金管理人跑路失联、非法集资、违规运作等,导致出现受损投资者围堵冲击基金存管银行的严重事态。总的来讲,私募基金的风险主要是投资与投资者抗风险能力不匹配、基金管理平台涉非法集资违规运作。此外,当前股市持续走弱触及私募的止损线和清盘线,私募清盘成为A股另一枚定时炸弹。2018年前十个月私募基金的清盘速度甚至超过了2015年股灾时期[③]。

---

① 数据来源:Wind数据。
② 数据来源:《中国金融稳定报告(2018)》,中国金融出版社2018年4月版,第138、139页。
③ 数据来源:中国基金业协会网站。

（七）汇率风险

2005年启动人民币汇率形成机制改革后，直到2015年人民币名义和实际有效汇率分别升值45.9%和56.2%。2015年A股出现的波动，以及同年底美联储开始加息，使得人民币贬值预期不断自我加强，形成了一定程度的资本流出。外汇储备在经过22年连续增加，2014年年中达到近4万亿美元的峰值之后，于2015年突然掉转，当年减少5126亿美元。截至2017年年初，外汇储备消耗近1万亿美元，资本流出的态势才基本得到控制。在中美贸易摩擦加深的背景下，2018年年中以来，由于美联储加息推动美元走强，同时我国内经济景气走弱，国家外汇管理局日前发布10月份数据显示，我中央银行10月间在外汇市场投入320亿美元，这是2017年1月以来的月度最大值，数据显示人民币贬值压力加大。[1]

（八）金融制裁的风险

以国际货币基金组织（IMF）、世界银行（WB）与世界贸易组织（WTO）为核心构建起的全球经贸体系，美国在这三大组织上拥有绝对话语权，以美元为核心的国际清算体系进一步巩固了美国的金融霸权。在金融霸权裹挟之下，与美国存在对立关系的各国除采取经济制裁之外，常常实施特定的金融制裁。美国的金融制裁主要是采取监督和限制制裁目标通过国际清算通道进行国际支付的方式来对目标进行严厉打击。除了切断汇路的制裁之外，美国对多家外国金融机构的制裁还包括动辄高达数亿、甚至几十亿美元的巨额罚款。如果在金融

---

[1] 数据来源：国家外汇管理局官方网站。

机构面临困难的特定时刻，发生金融制裁可能对金融机构生存构成威胁，甚至引发金融体系的震荡。

上述各类风险表现本身均未产生系统性风险，也基本处于可控状态。但倘若任何一项风险处理不好、应对失当，都有可能造成重大影响，甚至诱发连锁反应，导致系统性金融风险，危及我国金融安全。

二、金融安全面临的主要问题

前述八大风险应该说是问题的表现形式，追根溯源，我国金融安全面临的主要问题在技术层面上集中在以下四个方面。

（一）金融市场定价机制扭曲

如果要从一个国家金融市场中选取一个最为重要的指标，那么这个指标非"利率"莫属。从耶伦就任美联储主席后每一次议息会议所受到的关注程度便可见一斑，市场时刻都在预测美联储什么时候开始加息，加息的幅度是多少，加息的频率又是多少。利率是风险定价的标杆，决定了实体经济获得融资的成本，决定了各类债券的价格，也很大程度上影响着一国货币汇率的走向，反映了市场对金融风险、经济运行状况等综合情况的判断。正是因为利率有了这样丰富的内涵，作为世界头号大国美国的中央银行——美联储的加息进程才如此牵动着世界金融市场的神经。

但可惜的是，我国由于历史轨迹和发展阶段等诸多原因，金融市场的利率还实行双轨制：以各类金融机构为市场主体的金融市场、民间借贷、影子银行、数字金融和互联网金融的市场上实行市场化利率，资金的供需关系，市场的风险水平成为决定利率的主要因素。商业银行面向实体经济的贷款市场则实行另外一套利率定价机制，央行公布的基准利率是锚，利率虽有一定浮动空间，但是受到商业银行定价自律机制约束，事实上受到压制和管控，通常也是低于市场化利率的水平。商业银行在我国金融体系中占据绝对主导地位，商业银行的贷款利率人为地压低，一方面导致贷款利率未能充分反映供求关系和风险水平，扭曲了利率的价格信号作用，另一方面人为压低的利率激发了更多的融资需求，而商业银行对大企业和国有企业的偏好，实质上对民营企业产生了挤出效应，一定程度上加剧了民营企业融资难、融资贵的问题。双轨制所带来的定价扭曲还造成了一个有趣的现象，那就是有一些大型企业或者国有企业开始做起了"资金掮客"，一手从银行以较低的成本获得资金，接着转手把资金以更高的利率借给那些通过正常银行渠道无法获得融资的企业，这样就人为拉长了融资链条，增加了最终融资企业的成本。

（二）刚性兑付

1929年美国经济危机期间，作为现代金融核心的商业银行由于挤兑出现了大面积倒闭，对美国经济和社会造成了重创。1934年，美国建立了银行存款保险制度，对银行存款的刚性兑付，以此作为防止银行挤兑的有效工具。一般认为，金融投资者应该对风险十分敏感，知晓并接受风险自担的基本原则；但研究表明，人们对于存在银行里的存款是否安全，对资金存放的银行之风险是不敏感的。国际经验表明风险定价机制缺失的情况下，刚性兑付是正确的选择，存款保险制度自美国诞生以来，已经在世界上100多个国家得到了推广。

用存款保险制度防止银行挤兑是可行的，因为把钱存到银行作为人们最自发的金融投资行为，人们一般会把工资、养老金、赡养费等保障基本生活的资金存放在银行，一定程度的刚性兑付有利于织起一张社会安全网。但如果将刚性兑付应用于民众利用富余资金进行的信托投资、债券和股票投资，那么这一方面会助长投资者的道德风险，使得市场上投资者变成不顾风险，唯高收益的投机者，又会造成市场失灵，进一步扭曲价格信号。

定价机制扭曲和泛化的刚性兑付相互交织，再加上全球经济复苏进程曲折，国内经济下行压力较大的宏观背景，打破刚性兑付和理顺定价机制面临着多重约束，必须慎之又慎[①]。

（三）杠杆与去杠杆

杠杆本质上就是举债经营。由于中国金融市场是一个以间接融资为主的市场，而且股票市场长期以来没有能够很好地发展起来，所以中国的企业部门和公共部门为了支持发展，用得最多的就是信贷工具。近年随着债券市场的发展，企业和地方政府发债也逐渐多了起来，但是不管是贷款还是债券，在法律关系上都是一种债权债务关系，也就是大家叫的杠杆。对于企业来讲，由于税收的作用，适度举债是有利于优化企业资本结构的，这一点公司金融理论中著名的米勒—莫迪利安尼模型（MM定理）已有论证。而且在中国改革开放40年的经济发展中，运用杠杆，负债经营的模式为经济快速发展所作出的贡献是应该客观承认的。结合中国实际情况和提出明斯基时刻（Minsky Moment）的美国经济学家明斯基的观点，由于中国改革开

---

① 何佳：" 创新与监管何以加剧中国金融体系的不稳定"，载于财新网，2018年11月2日。

放之后经济长时期高速发展，当公司的现金流增加超过所需偿还债务时，就会产生投机的陶醉感，致使企业持续举债加杠杆。2008年国际金融危机成了分水岭：为实施对冲，危机后国内实施了大规模信贷投放，全球范围内各国央行也陆续实施非常宽松的货币政策；反观全球经济，复苏的进程直到今天依然十分曲折和脆弱。但2008年之后，国内相当多的企业负债经营非但没有随着宏观经济环境恶化而有所克制谨慎，反倒因为泛滥的流动性而产生了一种"便宜的钱不借白不借"的想法。一边债务不断累积，一边公司现金流的增加又因为经济下行压力放缓，当初可能还可以按时还本付息，现在只能勉强还利息，本金还要不断借新还旧滚动维持，企业沦为"僵尸企业"，这个时候杠杆就成了问题。

（四）监管政策风险

监管政策的风险主要体现在政策衔接与调控不够精细，对市场的表现和预期造成了困扰。2016年至2018年初，有关监管部门同步密集出台政策措施以强化金融去杠杆，多部门同时加强金融监管引发"监管共振"，给市场带来了不小压力。金融去杠杆、资管新规出台，使得商业银行同业业务大幅收缩，证券净投资显著下滑，金融机构有价证券投资同比增速由2016年初59.2%下降至目前仅2.8%。作为商业银行货币创造的一个重要渠道，证券净投资增速显著下滑，成为导致广义货币（M2）供给量增速下降的重要因素之一。截至2018年11月，M2增速已经下跌至8%；10月社会融资规模增量下降至7288亿元，创2016年7月以来新低。在宏观经济动能趋缓的背景下，剧烈的金融去杠杆对当前货币政策及信贷政策向实体经济提供支持的传导形成了负面冲击①。

此外，政策调控过程中"一刀切"的倾向加剧了市场对政策预期的不确定性。一些初衷良好的政策在实施中却产生了相反的作用：例如，近几年要求民营企业为职工缴纳"五险一金"，并且通过税务部门进行监督征收，客观上加重了民营企业生产成本，在经济整体下行压力较大的大背景下力推这项政策，政策时间窗口有待商榷；2017年以来，环保督查在淘汰大批落后产能的同时，也致使很多规范经营、有效率的民营企业关停限产；在整顿地方政府隐性债务的同时，未考虑补短板的基建资金缺口，从而使得基建投资迅速下跌，导致一些项目面临烂尾的风险。

从更高层面看，国有企业、财税社保体制、市场准入等深层次改革推进偏慢，加重了政策预期不稳定，使得市场信心不足。

三、维护金融安全的近期策略

（一）守住不发生系统性风险的底线

对于已经形成的金融风险，应当根据职责分工，由相关部门及有关地方政府各负其责加以密切监测、评估、整治和化解。从职责分工方面，第一位的原则是守土有责。由政府实施的风险处置，往往是市场机制的例外，对金融市场机制会产生一定程度的副作用。但在当前经济社会发展转型特殊时期，必须提高风险敏锐性，提高对风险处置副作用的容忍度，坚决避免类似股灾和互联网金融乱象的事态形成与

---

① 数据来源：中国人民银行官方网站。

蔓延，避免在风险集聚过程中犹豫不决、贻误战机。否则，我们往往在最后为控制风险会付出更加高昂的代价。

（二）避免滥用货币和金融手段

当前经济下行压力加大必须实施刺激性经济政策，防止出现大的经济滑坡。虽然近期监管出台了信贷鼓励措施，央行执行了新一轮的降准，但政策传导仍需要一定时间，目前来看尚未在金融数据中得以显现，市场对于宽信用的信心仍不足，企业融资难、融资贵问题的解决尚需一段时间。但我们必须看到，金融业是市场经济中的一个行业、而非政府部门。要求金融行业直接承担经济结构调整任务，长期来看将进一步破坏金融定价体系、加深经济结构的扭曲。比如，我们对房地产、钢铁、煤炭等行业，往往习惯于用信贷控制来压缩这些行业的产能。但只要产业结构扭曲不从根本上得到扭转，资金如水，无孔不入，改头换面还是钻到这些控制行业去了，因为只有这些行业利润最高。

（三）鼓励资本形成

截至2017年底，中国国民储蓄率仍有46%；2018年11月，我国金融机构本外币存款总额高达人民币182.5万亿元。应对当前经济下行压力，我国不缺乏资金，缺少的是可以承担风险责任的股本。对于民营企业，尤其是中小民营企业，他们缺乏的不仅仅是信贷机会，更缺乏的是资本金来源。应当从税法上明确，通过风险投资和股权投资获得的收益免征所得税。早期投资是社会资本形成的基础环节，也是防范各类风险的基石。在这个环节上去套用我国已有的针对成熟行业和企业的各个税种和税率，不利于早期投资和资本形成。此外，相关经济管理部门和地方政府，要切实降低企业税负、改善营商环境，为鼓励资本形成提供有利的外部环境。①

四、维护金融安全的根本方略

抛开当下的经济困难和眼前面临的风险压力，从长远看，维护我国金融安全的根本策略，唯厉行法治和推进改革开放。

（一）厉行法治

用法治思维和手段来管理金融，绝不因一时一事的权衡所左右。用法律法规来明确和保障各类金融权益、金融权利主体的权利不受政府和监管部门的临时政策措施的随意干预和限制；金融权利主体对权利的行使，包括达成各类合约、进行各种交易，只接受法律法规的约束，而不受到其他干涉或制约；金融权利受到侵犯时，应当有法律救济手段恢复和保护权利；金融领域的重大问题，本应由立法加以规范。在我国现有法律制度中，由于部门立法时无法达成一致意见，关于储蓄、证券等基本概念均未加以法律定义，因此，我们看到银行做了几十万亿的理财产品，理财产品"刚性兑付"成为金融安全的心腹之患；金融稳定等重大方面的立法仍然是空白，越是重要的事项，往往越是没有法律加以规定。这是当下市场缺乏信心、也是长期无法形成金融定价体系的根本原因。

金融是一个全球化的市场，并不是哪一个国家或者哪一届政府的

---

① 数据来源：中国人民银行官方网站

创造。市场中通行的信贷、债券、信托、股票、基金、保险、期货等等金融的定义、权利义务规范，是人类经济活动的历史产物，其中包含的法律原则、规则和惯例，经过了古代社会的罗马法、中世纪的宗教法与地方习惯法、近代市民法和现代市场经济法律的磨炼与洗礼，已经达到相当成熟的地步。一个国家，只有将这些法律原则和规则，在自己的法律制度中明确下来，政府管理在这些法律原则面前则必须保持足够的谦虚与敬畏，一个完善和健康的金融市场才可以发展并维持。如不尊重这些法律原则，非理性地开展一些类似于互联网金融之类的金融创新，结果只会开启金融乱象。我们应当下大力气改变依靠信访来解决纠纷、保护权利的被动局面。监管机构、公安部门应当承担起主动追究金融违法犯罪行为的责任。将金融法律争议的最终裁决交给司法，通过有效的司法活动，真正让金融法律成为活的、起作用的原则与规范。大力学习借鉴成熟市场经济国家金融法律和诉讼制度，花大力气提高金融司法的效率、公正性和公信力，为金融安全建立一套牢固的法律底线。

（二）大力推进改革开放

改革开放的目标是建立完善市场经济，进一步解放生产力。市场经济建设的总体目标，就是要规范好政府与市场的关系，使市场在资源配置中发挥决定性作用。在金融安全相关领域大力推进改革开放意义重大。在所有市场不能有效配置资源的领域，我们都面临着金融定价的扭曲，比如，土地、能源和金融等领域。这些领域金融定价扭曲，是金融风险形成、聚集，并且长期无法得到市场机制纠正的根本原因。从金融风险防范领域去消除威胁金融安全的结果，不但难以达到目标,而且往往吃力不讨好,按下葫芦浮起瓢。只有直面问题,大力推进改革,才能从根源控制和消除风险源头,让我国金融体系发展成为一个有效的、具备内在稳定性的金融体系,才能实现金融安全问题的根本解决。在中美贸易摩擦背景下,理论界对是否应当降低我国经济对外贸的依存度存在一些分歧。但毕竟我国是一个外贸大国,外贸依存度高峰时达60%,目前也仍维持在40%左右,金融是经济活动的反映,金融对外开放具有深刻的经济基础。其次,从金融体系稳定的理论看,一个开放的、可扩张的金融体系,可以增加我国金融的弹性与回旋余地,其稳定性优于封闭、僵化的金融体系。最后,扩大开放,有利于我们学习和借鉴其他国家金融稳定的优秀成果。

(黄毅,2018年12月18日)

对守住不发生系统性金融风险底线的述评

2018年5月15日,刘鹤副总理在全国政协第一次专题协商会强调防控系统性金融风险要"稳定大局、统筹协调、分类施策、精准拆弹",贯彻落实这一精神的前提是准确把握系统性金融风险及其底线的内涵,当前社会上对于系统性金融风险的理解不一,甚至有概念混淆和误读的情况,可能对金融管理部门制定政策和金融机构执行政策造成干扰,因此有必要对此作出辨析澄清。本文从辨析金融风险、系统性金融风险及其底线的概念入手,阐述了三者的相互关系及其政策含义。

一、各界主要看法和概念辨析

(一)对金融风险的认识不够辩证客观

部分观点认为金融风险危害甚大需要严加防范,甚至出现风险厌恶倾向要回避所有风险。金融风险是一定量金融资产在未来时期内预期收入遭受损失的不确定性，它是一种客观存在，金融风险不会消失，只能缓释、分散、对冲和转移。金融机构是通过对风险的专业化经营来实现盈利的企业，金融机构对风险进行分散、对冲或跨期保值，把不同风险偏好投资者的资产进行重新组合和配置，从而使金融资源实现最优化配置。金融行业和金融产品客观上存在收益或者损失的不确定性，并形成了市场风险、信用风险、操作风险、流动性风险等金融风险，每类风险都有其管理措施，在能够有效进行管理的情况下，就是正常的风险，而且对于高新技术及高端服务产业的风险容忍度还需适当提高。因此，要建立科学风险观，辩证客观看待金融风险，它是经济金融循环发展的组成部分，没有风险就没有发展，金融机构不能为了防风险而防风险，因噎废食回避风险本身就是巨大的风险，会错失战略性发展机遇。

（二）对金融风险和系统性金融风险的关系认识比较模糊

部分人士主张金融风险与系统性金融风险都具有传染性特征，经常将二者混为一谈。其实，系统性金融风险有别于一般的金融风险，是指金融体系作为一个整体而存在的风险，其具有系统性扩散的特点，一定条件下将导致金融系统的部分失效甚至整体发生崩溃（引发金融危机），进而危及整个经济体系（国际清算银行，2009）。系统性风险通常涉及时间和空间两个维度，时间维度表现为金融体系的顺周期性和系统性风险积累；空间维度则表现为在特定时间内金融机构间的风险分布以及交互感染。这也是系统性风险最主要的两个特征，即顺周期累积和传染性。一般的金融风险存在于个体领域和个体产品，如果个体金融风险得不到有效的管理，就可能会积累成为系统性金融风险，一定条件下会对经济和金融体系造成的毁灭性破坏。金融风险和系统性金融风险既有量的差异，也有质的区别，关键在于弄清两者的转换机制，如风险累积、风险关联、同向行动等，我们不能夸大两者的联系，认为金融风险都会转化为系统性金融风险。

（三）对系统性金融风险和守住不发生系统性金融风险底线的关系有所混淆

一些人士在讨论中混淆了系统性金融风险和守住风险底线的界限，将其与金融危机等同看待。系统性风险本质上仍是风险，而守住风险底线是从风险应对和影响层面而言，系统性金融风险不一定必然导致突破风险底线即触发金融危机。当前金融体系中的风险不是短期内形成的，风险点之间的关联错综复杂，多重风险的交织增加了系统性金融风险发生的可能性，比如有人提出房地产领域已形成系统性金融风险，但只要我们应对得当，精准拆弹，就可以守住不发生系统性金融风险的底线，避免金融危机。我们既不能轻视、忽视风险，也不能为了防风险就对风险一概否定，这样可能失去重要发展机会，也可能会导致在处置风险过程中发生新的风险，即金融次生风险。

二、概念厘清后的政策含义和管理启示

辨明概念后对金融业会产生一定的政策含义和管理导向。从系统性风险的生成及传导机制来看，我国正处于金融风险不断累积的第二阶段，即企业、居民部门的因结构失衡和资源错配导致的经济风险不断向金融部门转移，主要表现为财务亏损转化为金融不良资产。随着

经济风险持续在金融部门累积，出现了一些系统性金融风险苗头和征兆，引起了最高层的高度关注，并将防范系统性金融风险作为三大攻坚战之首。从当前我国系统性金融风险总体状况来看，房地产金融风险、地方政府隐性债务、影子银行及交叉金融风险、外部冲击（贸易战）导致的汇率风险是级别最高的系统性金融风险隐患，其风险底线的触发和释放可能通过相应市场即房市、债市、股市和汇市的大幅波动完成，因此要运用底线思维进行管控，按照中央近期强调的"稳定大局、统筹协调、分类施策、精准拆弹"（刘鹤，2018年5月）的思路，对现有的金融风险点进行全面梳理排查，摸清风险底数，研判风险实质，明确管控目标，坚守风险底线。

（一）摸清底数，稳定大局

大局稳定是治理风险的前提，当前首要的任务是守住不发生系统性金融风险的底线，并在此基础上稳中求进，积极化解应对。稳定大局的前提是对风险状况心中有数，金融业要全面梳理可能引发系统性金融风险内、外部因素，包括宏观环境、金融市场、房地产市场、汇率市场、国际关系、信息技术等领域，对可能引发业务、机构大面积违约、中断及连锁反应的重点风险因素提前进行研判并动态跟踪，分析界定可能引致系统性金融风险的业务和机构范围。

（二）统筹协调，严密监测

现阶段金融风险点多面广，形态交叉复杂，迁延扩散性强，需要统筹协调治理，首先要在金融管理部门层面进行统筹，加强金融稳定委、一行两会及担负金融管理职能部委的政策统筹；其次在不同行业领域风险治理层面进行统筹协调，不可单兵突进导致风险提前释放、扩散到其他行业领域。金融机构要建立系统性风险管控工作机制，包括设立系统性风险监测指标，建立前、中、后台协同防范系统性风险的联动机制。明确重点业务和机构的核心风险指标及计量标准，定期进行风险重检；对高等级风险业务如与房地产、地方政府债务等相关的业务进行压力测试，评估不同情景下市场波动的风险扩散、迁延效应，明确风险底线，制定系统性风险预警和应急方案，提前预警，定期演练，及时总结。

（三）分类施策，精准管控

要坚持结构化思路，对于不同行业、领域的风险进行分类治理，要重点管理可能引发系统性风险的市场和业务，充分考虑治理措施的可控性，采取措施延缓风险释放，不能轻率出手造成风险迁延扩散。当前在业务维度要重点关注房地产信贷、股票质押、同业及资管、债券投资等业务；在机构维度重点关注可能以高杠杆方式参与地方政府债、房地产、股票市场的信托、基金、保险、资管公司等，以及受中美贸易摩擦影响可能发生重大合规风险和金融业务制裁的驻美分支机构。

（四）长短结合，标本兼治

系统性风险可分为内生性风险和外生性风险，一般而言内生性风险是主要因素，外生性风险居于从属地位。因此，金融机构需要苦练内功，在企业内部建立识别、监测、管控、对冲和应急处置系统性风险的机制。短期重在治标，严密管控风险级别最高、可能触发风险底线的业务和机构，为治本赢得时间和空间；长期重在治本，建立内生性系统性金融风险长效管控机制。要建立企业级系统性金融风险管控工作机制，从公司治理、风险偏好、企业文化、管理架构、组织流程和推进执行上进行改革，统筹建立系统性风险联控机制。针对重点业务领域和机构，结合区域特点和业务类型，明确风险防控流程、责任单位及相关措施，实施风险缓释、对冲及精准拆弹，确保系统性风险整体可控。

（安俊、韩雍，《观察述评》第2期，2018年6月15日）

金融危机的可能途径及应对策略

2018年以来，国际金融市场动荡加剧，阿根廷、土耳其、南非、俄罗斯等国纷纷出现货币大幅贬值、股市大幅下挫、主权债务评级下调等危象，引发人们对新一轮金融危机的担忧。近期人民币汇率也出现大幅波动，国内股市大幅下跌、债市违约事件增多、房价上涨压力不减，中国是否可能步上述国家后尘出现金融动荡甚至爆发金融危机，如果发生危机，可能会从何处引爆成为业界关注的问题。研究院联合国务院发展研究中心金融所进行了调查研究，现将有关分析情况汇报如下。

一、金融危机的生成机理

金融危机是造成金融体系运转失灵，金融功能基本丧失的大规模金融动荡。金融危机是经济运行中重大结构性失衡及其带来的金融资源扭曲错配在金融领域的镜像反映，是周期性、结构性和体制性因素共同作用的结果。其一般进程为：重大结构性失衡持续——金融脆弱性不断累积到临界值附近——风险事件（如汇市、股市波动）触发局部金融风险——风险跨主体跨市场跨行业传导扩散——全部或主要金融指标在短期内急剧恶化（利率攀升、资产价格暴跌、违约率快速上升、金融机构大量破产）——金融体系运转失灵、金融功能基本丧失——金融危机——实体经济严重受损。

二、金融危机的传导机制

金融危机的传导是指金融风险释放的外溢和扩散效应，主要有三个途径。

一是由银行业危机引发金融危机。即因银行业产生大量坏账造成银行破产，而一家银行的破产可能发生连锁反应造成更多银行倒闭，进而导致金融危机的爆发。比如1929~1933年由美国银行业危机引发的世界性金融危机，一般传导路径为：银行出现大量坏账——导致银行破产——恐慌蔓延、储户挤兑——更多金融机构破产——信用体系崩溃、融资功能丧失——金融危机。

二是由货币危机引发金融危机。即指一国汇率受到冲击导致货币出现持续贬值，国际收支发生困难，货币当局被迫大幅提高利率，导致本国资产泡沫破裂、资产价格暴跌、外债负担急剧加重，从而引发金融危机。典型案例是1998年亚洲金融危机，一般传导路径为：国际收支状况恶化——大规模资本外逃、汇率大幅贬值——大幅提升利率——资产价格暴跌、外债负担加重——金融危机。

三是由市场危机引发金融危机。即指由于金融市场价格大幅波动导致个别金融机构违约，进而引发资本市场连锁反应，导致市场流动性衰竭、交易对手风险剧增，造成违约迅速增加并导致重要金融机构破产，最终引发金融危机。如2008年全球次贷危机，一般传导路径为：金融资产价格下降——个别机构交易违约——再融资困难、流动性危机——大面积违约——重要金融机构破产——金融危机。

三、有关政策含义

金融市场体系巨大而且复杂，是一个典型的巨系统，目前业内对金融危机的分析多采用静态和局部观察方法，因此不能系统、动态、客观地反映金融危机的演进历程。金融危机发生一般具有脆弱性和触发器两个条件。一是金融体系脆弱性不断加剧，风险不断累积达到临界可能发生尖点突变（法国数学家Thom，1972年）；二是由个别事件触发金融风险在市场中迅速传导、扩大，并发生跨市场风险共振，导致集中抛售资产、流动性枯竭、大量交易违约及重要金融机构破产等严重事件，最终造成金融基本功能丧失和市场停摆。虽然我们无法预测个别风险事件何时触发金融危机，但通过梳理风险形成和传导机理，可以从控制风险累积、管控风险节点、消除羊群效应、阻断风险传导等方面入手，为我们应对金融危机提供政策含义和操作工具。

一是金融风险的形成总体可知可测，其根本在于化解实体经济运行风险。 金融风险的生成机理告诉我们，金融风险主要源自实体经济领域，本质上是由于宏观经济失衡和微观主体管理不善导致资源长期低效率配置，造成实体经济领域风险不断累积。实体经济风险最终将表现为过度负债和经营亏损，当亏损集中转化为金融机构不良资产或银行坏账时就形成了金融风险（这其中还包括金融机构因自身风险管理不善所造成的风险）。因此，防控金融风险的治本之策在于治理宏观经济失衡（如实体经济内部供需失衡、房地产和实体经济失衡，金融和实体经济失衡）、调整经济结构、推动国民经济顺畅循环；在于努力消除非市场行为和行政干预扭曲，增强微观主体活力、强化市场机制约束。现代金融学发展使宏微观金融风险具有了可测度性，因此根据风险管理需要定义一批经济、金融核心风险指标，定期进行计量和分析就具有了可操作性，比如可重点监测宏观杠杆率、企业债务比率、银行不良资产率、股票市盈率等指标，及时预警，主动管控。

二是金融危机的传导总体可知可测，其关键在于切断风险传导路径。实证研究表明金融危机是在不同路径进行传染、扩散，通过羊群效应作用最终引发系统性风险的集中释放。因此首先要管控羊群效应，羊群效应的关键是领头羊的存在并引发大众投资者心理预期的变化，由于信息不对称，投资者（羊群）对投资标的的判断不是依据自己的客观理性分析，而是跟随领头羊的行为而发生变化，所以导致了集体非理性投资行为的发生。其政策含义在于管控好系统性重要金融机构和企业的风险，建立防火墙，避免市场恐慌性跟风抛售。其次是管控好不同市场出现同频共振的风险。比如出现股票、债券、外汇市场的同向大幅波动，导致风险集中快速释放。可以设定关键风险监测指标，定期评估重要市场和机构的风险状况，划定风险底线，一旦市场失灵突破底线政府就要果断出手救助（接管或托管），迅速阻断风险的迁延传导路径，恢复市场信心，稳定市场预期，为市场调节机制自主发挥作用赢得时间和空间。

四、现阶段金融危机在中国传导的可能路径

一是近期中国发生银行业危机和货币危机的风险不大。目前国内银行业财务状况比较稳健，显性信用风险水平不高，风险抵补能力强。上半年，商业银行平均资本利润率13.7%，6月末，商业银行资本充足率13.57%，不良贷款率1.85%，拨备覆盖率为178.7%[①]；主要指标在国际同业中均处于较好水平。再加上主要金融机构具有国家信用背景和较高的公众信任度，短期来看国内发生银行业危机的风险比较小。目前中国外汇储备、实际汇率、经常项目、信贷增速、通货膨胀和财政赤字等指标都处于安全区域，2018年上半年3.11万亿美元的外汇储备和6.7%[②]的GDP增速指标居世界前列，中美两国名义GDP增速之差仍在2.5%以上，因此基本面并不支持人民币汇率持续贬值，再加上强有力的跨境资本管控能力，目前我国发生货币危机的概率也比较低。

二是基于当前国内外经济金融运行情况，中国发生市场危机的风险在上升。随着中国金融市场体量的持续增长，在内外部风险因素不断冲击背景下，国内金融市场风险状况不容忽视。一是债券市场体量巨大，风险集中度较高。2018年以来债券市场信用风险事件不断，债券违约数量和金额同比大幅上升，上半年已有28支债券违约，金额289亿元。特别是部分重要企业如兵团六师和上市公司也出现了违约情况，需要引起高度关注，避免风险无序蔓延。二是近期股市波动引发了对上市公司股权质押融资风险的广泛担忧，2018年8月17日收盘时质

---

① 数据来源：Wind。
② 数据来源：Wind。

押比例超过5%的上市公司中，疑似触及平仓线的有650家。这些公司的总市值和质押股票市值分别为3.50万亿元和1.18万亿元，占A股总市值的6.73%和2.27%[①]，已成为重要市场风险诱因，需严密监测和有序处置。三是房地产市场是风险体量最大的市场，产业总量巨大（初步测算超过220万亿），市场关联度高，风险累积周期长，必须抓住有利时间窗口，主动施策，争取在更大的时空范围内有序释放风险。

五、相关思考和建议

一是保持战略定力，有序释放风险。物必先腐而后虫生，金融危机本质上是一国累积已久金融风险的集中释放，金融风险本质上是实体经济结构性、周期性矛盾的累积和暴露。金融风险是客观存在的，它可以被分散、缓释和转移，但很难被消灭，因此在一定条件下有序释放风险是有利的，可达以小震化大震的效果。防控金融风险的要害在于疏堵结合、有序释放，而不是严防死守，一味封堵的结果是更多风险的累积和更大的不确定性，一旦引爆损失更大。我们正处在化解金融风险的时间窗口，如果冷静面对、积极稳妥处置，就会赢得主动，要保持战略定力，增强同风险赛跑意识，敢于揭开盖子。坚持统筹考虑，分类施策，抓住要点。坚持系统应对，守住底线，有序释放。

二是建立风险阻断机制，必要时果断出手救助：调查显示当前市场最为担心和敏感的是金融机构和重要企业违约，一旦违约就可能引发羊群效应造成市场踩踏。因此需要建立两道防火墙进行风险隔离

---

① 数据来源：根据Wind数据计算。

管控。**一是要严防系统重要性金融机构及企业违约**。坚持自我约束与监管约束相结合，由监管机构发布风险管控指标供企业自律执行并接受监督；同时宣布建立银行、证券公司等重要金融机构和重要企业流动性救助机制，必要时对其进行接管，给市场吃定心丸。**二是严防主要金融市场发生同频共振**，导致风险集中快速扩散释放。设置重要市场大规模干预的底线，如以股指是否出现连续快速非理性下跌、是否诱发股债风险共振为标准，设定入市干预底线。储备政策性救助工具箱，一旦突破底线就果断出手救助，并明确救助以国家政策性手段为主，避免因商业利益纠缠影响效率。

三是坚定信心，排除干扰，以更大的勇气推动市场化改革和对外开放。走访调研结论显示，当前市场最为缺乏的是信心，信心堪比黄金贵。要高度关注两种情况，一是行政管理随意作为、胡乱作为的思维惯性；二是目前在反腐和巡视高压下造成的干部不担当和不作为的倾向。企业最大的担心是行政不确定性造成政策制度环境多变，导致商业可持续遭到严重破坏，从而对市场预期形成严重干扰。结果是实体经济缺乏长期投资的信心，股票市场缺乏买入持有的信心，研发机构缺乏进行基础性研发投入的信心，居民缺乏消费升级的信心。由于未来不可期，整个市场趋向短线交易，又造成了新的重大金融结构性风险。因此，要坚持"为无为"理念，相信市场的力量，加大政府职能转变力度，理顺干部激励机制，坚决推进放管服，市场呼吁法制化、制度性管理救济程序，反对行政化、随意性破坏市场预期的干预行为。

（安俊，《参阅件》第5期，2018年9月7日）

当前地方政府债务的可持续风险

2018年8月31日是中央要求地方政府进行存量债务置换三年过渡期的最后期限,当年经甄别的非债券形式地方政府债务已基本置换完成。总体看来,地方政府负债率远低于国际警戒水平,债务风险总体可控,但个别区域的政府债务风险将持续累积,青海、内蒙古、宁夏、云南、甘肃五省(自治区)负债率不断攀升,相关风险值得重点关注。因此,为促进经济增长,需保持防风险和促增长的平衡关系。

一、地方政府债务基本情况

本轮地方政府债务问题始于2009年,为应对金融危机影响,各地依靠债务融资进行扩张,平台公司大量涌现。然而,由于地方政府举债权限不明,相关管理机制缺失,出现了违法违规融资、局部债务增长过快、偿债压力较大、债务总量不透明等风险。

为规范地方政府举债融资机制,防范化解地方政府债务风险,从2014年通过新《预算法》以来,我国出台了一系列地方政府性债务管理相关政策法规，剥离融资平台公司政府融资职能，逐步建立了以政府债务限额管理、存量债务置换、债务风险应急处置、一般债务与专项债务预算管理为主要内容的地方债务管理体系。近几年，地方政府债务管理逐步规范，然而，债务持续增长、期限错配、集中到期等风险压力不减，地方政府性债务问题的严峻性与紧迫性仍值得长期跟踪关注。

（一）地方政府债务总量

在讨论地方政府性债务时，通常使用两个概念，一个是政府负有偿还责任的债务，即地方政府（直接）债务，另一个是政府负有担保责任、可能承担一定救助责任的或有债务，包括城投债、PPP项目债务、地方政府投资基金和政府购买服务等具有地方政府信用背书的（隐性）债务。学界对地方政府的隐性债务的测算和估计大致在20万亿～50万亿元[①]之间，多数估计值在30万亿元左右，但由于统计口径、认定标准存在争议，并没有准确的统计数据。如无特殊说明，**本文分析使用地方政府直接债务的数据。**

截至2018年8月末，全国地方政府债务余额17.67万亿元，其中，一般债务109320亿元，专项债务67364亿元；政府债券174118亿元，非政府债券形式存量政府债务2566亿元[②]。按8月末地方债务余额和上半年名义GDP增速估算，截至2018年8月末，**地方政府负债率为20.03%，远低于国际通行的60%的警戒线，债务总体风险可控。**但如果加上地方政府隐性（按30万亿元计）债务，则地方政府广义负债率

---

① 数据来源：IMF、社科院、清华大学财税研究所、海通证券等相关机构估算。
② 数据来源：财政部公告。此口径为财政部债务限额内地方政府负有偿还责任的债务，不含隐性债务。

达54.04%，逼近国际警戒线。

（二）地方政府债务增速

2013年审计署公布了对地方政府债务问题的审计结果并公布了各区域地方政府债务总额的权威数据，2014年国家通过新《预算法》并开始建立"借、用、还"相统一的地方政府性债务管理机制，地方政府新增债务数据清晰透明。

近年来，地方政府债务总体上呈现逐年上涨的态势，仅于2015年小幅下降，其他年度都较上年度有所增长。从2014年起，截至2018年8月，**地方政府债务的复合增速为3.8%**。但是，如果从2015年算起，则复合增速几近翻番，2015年至2018年8月地方政府债务的复合增速达7.0%。

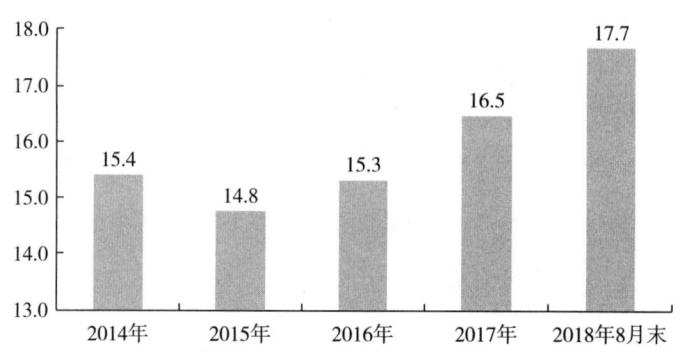

图1　各年度地方政府债务变化（单位：万亿元）

资料来源：财政部。

二、地方政府债务结构

（一）债务形式结构

近年来，在地方政府债务"强监管"的大环境下，"开前门"

和"堵后门"的规范治理举措并举。首先,明确地方政府举债只有唯一一种合法途径,即一律采取在国务院批准的债务限额内发行地方政府债券的形式。地方政府新增债务只能通过发行地方政府一般债券和专项债券予以解决。其次,对于地方政府非债券形式的存量债务,必须逐渐置换为规范的地方政府债。按照《地方政府性债务风险应急处置预案(国办函〔2016〕88号)》的规定,到期未置换的债务,对应的地方政府债务限额由中央统一收回,且相关债务无法得到财政信用支持。因此,地方政府和债权人都有动力完成债务置换。随着三年置换期到期,2018年以后非债券形式的地方政府债务理论上将"归零",地方政府债务只有政府债券一种形式。

伴随着地方债务的规范治理,地方政府债务的结构发生了极大的变化,地方政府债已是最主要的部分。 2014年,地方政府债务绝大部分是非债券形式的债务,地方政府债券余额仅1.1万亿元,仅占当年地方政府债务总额的7.1%。经过逐年的债券置换,地方政府债券已成为地方政府债务的绝对主力,截至2018年8月末,地方政府债券余额17.41万亿元,占地方政府债务总额的98.5%。而非债券形式的地方政府债务从2014年的14.3万亿元减少至0.26万亿元。

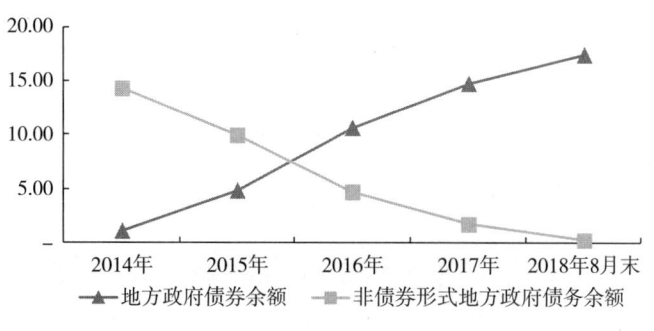

图2 地方政府债务结构(单位:万亿元)

资料来源:Wind资讯、财政部、笔者统计。

(二) 债务区域结构

地方政府债务在各省市的分布不平衡，截至2018年8月末，地方政府发行债券余额17.4万亿元。其中，**江苏、山东、浙江三省地方政府债券余额超过万亿**，分别为1.3万亿、1.1万亿和1.0万亿。**西藏、宁夏、青海三省（自治区）地方政府债券余额最少**，分别为80亿元、0.13万亿和0.15万亿。从较上年末增速来看，黑龙江、海南、广东增速较快（详见图3）。

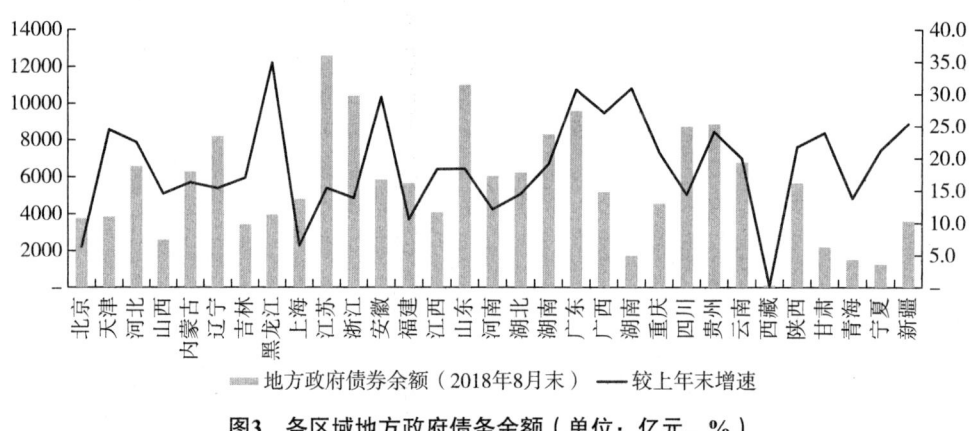

图3 各区域地方政府债务余额（单位：亿元、%）

资料来源：Wind资讯、财政部。

三、地方政府债务可持续风险分析

（一）地方政府负债率静态分析

为比较各区域地方政府负债水平，将各区域地方政府的负债率进行对比，指标定义为"地方政府债务/地方GDP"。其中，地方政府债务以上年末的债务总额及当年地方政府债券新发行量进行估算，地方GDP总量以统计局公布的上年度名义GDP总量和上半年GDP增速估算。

分区域看，总体负债水平可控。在全国31个区域中，大部分区域

（23个）地方政府负债率小于30%，有14个区域的地方政府负债率都在20%以下，仅有2个区域（贵州、青海）的地方政府负债率超过50%。

从负债率的变化情况看，**部分区域地方政府负债率上行的势头不减**。2017年有10个区域的地方政府负债率有所上升；截至2018年8月末，有4个区域（黑龙江、浙江、湖南、重庆）的地方政府负债率较上年末又有所上升（详见附表1）。

此外，**估计到2018年底时，地方政府负债率上升的区域还将有所增加**，主要考虑以下因素：**一是**8月底是地方政府债务置换期的"最后时限"，1~8月主要发行的债券主要用于置换存量债务，当年新增的一般债券和专项债券发行较少。预计随后的几个月将迎来地方政府债券的密集发行期。**二是**随着地方债务审计问题揭示和曝光[①]，部分区域可能将部分已曝光的隐性债务确认为政府负有偿还责任的债务，并计入地方政府债务。**三是**考虑到中美贸易战的相关影响主要在下半年逐渐发生作用，本文按照上半年增速进行估算2018年前8个月的相关指标时，GDP总量估算可能偏高。**四是**部分省市（辽宁、内蒙古、天津）经济数据主动"挤水分"，另有部分区域[②]因审计暴露也可能被动"挤水分"，相关地区的GDP等经济总量数据很可能随之下调。

（二）动态分析

1. 影响地方政府债务可持续性的主要因素

根据IMF的定义，债务可持续性指的是一种状态，在这种状态下，

---

① 2018年4月18日审计署公告称，5个省的6个市县通过违规出具承诺函、融资租赁、签订工程类政府购买服务协议等方式变相举债，形成政府隐性债务154.22亿元，再度掀起了地方政府隐性债务的冰山一角。

② 2018年6月20日审计署公告称，6省10区县虚增财政收入17.6亿元。

借款人有能力偿还其债务而无须对其未来的收支行为进行重大调整。对于地方政府而言，在融资成本固定条件下，如果**不需要对财政支出和收入进行重大调整而能够偿还债务，那么地方政府的债务是可持续的**。

为了量化分析地方政府债务可持续性，我们**以地方政府的跨期预算约束为基础建立一个分析框架**。地方政府的预算约束可以表示为以下方程：

$$D_t=(1+i_t)D_{t-1}-B_t$$

其中，D_t表示地方政府t期债务规模，i_t表示地方政府债务t期的名义利率，B_t表示地方政府t期的财政盈余。由于地方政府债务规模（负债率）与财政盈余（政府财力）产生了跨期交互作用，单独观察负债水平并不全面。例如，一个政府的负债率稍高，但是财力雄厚、财政收入不断增加，而另一个政府负债率略低，但是入不敷出、税基萎缩，后者的债务风险很可能大得多。

为了全面分析地方政府的偿债能力，需要综合考虑地方政府债务规模、实际利率、政府财力、当地GDP增长、通货膨胀等多项因素。可以将上述地方政府的跨期预算约束条件变形如下（具体步骤略）：

$$d_t=\frac{1+r_t}{1+g_t}d_{t-1}-b_t+f_t$$

其中，d_t表示地方政府t期负债率，r_t表示实际利率，g_t表示当地GDP实际增长率，b_t表示地方政府盈余（赤字）率。此外，为了分析突发性事件导致地方政府负债水平动态演变路径的变化，用f_t表示突发性事件（例如金融危机或自然灾害等）的财政支出。

至此，上述跨期预算约束为基础的分析框架考虑了地方政府当期负债、债务利率、经济增速、通货膨胀、政府盈余（赤字）、突发事件冲击等影响地方政府债务可持续性的主要因素。

2. 基准模拟

以当前变量值模拟未来5年地方政府负债率的演变路径，各主要变量根据历史情况进行参数校准。地方政府债务规模口径为地方政府债务限额内的负有直接偿还责任的债务，以2018年8月末为基准值。财政盈余（赤字）已经剔除了地方政府债券收入和债务利息支出，并加上各省收到的中央转移支付收入确定，以2016~2017年的平均值为基准值。因为地方政府非债券类债务置换成债券后，债务成本主要是债券的利息，本文根据地方政府债券发行利率来确定地方政府债务利率[①]。具体模拟结果详见附表2。

模拟结果显示，地方政府债务问题将持续恶化，全国除贵州、西藏、江苏三省（自治区）负债水平有所下降之外，其他各省份负债水平均继续上升。其中，**青海、内蒙古、宁夏、云南、甘肃五省（自治区）的地方政府债务问题最严重，**预计到2023年，此五省（自治区）的负债率继续大幅上升，分别达到99.0%、56.3%、45.9%、45.5%和44.1%，其动态演进过程见图4。

---

① 根据2018年地方政府发行金额为权重，对债券发行利率进行加权计算。由于西藏当年未发行债券，以存量债券的发行价格代替。

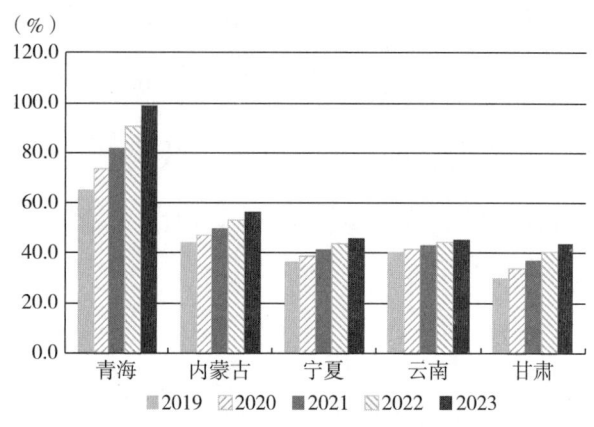

图4　青海等五省（自治区）2019～2023年负债率模拟变化

3. 情景模拟

为了评估地方政府所面对外来冲击时的债务可持续性风险的变化情况，可对上述模型进行压力测试。即在动态演变方程中的关键变量中增加一定冲击量，并考察地方政府负债率产生的变化。按照冲击持续时间长短，将压力测试分为两类：一类是情景模拟（scenario simulation），其模拟的冲击持久但相应比较缓和；另一类是边界检验（bound test），其模拟的冲击短暂，但更加剧烈。

在情景模拟中，设置两个假设，一是各地的GDP增长率下降一个标准差，二是各地财政赤字率上升一个标准差，各地GDP和财政赤字的标准差都根据其前三年（2015～2017）计算得到。结果表明，各省负债率的变化大都与基准模拟中的表现类似，但地方政府债务问题更加恶化。青海、内蒙古、宁夏、云南、甘肃五省（自治区）仍是地方政府债务问题最严重的地区。其中，青海的负债率在两种情景模拟中均超过100%，分别高达100.8%和114.1%；内蒙古的负债率在GDP冲击的情景模拟中突破了60%的警戒线；另三个省（自治区）的负债率均接近50%。

同时，对比两种情景可以进一步发现这五省（自治区）负债率变化对GDP增长率、财政赤字率具有不同的敏感性。其中，青海、云南、宁夏对财政赤字率敏感性较高，导致其预测期末的负债率在财政赤字率增加一个标准差情景中更高，而内蒙古和甘肃则对GDP增长率的敏感性较高。

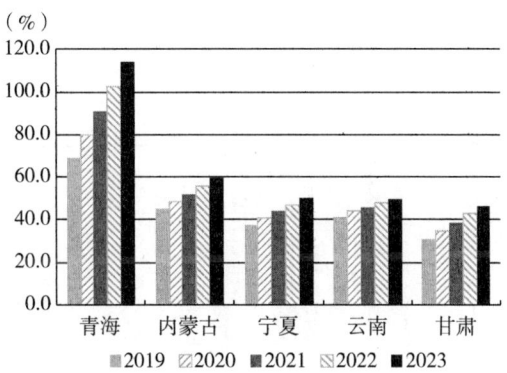

图5　GDP增速降低一个标准差后负债率的变化

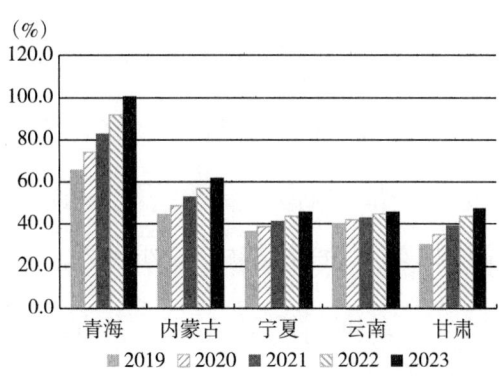

图6　财政赤字增加一个标准差后负债率的变化

4. 边界检验

假设GDP增长率在2019和2020年下降两个标准差，财政赤字率则在2019年和2020年上升两个标准差，而其他年份维持基准假设水平。

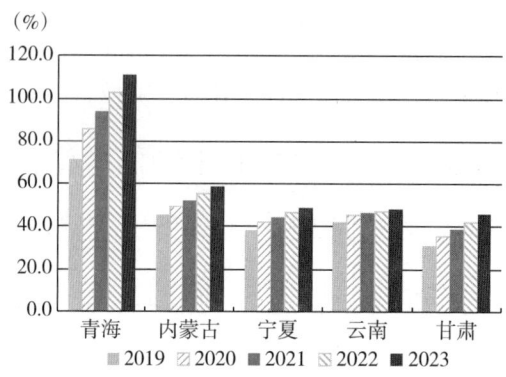

图7 GDP增速降低两个标准差后负债率的变化

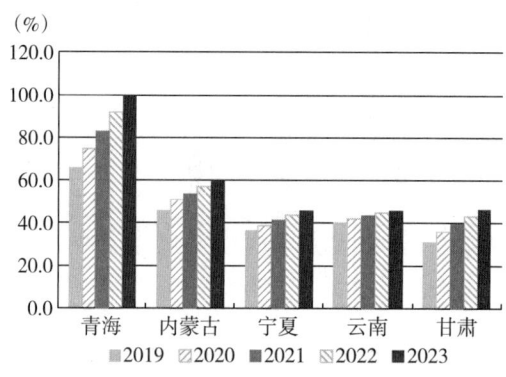

图8 财政赤字增加两个标准差后负债率的变化

与情景模拟结果类似，仍然是青海的负债率超过100%，内蒙古在一种模拟中突破了60%的警戒线。同时，这些省份对GDP增长率和财政赤字率的敏感性的表现与情景模拟中的情况一致，即内蒙古和甘肃对GDP增长率更加敏感，导致其负债率在GDP增长率下降的模拟中上升更快，而青海、云南、宁夏则对财政赤字率更加敏感。

5. 突发事件模拟

最后，为考察突发性事件（金融危机或者自然灾害等）对地方政府负债率的影响，假设在某一年度（此次模拟设定为2019年）因突发性事件而导致当年度财政支出大幅增加，且其规模占到GDP的5%。

结果表明,突发性事件的发生导致当年(2019)各地的负债率显著上升,但之后各地的负债率演变路径与基准模拟情况类似,即继续由GDP增长率、财政赤字率等经济变量所决定。因为模型假设的自然灾害等突发性事件的影响是一次性且非常短暂,不对经济基本面产生显著和持续的影响,突发事件过后,GDP增长率、财政赤字率等经济变量能够立即恢复到之前的水平。

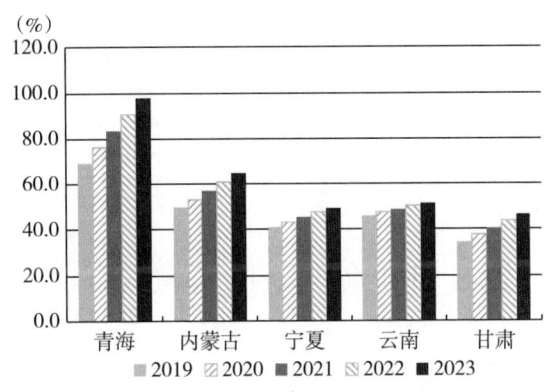

图9 2019年发生突发性事件后负债率的变化

四、结论和建议

(一)地方政府债务风险总体可控,但需关注前提条件

目前地方政府负债率远低于国际警戒水平,债务风险总体可控。然而,这一结论得以成立,有其必备前提条件:**一是**相关债务为地方政府直接债务,未考虑规模较大的地方政府隐性债务;**二是**各地经济总量按当前统计口径计量,未考虑部分区域"挤水分"的影响;**三是**假设各地经济增长趋势能够在前几年的高增速基础上得以延续。

（二）个别区域债务不可持续，相关风险值得重点关注

与通常的静态分析提示贵州等高负债省（自治区）的风险不同，本文以地方政府跨期预算约束为基础的分析框架进行的动态模拟研究表明，如果不加以调整，个别区域的政府债务风险将持续累积。**青海、内蒙古、宁夏、云南、甘肃五省（自治区）在未来几年中负债率将不断攀升**，青海可能超过100%，其余四省（自治区）将逼近或超过国际警戒线。

敏感性分析表明，地方政府在进行债务风险防控和调整时可根据自身情况各有侧重，内蒙古和甘肃需注重促进GDP增长，而青海、云南、宁夏则需更注重加强对财政赤字的控制。

（三）防范地方政府债务风险需与积极财政政策保持平衡

当前宏观条件下，为促进经济增长，需在执行积极财政政策的同时控制好地方政府债务风险，保持防风险和促增长的平衡关系。**一是**以高负债追求高速增长的模式缺乏韧性，负债过高犹如"走钢丝"，稍有不慎有可能陷入经济失速和债务膨胀的泥潭。**二是**财政支出具有刚性特征，增加容易减少难，"缩减财政支出"从来都是一项听起来很美好但难以落实的政策。**三是**基于目前国内经济转型升级和国际上贸易战喧嚣的背景，不能将债务杠杆用足用尽，必须预留一定的财政政策空间，以防备意外的负面冲击。

（四）债券成为地方政府债务"唯一"合法形式，将产生深远影响

地方政府债在地方政府债务中占比达98.5%，已成为绝对主力，

地方政府债务结构的这种变化将产生深远影响。**一是**促进地方债务的公开化和透明化,有利于引导公众预期,避免由于信息不对称造成猜测和恐慌。**二是**引入市场机制,在发行利率上根据各地债务风险不同区别对待,有助于奖优罚劣,使得各地债务成本显性化。**三是**对于银行、保险、基金等市场投资机构而言,地方政府债券作为债券市场的大券种,将占据越来越重要的地位,亟须加强地方政府债务风险的研究,提升资产配置的重要竞争力。

(王盛刚,《专题报告》第6期,2018年10月18日)

市场竞争与商业银行风险承担

——理论推导与来自中国银行业的经验证据[①]

一、引言

当前,市场集中度高、行政垄断严重、缺乏有效竞争是我国银行体系存在的突出特点和主要问题。进一步深化银行业改革必然要以逐步打破行政垄断,鼓励银行业竞争为切入点。然而,竞争是否会对我国金融体系稳定性造成不利影响,这是改革决策者最为关心的问题,也是当前政策辩论的焦点。金融约束理论认为,通过限制竞争增加金融业的垄断租金,会使以银行为主要代表的金融机构变得相对稳健。世界各国金融监管部门在实践中也都或多或少对本国银行部门的竞争采取一定程度的限制。上述政策实践的根本依据是认为银行业过度竞争会导致银行风险承担增加,从而造成金融体系不稳定。

梳理有关银行业市场结构与风险承担行为关系研究的理论和实证

---

① 原文获中国银行业协会优秀发展成果(2018)特等奖。

文献发现，现有理论文献基本支持上述观点，但不同实证研究由于所采用的银行业市场结构与风险承担代理变量不尽相同，所得结果却并不统一。我们认为，出现这种理论研究与实证研究结论相背离的一个重要原因在于，现有理论研究仅仅考虑了商业银行在存款市场上的竞争，而忽视了其在贷款市场上的竞争，这与现实情况严重不符。鉴于此，我们从以下两个方面对现有文献进行发展：首先，分析银行业市场结构与风险承担行为关系的理论模型扩展至包括贷款市场，提出与现在有研究结论完全相反的一种机制——限制银行业竞争并不一定有利于金融稳定，即银行业在面临更加集中的市场结构时，风险承担也有可能增加。其次，基于115家银行1996~2014年面板数据的研究样本，通过构建三种银行业市场竞争指标，对市场竞争程度与商业银行风险承担行为的关系进行实证检验，尽可能提供一个更加客观稳健的研究结论。

二、市场竞争与银行风险承担的文献综述

（一）理论研究文献综述

在存款保险制度下，竞争会增加银行风险承担，因为风险收益主要归银行股东，而发生损失则主要由政府或存款人承担。解决这一问题的办法就是赋予银行股东一项巨大的利益，使其与存款保险人的激励相容，例如很多国家默许银行部门获得垄断租金，从而提高其特许权价值，增加银行破产对于股东造成的损失。这种政策在已有的理论研究文

献中被广泛讨论①。Hellman等（2000）研究了存款利率上限政策，他们认为，通过设定存款利率上限的办法约束银行业竞争，可以降低商业银行风险承担的动机。在Allen和Gale（2000）的模型中，银行通过选择一个决定资产违约风险的参数，与竞争对手在存款市场上进行古诺-纳什博弈。他们发现，当存款市场上的竞争者数量非常多时，银行的最优风险承担水平达到极大值。这说明，即使不存在存款保险制度，特许权价值本身也会使得银行在竞争加剧时选择更多风险承担行为。

显而易见，上述研究都有一个共同的假定，即银行最优资产配置是在给定资产价格和收益率分布的情况下由资产组合选择问题（Portfolio Problem）唯一决定的。尽管很多其他关于银行问题的研究也采取了同样的假定，但越来越多的研究发现这一假定并不合理。另一种常见的假定是认为银行是通过在未知借款人行为方式的情况下解决最优契约问题（Optimal Contracting Problem）来追求资产配置②。我们在下文中将会证明，在后一种银行道德风险模型中，竞争会发挥一种不同于以往的作用，即当银行面临的竞争更激励时，风险反而会降低。

（二）实证研究文献综述

早期的实证文献研究基于20世纪60年代到70年代之间美国个体银

---

① Allen Franklin and Douglas Gale, 2000, Comparing Financial Systems. MIT Press, Cambridge, Massachussetts.
Hellmann Thomas, Kevin Murdock and Joseph Stiglitz, 2000, Liberalization, Moral Hazard in Banking, and Prudential Regulation: Are Capital Requirements Enough? [J]. American Economic Review, 90, 147-165.
Keeley Michael, 1990, Deposit Insurance, Risk and Market Power in Banking, American Economic Review, 80, 1183-1200.
Repullo Raphael, 2003, Capital Requirements, Market Power and Risk-taking in Banking, Discussion Paper, No.3721, CEPR.

② Gorton, G., Winton, A., 2002. Financial intermediation. In: Constantinides, G.M., Harris, M., Stulz, R.M.（Eds.）, Handbook of the Economics of Finance, vol. 1. North-Holand, Amsterdam.

行的样本，发现了市场集中度与各种银行风险承担代理变量之间的负相关关系。这一时期使用的风险承担变量包括利润波动，负债率以及不良贷款率等。Keeley（1990）研究了美国1980s放松对银行控股公司开设分支机构的限制的影响，发现这一政策实施之后银行业竞争加剧，风险也随之上升[①]。Jayaratne和Strahan（1998）基于一个扩大的样本，发现放松监管使得贷款损失下降，这一结论与Keeeley（1990）的研究恰恰相反[②]。Dick（2006）的实证研究发现，在美国90年代放松金融监管后，银行贷款损失准备上升了，这一结论又支持了Keeeley（1990）的研究[③]。Yeyati和Micco（2007）采用一个来自拉丁美洲8个国家1993~2002年之间的银行数据样本，发现了银行风险与竞争之间存在着正向关系[④]。

Boyd和Runkle（1993）以及De Nicoló（2000）研究了银行规模与银行风险承担变量之间的关系。尽管银行规模不像赫芬达尔指数或市场集中度比率等指标那样直接反应市场层面的竞争，但银行规模在相当程度上与其市场势力相关，在一定程度上也反映了银行市场结构与其风险承担的关系[⑤]。Boyd和Runkle（1993）认为银行破产概率与其规模大小不存在显著的统计学关系，De Nicoló（2000）却基于美国、日本和其他一些欧洲国家的银行业数据发现了银行规模与其风险承担

[①] Keeley Michael, 1990, Deposit Insurance, Risk and Market Power in Banking, American Economic Review, 80, 1183-1200.

[②] Jayaratne J, P E Strahan, 1997, Entry Restrictions, Industry Evolution, and Dynamic Efficiency: Evidence from Commercial Banking. Journal of Law & Economics, 41（1）: 239-274.

[③] Dick Astrid, 2006, Nationwide Branching and its Impact on Market Structure, Quality and Bank Performance. Journal of Business, 79, 567-592.

[④] Yeyati EL, Micco A, 2007, Concentration and foreign penetration in Latin American banking sectors: Impact on competition and risk. Journal of Banking & Finance, 31（6）: 1633-1647.

[⑤] De Nicoló Gianni, 2000, Size, Charter Value and Risk in Banking: An International Perspective. International Finance Discussion Paper No.689, Board of Governors of the Federal Reserve System.

之间显著的正向关系。Uhde和Heimeshoff（2009）基于欧洲25国1997-2005年的面板数据研究发现，市场集中度对各国银行体系稳定性具有负向影响，即限制银行业竞争反而加剧了银行体系的脆弱性[1]。Beck等（2013）采用79个国家银行业的面板数据研究发现，银行部门的稳定性确实随着竞争的加剧而下降，其研究结论恰好与Uhde和Heimeshoff（2009）相反[2]。

现有的实证研究并未得到关于银行业市场结构与风险承担之间关系的一致结论，因而也就无法有力地支持现有的理论研究文献。因此，我们在引言部分已经提到的贷款市场竞争对银行风险承担的影响机制应该存在，并且其重要性不亚于存款市场竞争对银行风险承担的影响机制。这正是以下两节理论模型将要说明的问题。

三、银行竞争与风险承担行为：一个理论模型

（一）存款市场竞争与银行风险承担行为

假定一个持续一期的经济，0代表期初，1代表期末。经济体系中存在两类主体，一类是银行，另一类是存款人，他们均是风险中性的。

1. 银行

假定经济体系中有N家银行，这N家银行并没有初始资源，但却

---

[1] Uhde A, Heimeshoff U, 2008, Consolidation in Banking and Financial Stability in Europe. Social Science Electronic Publishing, 33（7）：1299-1311.

[2] Beck Thorsten, Asli Demirguc-Kunt and Ross Levine, 2003, Bank Concentration and Crises, Working Paper, University of Minnesota.

具备一种由S所表示的规模报酬不变的风险技术。给定投入水平y，根据银行的风险技术，银行可以获得收益Sy的概率是p（S），否则收益为0。

假定1：p（S）满足：p（0）=1，p（$\bar{S}$）=0，对于所有S∈[0，$\bar{S}$]，p'<0且p"≤0。

因此，p（S）S是一个严格拟凹函数，并且在$p'(S^*)S^*+p(S^*)=0$时取得最大值S。假定契约是简单的债务契约，并且银行在期初选择S。存款人在期初无法观察到银行的选择，只能到期末观察到投资项目究竟是成功（收益为正）还是失败（收益为0）。可见，银行完全掌握着选择风险承担水平的权力。

2. 存款人

总的存款供给被定义为$r_D(\cdot)$，由一条向上倾斜的反供给曲线表示。

假设2：$r_D(\cdot)$满足：$r_D(0) \geq 0$，$r'_D>0$，$r''_D \geq 0$。

第i家银行的总存款定义为D_i，银行业存款总额为$\sum_{i=1}^{N}D_i$。存在存款保险制度，银行按照固定比率$\alpha>0$向存款保险公司支付的保险金购买存款保险，因而存款的相对供给与风险无关。

假定银行之间在存款市场上进行纳什博弈，存款利率是行业存款总量的一个函数，即，$r_D = r_D\left(\sum_{i=1}^{N}D_i\right)$。

在纳什均衡条件下，各家银行通过选择S_i和D_i的组合$(S_i, D_i) \in [0, \bar{S}] \times R_+$来最大化如下期望收益：

$$p(S_i)\left(S_i D_i - r_D\left(\sum_{i=1}^{N} D_i\right)D_i - \alpha D_i\right) \tag{1}$$

银行业实现内部均衡的必要条件是:

$$p'(S_i)\left(S_i - r_D\left(\sum_{i=1}^{N} D_i\right) - \alpha\right)D_i + p(S)D_i = 0 \tag{2}$$

$$p(S_i)\left(S_i - r_D\left(\sum_{i=1}^{N} D_i\right) - r_D\left(\sum_{i=1}^{N} D_i\right)D_i - \alpha\right) = 0 \tag{3}$$

其中，$D_i>0$，$S\in(0, \bar{S})$。在一个对称的内部均衡中，$(S_i, D_i)=(S, D)>0$ 对所有的 i 和 $p(S)>0$ 都成立。

Allen 和 Gale（2000）证明上述方程组存在唯一解。

命题1：在一个对称的内部均衡解中，均衡的风险转移水平 S 随着 N 的增加而增加。当 $N\to\infty$ 时，$S\to\bar{S}$[①]。

命题1表明，存款总额和风险转移参数随着银行数目 N 的增加而增加，后者则是在多数文献中所描述的风险转移效应。基准模型中所呈现的银行数量与均衡的风险承担水平之间这种简单的单调关系并不稳健，当假设条件发生变化时，结果可能出现改变。下一节中，我们将在一个考虑贷款市场的扩展模型中考察银行数目与风险承担之间的关系。

（二）存贷款市场同时竞争与银行风险承担

假定经济体系中存在大量企业，这些企业可以在各种规模固定（标准化为1）的项目中进行自由选择，这些项目的收益分布与前文假

[①] 囿于篇幅限制，证明过程不详细展开，感兴趣的读者可向作者索要。

设相同。企业从银行贷款，银行无法观察到企业的风险转移参数S，但在确定贷款利率时会考虑企业对其利率选择的反映。考虑贷款市场的模型当中，银行无法直接控制借款人投资项目的风险水平。给定贷款利率水平r_L，企业通过选择$S \in [0, \bar{S}]$来最大化其目标函数：

$$p(s)(S - r_L) \tag{4}$$

根据目标函数的严格拟凹性，上述问题的内部解应当满足以下条件：

$$h(S) = S + \frac{p(S)}{p'(S)} = r_L \tag{5}$$

从（13）式当中可以发现，当贷款利率上升时，企业风险转移参数会相应上升，即企业会选择更加冒险的投资项目。

如果用L表示贷款总量，则贷款反需求曲线应当满足以下假设：

假设3：$r_L(0) > 0$，$r'_L < 0$，$r''_L \leq 0$和$r_L(0) > r_D(0)$。

最后一个条件保证了均衡解的存在性。类似于我们对于存款市场竞争的分析，在此假定贷款利率是总贷款量的一个函数，即，$r_L = r_L(L)$。

在该模型当中，银行不存在权益资本，因此资产负债表的平衡条件为$L = \sum_{i=1}^{N} D_i$。在纳什均衡条件下，每一家银行都在考虑企业的风险选择之后，通过选择自身存款规模以实现利润最大化，即：

$$\max_{D_i} \left\{ p(S) \left[r_L \left(\sum_{i=1}^{N} D_i \right) D_i - r_D \left(\sum_{i=1}^{N} D_i \right) D_i - \alpha D_i \right] \right\} \tag{6}$$

$$s.t. \quad h(S) = S + \frac{p(S)}{p'(S)} = r_L \left(\sum_{i=1}^{N} D_i \right) \tag{7}$$

命题2：在一个对称的内部纳什均衡解中，均衡的风险转移参数S随着银行数目N的增加严格递减。当$N\to\infty$时，纳什均衡收敛于竞争均衡，即$r_L(Z)-r_D(Z)-\alpha=0$[①]。

命题2的经济含义非常直观，当银行在贷款市场上的势力上升时，他们会提高贷款利率。这一结论背后经济学机制是：当在贷款市场上面临的竞争下降时，银行可以制定更高的贷款利率，然而更高的贷款利率却提高了银行借款人的融资成本，从而使得其破产的概率也相应增加，银行面临的信用风险则随之上升，金融体系的稳定性则会因此受到负面冲击。不仅如此，道德风险还会导致这种机制进一步强化，因为当贷款利率上升时，企业最优的反映则是增加其投资项目的风险，通过高风险投资项目的高回报来补偿融资成本的上升。银行事先意识到企业会如此反映，所以在其确定贷款利率时就将这一因素考虑在内。

四、市场竞争对银行风险承担行为影响的实证检验

（一）模型设定

为检验竞争环境变化是否对商业银行风险承担产生实质影响，在控制其他可能影响银行风险承担因素的情况下，建立以下反映市场竞争与银行风险承担关系的实证模型：

$$RISK_{it}=\alpha+\delta RISK_{i,t-1}+\beta_1 COMP_{it}+\beta_2 X_{it}+\beta_2 Z_{it}+\mu_i+\varepsilon_{it} \quad (8)$$

其中，第i家银行第t期的风险承担$RISK_{it}$被写成了前期风险承担水平$RISK_{it,t-1}$、市场竞争变量$COMP_{it}$，银行层面控制变量X_{it}以及宏观层

[①] 囿于篇幅限制，证明过程不详细展开，感兴趣的读者可向作者索要。

面控制变量Z_{it}的函数。μ_i是与个体效应相关的扰动项，ε_{it}是一般随机扰动项。

（二）变量定义

1. 被解释变量

模型的被解释变量是银行风险承担（RISK），即在特定环境下银行所愿意承担的风险水平。关于银行风险承担的代理变量，国内外相关研究主要选取不良贷款率、预期违约概率（EDF）、Z-score指数和银行利润的方差等指标。其中，Z-score综合了商业银行盈利能力、收益波动以及资本缓冲等方面的信息，是迄今为止最能全面反映银行风险承担的指标，在实证研究中得到了广泛的应用。为了直观反映银行风险承担水平，我们将Z-score定义调整如下：

$$zs = \frac{\sigma(ROA)}{CAR + E(ROA)}$$

其中，ROA（$=\pi/A$）是资产收益率，CAR（$=E/A$）是权益资本对总资产的比率，A、E和π分别代表企业的总资产、权益资本和利润。从而，zs直接表示银行破产的可能性与综合风险承担水平。

2. 核心解释变量

我们将分别采用五大行的市场集中度、银行业赫芬达尔指数和银行业勒纳指数三种指数衡量银行业竞争环境变量，作为核心解释变量。

银行市场集中度CRn，是指在银行业中排名前n家银行的规模占市场总规模的比例，反映前n家主导银行的集中程度，由于工、农、中、建、交是我国的五家全国性大型股份制商业银行，也是系统重要性银行，研究我国银行业市场集中度时，通常将n取5。

银行业赫芬达尔指数HHI，是指所有银行市场份额的平方和，相比于市场集中度指数，赫芬达尔指数能够综合反映银行业市场结构的变化情况。

银行勒纳指数LERNER，是指银行产出价格超过其边际成本的百分比，反映了个体银行的市场势力，实证研究中通常采用总资产或某几种资产的收益与相应资产总量的比值表示，如总收入比总资产（程茂勇、陈红，2011）或贷款利息收入比总贷款（张宗益等，2012）[1]。我们参考Fungácová等（2014）方法计算得到银行勒纳指数[2]。

3. 控制变量

实证检验在银行层面控制了一些可能影响其风险承担行为的个体特征变量，包括银行规模（SIZE）、银行自有资本比率（EOA）、银行盈利水平（PROF）、流动性（LIQU）、银行非传统业务水平（OBSI）、银行效率（COI）。银行风险承担行为还会受到经济环境与金融结构等宏观因素的影响。我们以国内生产总值增长率表示宏观经济环境（GDP）；将银行部门提供的信贷与GDP之间的比率（FSTRU）引入实证模型来控制金融结构变量；用广义货币供给量M2的增长率（MONE）控制我国货币政策变量。

---

[1] 程茂勇，陈红："市场势力对银行效率影响分析"，载于《数量经济技术经济研究》，2011（10）：78-91。
张宗益，吴恒宇，吴俊："商业银行价格竞争与风险行为关系——基于贷款利率市场化的经验研究"，载于《金融研究》，2012（07）：1-14。

[2] Fungácová Z, Solanko L, Weill L. Does Competition Influence The Bank Lending Channel in The Euroarea? . Journal of Banking&Finance, 2014, 49.

(三) 数据来源与描述性统计

1. 数据来源

实证研究基于1996～2014年间我国115家商业银行的年度非平衡面板数据样本。商业银行层面数据来源于Bankscope数据库公布的各家银行历年财务报表。GDP增长率、广义货币供给M2增长率和金融机构各项贷款余额的数据来自国家统计局网站。地区生产总值数据来自国家统计局网站,地区金融机构各项贷款余额的数据来自《新中国六十年统计资料汇编》和Wind数据库。

2. 变量定义和描述性统计

主要变量的定义和描述性统计结果如表1所示,表中列出了各个变量的样本观测数、均值、标准差、最小值以及最大值。

表1 实证模型变量定义与描述性统计

标量标识	变量名称	均值	标准差	最小值	最大值
Dependent	被解释变量				
ZS	综合风险指数	0.0331	0.0292	−0.214	0.198
Independent	核心解释变量				
CR5	5大行市场集中度指数	0.699	0.0672	0.640	0.923
HHI	赫芬达尔指数	0.116	0.0262	0.0968	0.249
LERNER	勒纳指数	0.342	0.106	0.00495	0.612
Controls	控制变量				
SIZE	规模=总资产对数	11.64	1.735	7.022	16.80
EOA	自有资本率=权益资本/总资产	7.182	4.636	−13.71	48.14
PROF	盈利能力=税前利润/平均总资产	0.938	0.496	−0.892	2.738
LIQU	流动性=流动资产/存款和短期借款	28.57	15.50	2.454	134.7
OBSI	表外业务率=非利息收入/总收入	15.51	14.89	−77.68	85.22
COI	效率=成本/收入	42.01	14.47	12.12	94.06
GDP	GDP增长率	10.94%	2.36%	5.60%	19.20%
M2	广义货币增长率	16.66%	4.45%	12.20%	28.50%
FSTRU	金融结构=银行信贷/GDP	1.162	0.328	0.540	2.580

（四）实证结果分析

本节对市场竞争环境和银行风险承担行为之间的关系进行实证检验。以综合风险承担指数Z-score作为银行风险承担代理变量，依次采用三种形式的市场竞争指标表示银行业竞争环境，同时控制其他可能影响商业银行风险承担行为的微观和宏观因素，采用系统GMM方法对方程（25）进行估计。估计结果如表2所示，模型1~模型3分别是基于三种不同市场竞争指标所得到的估计结果。

表2　市场竞争约束下的货币政策资产组合风险承担传导渠道检验

变量/模型	模型1	模型2	模型3
L.ZS	0.380***	0.382***	0.375***
	（43.31）	（51.01）	（47.03）
CR5	0.00467***		
	（0.74）		
HHI		0.0657***	
		（3.97）	
LERNER			0.0960***
			（13.41）
SIZE	−0.00366***	−0.00288***	−0.00478***
	（−11.25）	（−8.53）	（−14.57）
EOA	−0.000578***	−0.000490***	−0.000823***
	（−11.86）	（−6.30）	（−16.57）
LIQU	0.0000615***	0.000101***	0.0000842***
	（5.03）	（7.89）	（5.37）
L.PROF	−0.00183***	−0.00324***	−0.00372***
	（−4.01）	（−10.75）	（−6.85）
OBSI	−0.0000996***	−0.000109***	−0.000100***
	（−7.68）	（−9.32）	（−7.00）
COI	−0.000180***	−0.000243***	0.000400***
	（−7.12）	（−8.90）	（8.97）
GDP	0.000702***	0.000891***	−0.000137

续表

变量/模型	模型1	模型2	模型3
	（7.92）	（9.32）	（−1.10）
M2	0.000348***	0.000435***	0.0000589
	（−11.03）	（−12.79）	（−1.51）
FSTRU	−0.0172***	−0.0112***	−0.0167***
	（−6.52）	（−4.35）	（−8.56）
_CONS	−8.087	22.59*	46.95***
	（−0.37）	（1.66）	（18.22）
N	1055	1055	1051
AR（2）	0.086	0.077	0.063
Hansen	0.765	0.758	0.784

注：L.ZS和L.PROF分别表示银行综合风险承担指数和盈利能力指标的一阶滞后值；括号内为t值；*、**、***分别表示在10%、5%、1%水平上显著；N为样本观测数量；AR（2）与Hansen检验输出结果为P值。

可以看出，在上表所列示的三组估计结果中，市场竞争环境指标的估计系数均显著为正。银行业市场竞争水平提高1%，银行风险承担效果将显著提升0.005%~0.1%。由于我们所构建的市场竞争指标均是取值越大表示市场越垄断，因此，实证结果说明银行业市场越竞争，商业银行的风险承担水平越低，理论部分的假说得到验证。

从控制变量估计结果来看，银行规模对其综合风险承担行为具有显著的负效应，即规模越大的银行，综合风险承担水平反而越低，根据前文分析，这既可能是因为大型银行在风险管理方面具有技术优势，也可能是由于我国大型商业银行受到更加严格的审慎监管。银行自有资本比率对其综合风险承担行为具有显著的负向影响，这一结果是非常直观的，即当银行自有资本比率较高时，意味着银行股东在银行利益植入越多，从而经营会更加稳健。

流动性水平对于银行综合风险承担行为具有显著的正向影响，这说明，当银行面临宽松的流动性环境时，倾向于增加综合风险承担。

滞后一期的盈利能力对银行综合风险承担具有显著的负向影响，即盈利能力较强的银行综合风险承担水平较低，这可能是因为盈利能力较强的银行在筛选投资项目时更加谨慎。表外资产比率对银行综合风险承担行为具有显著的负向影响。银行成本-收入比对其综合风险承担具有显著的负向影响，意味着成本效率越高的商业银行综合风险承担水平也相应越高，这可能是由于成本效率越高的银行风险管理效率也相应越高。宏观经济环境对于银行综合风险承担具有显著正向影响，说明商业银行综合风险承担行为具有顺周期特征。

金融结构对银行综合风险承担具有显著的负向影响，即对银行信贷依赖程度较高的地区，商业银行综合风险承担水平反而越低，这可能是因为对银行信贷依赖程度越高的地区通常融资渠道相对单一，银行处于垄断地位，从而可以筛选优质客户和投资项目，综合风险承担意愿较低。货币政策变量的估计系数均显著为正，意味着宽松的货币政策会鼓励银行风险承担，这与前人研究结论一致[①]。

五、结论与展望

抛弃现有理论关于银行仅在存款市场上相互竞争的假设，我们将理论分析模型扩展至同时考虑银行在存款市场和贷款市场上的竞争时，揭示了一种完全不同于传统模型的银行业竞争与风险承担关系的互动机制。银行在其市场势力增强时提高贷款利率，借款人则根据银

---

① 刘生福，李成："货币政策调控、银行风险承担与宏观审慎管理——基于动态面板系统GMM模型的实证分析"，载于《南开经济研究》，2014（5）：24-39。
张雪兰，何德旭："货币政策立场与银行风险承担——基于中国银行业的实证研究（2000-2010）"，载于经济研究》，2012（5）：31-44。

行设定的贷款利率决定投资项目的风险水平。当借款人的融资成本因银行提高贷款利率而上升时，其最优选择是相应地增加投资项目的风险，这种风险最终传导至商业银行，转化为银行更高的信用风险承担。基于1996～2014年间我国115家商业银行的年度非平衡面板数据样本，依次采用三种市场竞争指标检验了市场竞争环境对银行业风险承担水平的影响。研究结果显示，银行业市场垄断程度提高1%，银行风险承担水平将提升0.05%～0.1%。换言之，银行业市场越竞争，商业银行的风险承担水平就越低。实证结果与理论模型结论一致。

我们的研究结论不仅在一定程度上解释了现有文献关于银行竞争与风险承担关系研究结论的分歧，而且对未来我国银行业改革也具有重要的现实指导意义。我国银行业体制改革之所以推进缓慢的重要原因在于决策者一度担心银行业的过度竞争会对银行风险承担，进而对宏观金融稳定造成不利影响，研究结论表明，人为限制银行业竞争，导致市场过度集中也可能造成银行风险承担的增加，并不利于金融稳定。进一步深化金融领域的市场经济体制改革，充分发挥市场在金融资源配置中的决定性作用，需要逐渐打破银行业的行政垄断体制，让更多的民营资本进入银行业，与国有银行机构展开充分竞争。

（韩雍，《工作论文》第1期，2018年10月29日）

2018年中国主要经济金融风险回顾与展望

2018年,在内外部多重因素的共同作用下,中国经济下行压力凸显,三季度GDP同比增速跌至6.5%,而大类资产价格所映射出的资本市场对经济的预期更为悲观。回顾主要经济金融风险,有助于微观主体把握市场趋势,有序应对风险挑战。

一、全年比较突出的风险

一是美国向中国发起贸易战。这可能2018年是最超市场预期的风险,也是影响中国乃至全球金融市场的重要因素。2018年3月,特朗普签署针对中国"知识产权侵权"的总统备忘录,内容包括对价值600亿美元自中国进口的商品加征关税。4月初美国政府依据301调查单方认定结果,宣布将对原产于中国的价值500亿美元商品加征25%的关税,中国随即出台了相关反制措施。此后中美双方多次接触和谈判,但沟通效果不及预期。12月初中美两国领导人在阿根廷会晤,美国暂停原定于2019年1月1日对价值2000亿美元商品加征关税税率从10%提高到

25%的计划，双方有90天的缓冲期，在此期间两国将继续谈判。但随后国内某科技公司高管在加拿大被扣留，这又让市场对贸易冲突的乐观预期扭转。

二是实体经济去杠杆导致信用紧缩。2018年初，去杠杆的重心从金融体系转向实体经济，银监会55号文、委贷新规等文件规范非标融资，财金23号文从金融机构资产端规范资金投向，资管新规正式稿印发后高风险偏好资金趋势性减少。在一系列紧信用政策的约束下，社融增速从1月开始持续放缓，金融条件收紧对实体经济的负反馈在二季度左右体现。虽然7月后政策逐步转向宽信用，以基建和民企为主要载体，但目前来看政策效果并不显著。

三是国内经济增速超预期回落。2017年宏观经济维持了很强韧性，线性外推下市场在2018年初时对2018年经济整体持乐观的态度。但随着3月份螺纹钢期货价格持续大跌，市场又开始转向看空经济，股票和债券所体现的增长预期甚至趋于过度悲观。宏观层面上看三季度GDP增速降至6.5%，中观层面上看二季度开始供需两弱的格局越来越明确。五大终端需求中，全口径基建投资增速从去年全年的14.9%下降至2018年前三季度的0.3%。社会消费品零售增速持续放缓，10月当月增速只有8.6%，羸弱的社消增速也让消费降级这一话题引起广泛的讨论。

四是债券市场信用违约事件频发。截至2018年12月9日，共有106只债券发生违约，涉及金额高达1068.4亿元。这106只违约债券中，有40只是发债主体首次违约。从违约债券数、涉及金额和首次违约主体数量看，2018年中国债市所面临的信用风险相比于往年都是在大幅上升。此外，城投债——号称中国债市最后的信仰，也在2018年被打破了。8月13日17兵团六师SCP001未能及时兑付，发生实质性违约。虽然随后新疆兵团快速应对并启动问责机制，而且在8月15日完成了兑付，但这一事件在中国债券史上仍然具有深远的意义，城投债分析框架需要逐步向产业债分析转变。

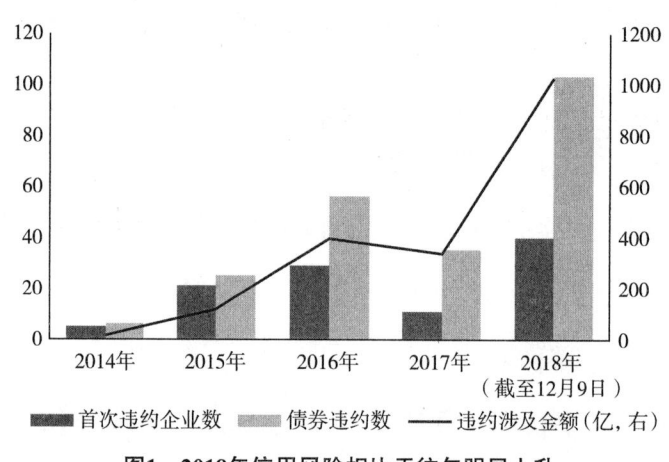

图1　2018年信用风险相比于往年明显上升

资料来源：Wind、联讯证券。

五是金融市场波动加剧。2018年1月股市整体表现不错，上证综指曾11连阳，但从2月开始进入熊市，10月份到达最低点2449.2，随后在各类政策的托底下进入震荡模式。人民币汇率走出深V行情，美元兑人民币中间价从年初的6.5342升值到4月初的低点6.2764。但随后受中美贸易冲突、国内经济增长放缓、中美货币政策分化等因素的影响持续贬值，美元兑人民币中间价在11月初一度贬值到6.9670，年内最大贬值幅度达到了9.91%。螺纹钢作为黑色系大宗的代表，在库存、环保限产、需求回落等多重因素彼此作用下价格暴涨暴跌，2018年活跃期货价格高点为4418元/吨，而低点只有3187元/吨。

二、展望2019年，宏观经济和金融市场仍将面临诸多风险

经济下行压力在GDP这一总量数据上将得到更为明确的体现，而CPI同比中枢将明显上移。地缘政治事件、民粹主义兴起和市场震荡等海外因素的冲击，也会传导到国内金融市场。

（一）首先是国内经济下行风险

预计2018年实际GDP增速为6.6%，而2019年将放缓至6.3%，增长动能相比与2018年也将发生切换。2018年各终端需求中，除了基建和社消不及预期外，地产投资、制造业投资和出口都是超预期的。高压调控下市场年初时普遍预计2018年地产投资增速将快速回落，但实际上2018年前10个月累计增速高达9.7%，高于去年全年的增速7.0%。去杠杆政策下，市场普遍预计制造业投资增速将继续低迷，但实际情况是3月份见底后不断回升，前10个月累计增速为9.1%，而且这种回升主要是由民间投资带动的。中美贸易冲突下，出口依然维持了很强韧性，2018年前11个月累计增长了11.8%。但上述三个终端需求，预计在2019年都面临着较大的增速下行风险。

第一，地产将面临销售回落向投资传导的风险。在经历2017年的低潮后，2018年地产各线，无论是投资还是销售拿地，都重新迸发了活力。但众所周知，销售是整个地产产业链最核心的环节，而支撑2018年销售的热点城市一二手房价差、三四线城市棚改货币化安置、户籍制度放松释放住房刚需这三股力量，在2019年都会明显减弱。值得关注的是，居民杠杆在过去两年已经大幅提升了不少。根据中国人民银行的数据，2017年中国住户部门的债务应还本金与利息之和占可

支配收入的比例为9.4%，已经高于美国的8.3%和日本的6.7%。2018年社消增速放缓，也与居民杠杆率上升过快有关。如果经济景气度继续下行、失业概率上升，居民的收入预期下滑，那么居民加杠杆的能力与空间将成为刚需与改善性需求的主要桎梏。按照"居民需求为核心"的主线演绎下去，2019年地产投资大概率会出现加速下行。

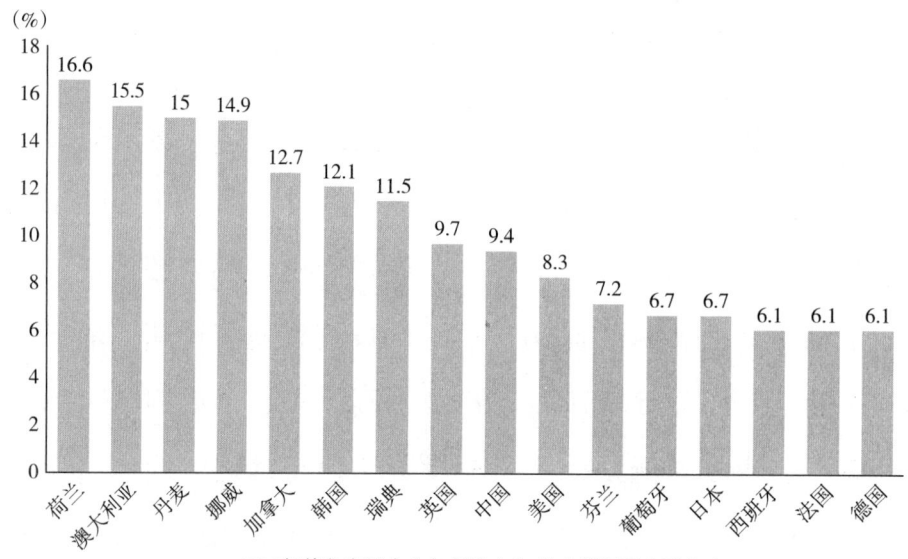

图2　中国住户部门面临着较高的债务还本付息压力

资料来源：中国人民银行、联讯证券。

第二，制造业投资面临设备更新结束的风险。2018年制造业投资持续回暖，我们认为这与民企被动的设备更新有关。当设备老化开始影响到生产时，企业不进行新增产能投资，而对已有产能进行设备更新，可能是合适和经济的。一个佐证是国企制造业投资早在2016年就经历了一轮高增长，而民企投资在2018年二季度才开始有明显改善。从2016年国企制造业投资高景气持续一年的经验看，民企设备更新周期可能将于2019年一季度结束。2018年10月政策转向扶持民企，化解融资难是目前的主要抓手。这对于缓解融资压力，尤其是有真实投资需求的民企来说，确实能起到提振投资的作用。但不应高估这种提振作用，尤其是地产投资下行、基建结束高增长、出口受外部冲击而增速回落的情况下，民营企业看不到新的需求点。作为相对市场化的主体，对是否新增产能是持谨慎态度的。何况还需要在去产能、环保限产挤压市场份额后修复信心，对民营企业家来说，信心比黄金重要。

第三，出口将面临贸易冲突实质性影响体现和海外需求放缓的双重风险。由于贸易冲突的源头，涉及市场导向等根本性问题，解决需要时日。但可以确定的是，无论中美贸易冲突如何演绎，抢出口效应的支撑在2019年都将减弱。如果中美谈判结果朝着恶化的方向发展，根据已加征关税商品的出口情况看，明年中国对美出口将大幅回落。除了贸易冲突外，全球增长动能放缓，也使得中国所面临的外需走弱。始于2016年年末的全球同步复苏已经结束，IMF在其10月份发布的《世界经济展望》中，下调多个主要国家的经济增长率。IMF预测2019年美国GDP实际增速为2.5%，低于2018年的2.9%；欧元区GDP实际增速为1.9%，低于2018年的2.0%。

（二）2019年国内通胀风险也将上升

预计2019年全年CPI同比2.5%左右，高于2018年的2.2%。通胀压力主要来自猪肉。一方面，从屠宰数据看，供给因素对猪肉价格的支撑正在强化。另一方面，非洲猪瘟疫情的爆发和蔓延，进一步强化了供给约束。根据2010年猪蓝耳病和高热症、2014年生猪疫情暴发的经验，疫情暴发后三个季度生猪供给负增长，而直到疫情结束后三个季度才恢复正增长。由于非洲猪瘟病毒的高传染性和高致死率，距疫情结束应该还有较长时间,而这意味着疫情结束前猪肉都面临着供给约束。因此,22省市平均猪肉价格10月以来这一轮小幅下跌,只是猪肉价格上行周期中的小插曲。在养殖户加快出栏增加短期供给这一恐慌性行为结束后,猪肉价格可能迎来新一轮反弹。

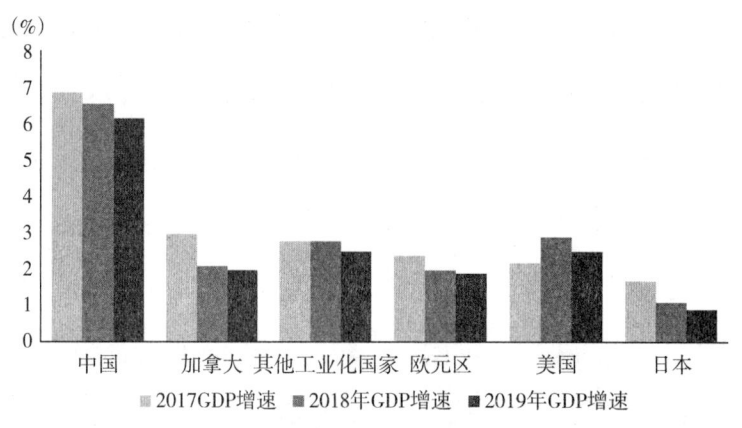

图3　IMF预计多个主要国家2019年经济增长将放缓

资料来源：国际货币基金组织、联讯证券。

（三）海外风险因素有所上升

随着中国加快资本市场的双向开放,外部冲击向国内市场的传导加快,内外联动性也在加强。比如2018年2月美股大跌后,国内市场也跟风下跌。展望2019年,可能面临的海外风险有以下三点。

第一,美联储加息次数高于市场预期。从CME利率期货和Bloomberg统计的利率预期看,市场预计2019年美联储只加息1次,而且是在12月,远低于2018年9月公布的点阵图所隐含的3次加息。虽然美联储主席鲍威尔近期在纽约经济俱乐部上的讲话市场了明显鸽派信号,但美国目前的就业市场仍然非常强劲,中美贸易冲突的不确定性、近期OPEC减产协议超预期也都可能让美国通胀预期再度升温,就业和通胀这两个美联储最为关注的指标可能让市场乐观的加息次数面临修正风险。

第二，美股进一步大幅调整。2018年美股结束了单边上行，波动明显加大，截至12月9日道琼斯工业指数年内下跌了-1.34%。笔者认为2019年美股大概率将继续调整，首先是因减税政策对利润增长的贡献趋于消失，其次是对比历史来看当前的美股是缺少安全边际的，最后是上面提到的加息节奏可能快于市场目前预期。在当前的点位上，预计美股对负面冲击继续很敏感。

第三，地缘政治和民粹主义兴起的风险。2018年地缘政治是影响国际油价的最核心因素，包括美国轰炸叙利亚、美国单方面退出伊朗核协议并恢复制裁、沙特阿拉伯深陷谋杀记者丑闻被迫在油价问题上妥协等。在2019年我们可能还会面临这样的地缘政治冲突，比如中东局势恶化、美国制裁伊朗力度加大、俄乌冲突升级等。民粹主义兴起，可能也是影响经济和市场的因素。英国脱欧仍然面临很大的不确定性，脱欧协议有被议会否决的风险。而愈演愈烈的巴黎红衫军事件，还有向其他欧洲国家扩散的风险。背后深层次的贫富差距问题，意味着解决这些问题并非一日之功，而随着冲突升级和范围扩大，也将拖累经济和冲击市场。

（安俊、李奇霖，《观察述评》第11期，2018年12月15日）

2019年中国宏观金融风险形势前瞻

即将过去的2018年在中国金融发展史上注定是极不平凡的一年,可谓形势空前严峻,情况错综复杂,在宏观管理政策和市场微观主体均多重复杂博弈背景下,金融市场已经变得高度复杂并呈现自我强化趋势,单靠一种经济或金融理论已难以准确描述总体金融风险状况。常言道大道至简,因此,有必要回归常识,回归本源,在宏观基本分析框架下对中国金融风险形势进行分析梳理。

一、对中国当前金融风险形势的总体判断

(一)中国经济基本面具备防止系统性金融风险爆发的宏观环境

当前中国经济已由高速增长阶段转向高质量发展阶段,正处在转变发展方式、优化经济结构、转换增长动力的攻关期,增长、就业、物价、环境等经济变量之间的匹配关系正在变化,外部环境也发生明

显变化，经济运行呈现出阶段性特点和新常态。展望未来一段时期，中国经济持续健康发展的有利条件仍然较多，基本面长期向好的趋势没有改变。中国经济体量较大，新型城镇化、服务业、高端制造业以及消费升级有很大的发展空间，经济韧性好、潜力足、回旋空间大的特质没有改变。近年来，经济体制改革持续推进，供给侧结构性改革阶段性成效明显，简政放权和创新驱动战略不断深化实施，过剩产能继续化解，2018年前三季度工业产能利用率为76.6%，与上年同期持平，仍处六年来高位，房地产库存下降，供求关系有所改善，适应消费升级的行业和战略性新兴产业快速发展，国际收支基本实现自主平衡，经济结构继续优化。这些经济基本面的积极变化都为防止系统性金融风险爆发提供了有利的宏观环境。

（二）中国当前仍处于金融风险敏感期，需高度关注系统性金融风险的集中和突然爆发

近年来，随着积极稳妥去杠杆和供给侧结构性改革的深入推进，中国杠杆率过快攀升的势头已得到初步遏制。国际清算银行（BIS）的数据显示[①]，中国宏观杠杆率总体趋于稳定，2018年1季度为261.2%，其中，非金融企业杠杆率自2016年2季度达到166.3%的历史阶段性高点后，呈现趋势性下降态势。虽然2018年1季度我国非金融企业杠杆率为164.1%，较上年末上升了近4个百分点，但这主要与BIS的统计方法有关，更多反映了当前严监管背景下表外资产回表进程加快，以及1季度GDP数据季节调整等因素影响，并不代表债务再次扩张以及去杠杆过

---

① 如无特别说明，本文引用的杠杆率数据均来自国际清算银行（BIS）。

程的逆转。在金融去杠杆和加强金融监管政策下,游离于正规金融监管体系之外、进行大量监管套利活动的影子银行规模明显收缩,金融体系控制内部杠杆也取得阶段性成效。新增委托贷款、信托贷托规模持续下降,2018年11月累计分别为-13855.6亿元和-6391.9亿元。与此同时,金融市场流动性合理充裕,2018年9月末,金融机构超额准备金率为1.5%,较上年同期高0.2个百分点。金融体系依然保持稳健,2018年9月,商业银行不良贷款率仍保持在1.87%的较低水平,拨备覆盖率高达191.3%。"另外,各方面的风险防范意识正在强化,刚性兑付和隐性担保的市场预期正在改变,这对防控金融风险创造了重要的心理条件。"[①]总体看,中国守住了不发生系统性风险的底线,金融风险总体可控。

但也要看到,当前和今后一个时期,风险多发易发是金融领域的突出特征。尤其是处在深刻转型期和关键跨越期的中国经济,过去经济高速增长掩盖下的一些体制性、结构性矛盾和问题正在"水落石出"、持续暴露,经济运行稳中有变,内生增长动力尚待增强,金融改革处于攻坚阶段,经济金融领域风险暴露有所增多。同时,金融创新深入推进,影子银行和互联网金融日益活跃。这些新兴金融业态在满足经济社会多层次、多样化金融需求的同时,也暴露出业务不规范、信息披露不充分、监管真空和监管套利并存等问题,潜在的风险隐患已有所暴露,金融运行进入风险敏感期、脆弱期、多发期。这也正是中央将防范化解重大风险作为三大攻坚战之首的原因所在。

---

① 刘鹤:第48届世界经济论坛年会致辞,2018年1月24日,瑞士达沃斯。

二、下一阶段风险防范的主要矛盾

国际金融危机促使国际社会更加关注金融周期变化，各国央行也认识到只关注以物价稳定等为表征的经济周期来实施宏观调控显然远远不够。目前，学界对金融周期尚无统一定义。Borio（2014）[①]在对金融危机的反思中，将金融周期定义为"风险偏好、价值、融资条件及风险判断间相互作用的过程，即繁荣-萧条轮回"。这种相互作用会放大经济波动，甚至导致严重的金融困境和经济失调。此定义表明，正确评断目前所处的金融周期阶段对有效管理风险至关重要，因为一旦周期转换，过度杠杆化所导致的资产价格上涨将带来严重的宏观经济后果。

评判金融周期最核心的两个指标是广义信贷和房地产价格，前者代表融资条件，后者反映投资者对风险的认知和态度。信贷数据指标选择广义信贷，即金融机构信贷收支表中贷款、有价证券及投资之和。我国信贷增速可划分为三个周期，以带通滤波分析为例：第一周期从1998年一季度到2005年三季度，周期约为8年；第二周期从2005年三季度到2012年二季度，这一周期约为7年；第三周期从2012年二季度开始，到2016年二季度达到波峰，目前处于波谷下降期。房地产价格指标采用国房景气指数。我国房价增速可划分为三个周期，以带通滤波分析为例：第一周期从1998年一季度到2006年四季度，周期约为8年；第二周期从2006年四季度到2014年一季度，周期约为8年；当前处于第三周期，从2014年初开始处于上行周期，2018年三季度达到波峰的拐点。

将上述两个指标合成金融周期的综合指数后，结果显示，从2016

[①] Borio, C., 2014, "The financial cycle and macroeconomics: what have we learnt?" J. Bank.Financ. 45（395）：182-198.

年二季度开始我国金融周期进入下行区间。我们采用同样的方法拟合了以GDP指标为核心的经济周期,发现从2017年一季度开始我国进入经济周期的下行区间。我国目前正处于金融周期与经济周期"双收缩阶段"。从历史经验看,在这样的阶段,资产价格上涨、信贷扩张、提高杠杆三者之间存在着自我增强的正反馈效应,而实体经济下行使得企业部门的利润不足,融资方式向"明斯基时刻"倾斜的概率加大,上述正反馈效应更为明显,对实体经济和金融稳定的冲击进一步放大。

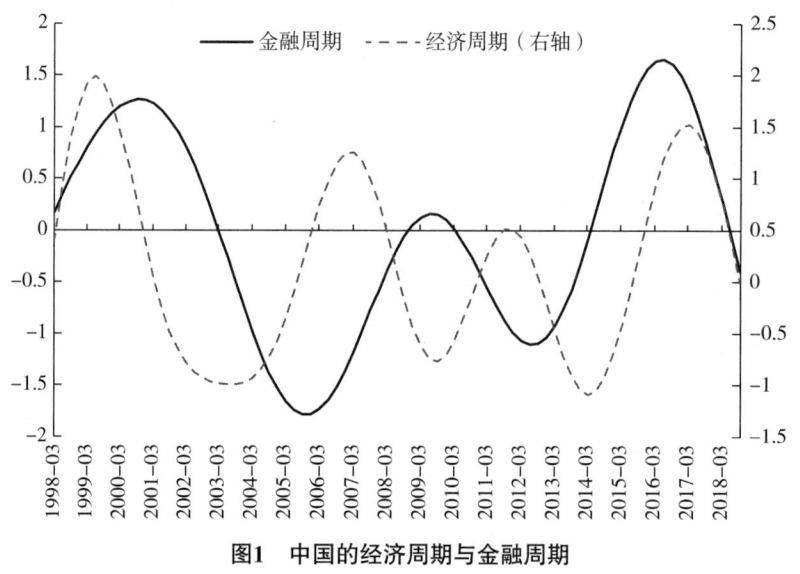

图1 中国的经济周期与金融周期

资料来源:中国人民银行研究局。

三、下一阶段金融风险防控的重点领域

(一)外部冲击风险

金融是实体经济的镜像,实体经济风险冲击是金融风险防范的永

恒主题。2018年以来，我国经济运行总体处在合理区间，但稳中趋缓迹象较为明显，前三季度GDP同比增长6.7%，较上年同期低0.2个百分点，其中一、二、三季度分别增长6.8%、6.7%和6.5%。从生产看，工业和服务业生产基本平稳。前三季度，规模以上工业增加值同比增长6.4%，比上半年低0.3个百分点。服务业生产指数同比增长7.8%，增速均比上半年回落0.2个百分点。从需求看，投资缓中趋稳，消费保持较快增长，出口增长略有加快。前三季度，固定资产投资（不含农户）同比增长5.4%，增速比上半年低0.4个百分点，比1-8月提高0.1个百分点，为2018年以来首次止跌回升。其中，房地产开发投资增长9.9%，走势基本平稳；制造业投资增长8.7%，增速比上半年高1.9个百分点，连续6个月回升；基础设施投资（不含电力）增长3.3%，比上半年低4个百分点。社会消费品零售总额累计同比增长9.2%，增速与比上半年低0.1个百分点。以人民币计价的出口金额累计同比增长6.6%，比上半年加快1.9个百分点。

中央提出当前经济形势"稳中有变"，中美贸易摩擦是主要的"变数"。从目前情况看，贸易摩擦对中国出口和增长的短期冲击相对较小，但长期影响仍值得关注。美国挑起贸易战从战略上意在阻止中国经济向产业链高端转型升级，遏制中国崛起；从技术层面，双方有达成共识的可能，竞争将是未来中美关系的主旋律。虽然这次G20峰会中美首脑会晤达成了原则共识，但随后美方发出的信号较为混乱，中美贸易摩擦和外部环境恶化的长期性、严峻性和复杂性不容低估，毕其功于一役的可能性并不大。

从短期趋势判断，中美经济金融周期分化，未来美国经济强劲复苏势头仍可能持续，美国对华贸易摩擦可能更加主动。尽管IMF据此下调了世界增长预测,但美欧日和新兴经济体仍处于合理增长区间。而且根据达拉斯联储的预测,大规模减税政策将使美国2018年GDP额外提高1.3%,对美国经济的拉升作用将至少持续到2020年。因而,美国对华贸易摩擦可能更加主动。

(二)高杠杆风险

高杠杆是宏观金融脆弱性的总根源。虽然中国杠杆率过快攀升的势头已得到初步遏制,但宏观杠杆率仍处于较高水平,潜在风险尚未得到根本消除,尤其是与劳动生产率下降的趋势相比,以下几个方面尤需重点关注:

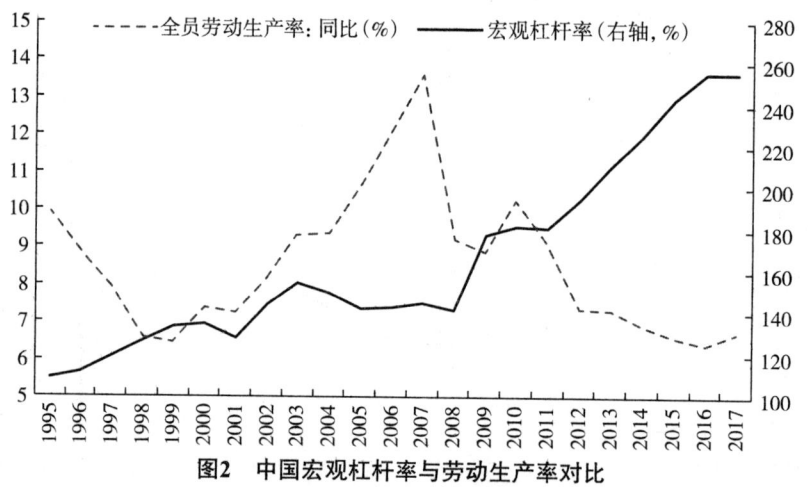

图2 中国宏观杠杆率与劳动生产率对比

资料来源:国际清算银行(BIS)、中国国家统计局、中国建设银行研究院。

1. 国有企业去杠杆并不明显

2018年10月末中国规模以上工业企业资产负债率为56.7%,为历年同期较低水平,但国有企业资产负债率仍稳定在65%左右。其中,很重要的一个因素在于地方政府融资平台债务和很多隐性债务被计入企业部门,导致政府部门杠杆率存在一定的低估,而非金融企业杠杆率则被高估。由此也说明僵尸企业和低效投资项目大量挤占金融资源，倒逼债务无效扩张，被总量问题所掩盖的结构矛盾更为突出。

2. 居民部门杠杆率虽水平相对较低，但上升速度较快

2018年第一季度居民部门杠杆率为46.8%，较上年同期上升了3.7个百分点。人民币住户贷款与存款之比自2005年初的22.84%上升至2018年10月末的67.08%。从新增人民币贷款来看，居民部门新增贷款占金融机构新增贷款比重从2008年初的17.96%上升至2018年10月末的45.2%。2008年至2017年十年间，居民部门杠杆率平均每年上涨3.5个百分点，显著高于其他国家。而且，中国居民债务主要集中于房地产领域，加大了房地产泡沫风险。

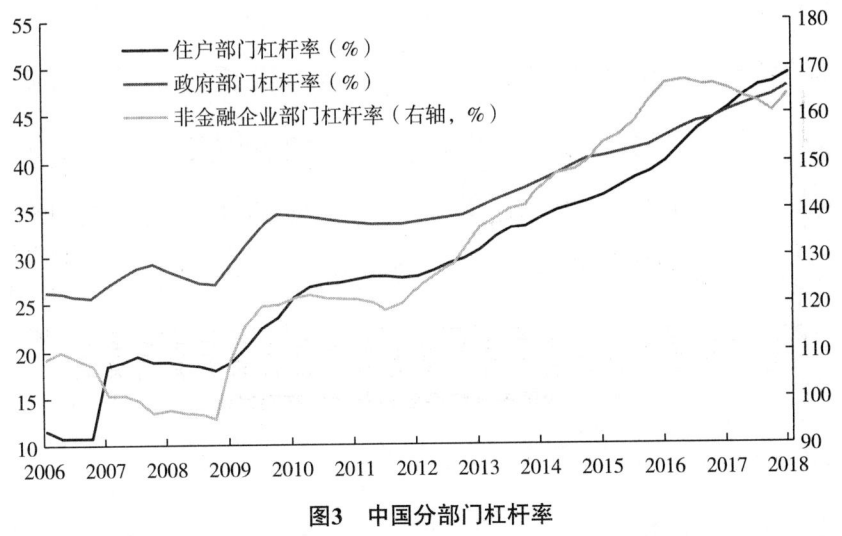

图3 中国分部门杠杆率

资料来源：国际清算银行（BIS）。

3. 地方政府性债务风险防范任务艰巨

截至2018年10月末，全国地方政府债务余额18.40万亿元。其中，一般债务10.93万亿元，专项债务7.48万亿元；政府债券18.15万亿元，非政府债券形式存量政府债务2565亿元。地方政府债务规模已得到有效控制。值得注意的是，当前个别地方违法违规举债行为时有发生，地方政府具有实际偿债责任的新型隐性债务发展较快，风险主要表现：**一是隐性债务底数不清，增长较快**。由于缺乏权威统一的认定标准，地方政府隐性债务规模仍缺乏公认清晰的数据，但近年来隐性债务规模增长较快。IMF的数据表明，2016年我国包括地方政府平台、PPP等在内的增广概念政府部门杠杆率为62%，2017年更是高达67.5%，已超过欧盟60%的警戒线，预计2023年将达到91.6%，超过国际公认的90%杠杆率阈值标准。**二是债务资金主要投向长期项目，债务期限错配风险较大**。政府债务主要投向中长期的基建项目投资，投资周期长、回报慢，很多项目在今后很长一段时期内都将没有收益，主要依赖滚动债务资金维持项目运转，借新还旧压力较大。**三是地方政府债务发行和资金使用主体不一致，难以真正打破隐性担保和过度负债冲动**。目前，全国各地方政府债务限额由国务院确定，仅由省级政府发债，但债务资金使用主要分布在市县层级。债务发行、使用和偿还主体并不一致，并未从根本上解决地方债务的激励相容问题，不同程度上存在责任不清、债务缺乏约束等问题。

（三）房地产泡沫风险

截至目前，中国房地产信贷总量仍在不断膨胀，行业信贷集中度仍在提高。2018年第三季度末，人民币房地产贷款余额37.45万亿元，占全部人民币贷款余额的比例为28.1%；前三季度增加5.21万亿元，占全部人民币新增贷款的比例为39.6%；余额同比增长20.4%，比全部人民币贷款增速高出7.2个百分点。在中国，房地产一直被作为经济增长的"支柱产业",甚至在以往的宏观调控中被作为调控工具。从这个意义上讲,在当前发展阶段,中国房地产市场已经完全满足系统重要性特征。而历史经验也反复证明,如果经济和金融发展过分倚重房地产,并听任房地产价格持续快速上涨,则其极有可能成为触发系统性风险的结构性短板,进而对国民经济持续稳定健康发展造成重大危害。

(四)影子银行业务风险

影子银行体系的过度膨胀是美国次贷危机和全球金融危机的重要教训之一。相对而言,中国影子银行的复杂程度远不及美国,影子信用中介往往只有1至2个环节的中介过程。从最终借款人获取的影子信贷规模来看,中国的影子银行信贷的规模不算特别大,2016年末狭义的直接影子信贷(包含信托贷款、委托贷款、P2P贷款)规模大约占GDP的31.9%;如加上对最终借款人的间接影子信贷,即广义影子信贷,2016年最终借款人总体影子信贷占GDP的54.8%。而根据金融稳定委员会(FSB)的最新估计,2015年全球影子信贷占GDP的比重为69%,其中英、美、日等国影子信贷占GDP估计分别为147%、82%和60%[①]。

由于市场环境不同,与发达国家金融体系比较,中国影子银行体系具有独特之处。商业银行是中国影子银行的中心,具有较强内生特质,证券化和金融市场工具只起有限作用。但各类银行表外理财业务、同业业务、交叉性金融业务等"银行的影子"迅速扩张,信息不透明、多层嵌套、风险链条长,放大了银行和金融体系的风险,致使

---

① Torsten Ehlers, Steven Kong and Feng Zhu, Mapping shadow banking in China: structure and dynamics, BIS Working Papers, No 701, 2018.

银行实际风险敞口明显低估,贷款损失拨备和核心资本充足度相对不足。究其根源,BIS报告指出,2014年底至2016年期间,结构化影子信贷中介迅速增长,规避监管成为重要的驱动因素。各微观监管部门出于本行业发展的考虑,纷纷降低监管标准进而引发"监管竞次",大量监管真空和监管套利极大地刺激了影子银行的迅速发展,而相应的金融风险则主要由"最后贷款人"的中央银行来承担,而这实际上就是行业利益和监管卸责共同驱动的结果。

概言之,下一阶段我国宏观金融风险总体形势是稳中有变、变中有忧、危中有机。风险结构有变化,风险释放有压力,风险转换有新机。因此,宏观风险管理策略也要以"稳"字当头,风险管控政策措施要稳中求进,稳重求新,稳中求活。要以更加宏阔的经济金融视野、更加宽广的时空观看待当前金融风险格局,树立信心,沉着应对,守住底线,把握机会,争取在新一轮经济成长中稳健驾驭风险,有序释放风险。

(牛慕鸿、安俊,《专题报告》第10期,2018年12月20日)

第四篇
住房金融

住房及住房有关的金融问题，是社会关注的焦点，也是建行研究院的一个重要研究方向。尤其在2017年国家提出租售同权政策之后，住房市场面临新一轮的深层次变革。如何缓解房地产市场价格压力，如何保障民生，如何保障租赁各方权益等诸多重大问题有待解决。

一般认为，房地产具有居住属性、投资属性、社会属性。《住房租赁市场的资本属性与金融治理途径》针对七八月份部分城市房租价格的上涨引发的社会关注，结合房屋属性，讨论了房租上涨原因以及治理路径。分析发现，现行做法忽略了房地产市场的资本化特征。包括租金在内的诸多问题，不仅源于其产业特性，更多的是来自其附加金融属性。用一般产业的分析和管理思路来研究和调控住房租赁市场，难免以偏概全甚至南辕北辙。我国住房市场投资规模巨大，但配置效率十分低下；存量市场的心理预期价格，对最终价格影响巨大。住房市场资本化的特征和住房租赁市场特有作用机制，就需要突破传统产业发展和管理的思维，遵循住房市场内在规律，用金融治理的方式培育和发展住房租赁市场。建议通过试点方式，选择培育规范化的市场平台；利用交易数据，建设真实透明的信息发布体系。

《住房租赁金融的经济模式探索》从社会和金融管理部门关注的焦点问题入手，分析了目前住房租赁金融的经济模式悖论，聚焦于商业银行介入住房租赁中的经济逻辑或经济模式问题，以及住房租赁金融业务的可持续发展问题。上述问题的解决方案是：金融需要回归本源，建设完善生态环境，创新经济模式，促使住房租赁金融业务从信息平台化向市场平台化、数据平台化转变。建设银行明确构建新生态的战略发展方向和集团内各机构在新生态中的定位，通过推进住房租赁市场生态的建设，将进一步提升集团住房租赁金融业务的核心竞争力，进而为集团创造丰厚的价值和收益。

《化解长租公寓发展困境的思考和建议》认为长租公寓可能会成为未来住房租赁市场的主要形式，但目前确实存在一些问题，如价格、环保等。外界对于当前问题的分析多数是在各自立场进行辩解，并没有站在市场完善的角度来考虑。回归本源，问题出现主要还是供需关系不平衡、市场制度不完善。建设银行的平台模式存在科学性、合理性、商业可持续性，能够对租金价格、市场监管发挥积极作用。同时，文章提出了"完善市场监管，加快落地各项政策保障，丰富市场主体"等具有可操作性的政策建议。

《住房租赁市场特点及建行的行动路径建议》认为长期以来住房租赁市场基本属于放任、自发的发展状态，难以短时间内形成有序、高效的市场秩序。在市场发展初期阶段，把握市场特点、顺应市场规律，对于建设银行找准住房租赁的发展模式具有重要意义。当前我国住房租赁市场的三个特点，包括国家再分配权力作用有限，市场机制发挥主要作用；需求人群结构发生变化，新生代租住需求占市场主要地位；市场参与主体逐步增多，一线城市和部分热点二线城市竞争较为充分。基于特点判断下一阶段住房租赁市场将出现以下三个趋势：租金价格在短暂管控后将恢复合理上涨趋势；集中式房源供给占比将持续上升；住房租赁企业退出风险加大。SWOT分析发现，建设银行发展住房租赁业务的五方面优势，三方面劣势和市场不规范易诱发政策恐慌等三个挑战。我们提出建设银行推进住房租赁发展的路径建议如下：公司端的行动路径建议定位上，明确为成本型住房租赁服务公司，加强宣传并长期遵循；商业银行端的行动路径建议进一步完善金融产品设计等。

德国的房价和租金始终较为稳定，租房比例也很高。从文化的角度，居民也普遍接受租住。**《德国住房制度启示》** 分析认为，这很大程度上归因于德国住房制度。文章介绍了德国住房制度十个特点，并联系我国实际提出五点建议。德国政府将住房界定为满足居住需求的消费品，采取市场经济供给房市为主导，辅助以社会福利的住房保障，确保居民对住房状态满意。政府补贴鼓励租房，并提供保障房以满足低收入家庭的住房需求。住房合作社是德国房价的稳定器，德国住房合同储蓄制度对住房市场稳定发展作用显著。在某种程度上，中国与德国有相似之处，建议加强顶层设计，启动住房制度再改革。政府制定政策要以住房消费者为服务对象，从供求关系出发解决问题。对主要租赁市场主体要提供一揽子优惠政策，以承租人权利保护为中心，重构我国住房租赁法律制度。

（宋效军）

住房租赁市场的资本属性与金融治理途径

近期,部分城市房租价格的上涨引发了社会高度关注,关于房租上涨原因以及如何治理的争论也日趋激烈,相互矛盾。不少观点只是从产业或者行业的角度分析住房租赁市场,忽略了房地产市场明显的资本化特征。实际上我国的城市住房已经是居民的重要投资资产,住房市场已经经历了连续的资本化进程。包括租金在内的诸多问题,不仅源于其产业特性,更多的是来自其附加的金融属性。用一般产业的分析和管理方法研究和调控住房租赁市场,难免以偏概全甚至南辕北辙。

一、住房市场的资本化及其特征

住房市场与资本市场通常情况下是两类不同性质的市场,但在我国,由于体制和历史原因,城市住宅除居住功能外,还被赋予了明显的投资品属性:一是住宅的保值增值功能十分明显,超越了黄金白银、股票证券,成为家庭财富配置的重要产品;二是住宅与子女教育、医疗资源、社会服务便利相关联，是居民家庭获得公共资源"溢价"收益的重要甚至唯一载体。住房的投资属性不断强化，住房市场的资本化程度就会随之提高。

如果仅从居民投资的角度来看，我国的住房市场经过资本化后已经类似于股票市场，投资人投资看重的是投资标的价格上涨产生的溢价收益，而不太在意投资对象的实际回报（租金或分红）；一级市场（增量市场）不断为二级市场（存量市场）提供交易标的，但比重逐年下降；二级市场的交易具有市场化和分散化的特点等等。这些现象说明，对投资人而言，住房市场与资本市场已经不存在明显的边界。

与一般资本市场不同的是，住房市场毕竟是一个资本化的市场，且其资本化进程具有典型的自发性色彩，缺乏系统的规划治理，这就使其形成了明显不同于资本市场的两个特征。

一是住房市场投资规模巨大，但配置效率十分低下。仅以住宅为例（不包括公寓、别墅、商业房等），1994～2017年我国住宅累计销售金额71.1万亿，销售面积140亿平方米，按2017年成交均价计算，总市值规模为106.6万亿，是股票总市值的1.88倍。

但如此庞大的一级市场交易量，在二级市场出现了明显的"漏损"，大量住宅由于种种原因而被搁置或闲置。特别是对于度假房（季节性居住）、传代房（为子女准备的未来用房）、拆迁房（拆迁补偿的多套住房）等形成的多套住房，由于特定的用途和对短期收益的"漠视"，基本上退出了二级市场（买卖或租赁）。这种状况随着居民财富的增加、棚户区改造等不断发展，最终导致二级市场的资源配置规模锐减，市场整体配置效率十分低下。

二是存量市场的心理预期价格，对最终价格影响巨大。大部分家庭在购买房屋时，受量入为出的文化影响，会仔细测算其供房能力，即使有所偏差，家族的力量（如所谓的"六个钱包"）基本上也能支撑其渡过难关。在这种情况下，只要持有人对其房屋价格的长期心理预期不变，短期的房价波动对其持有房产的意愿影响有限。价格上涨时，部分家庭出于变现的需要可能会出售其房产，但当价格下跌，预期价格不变的情况下，持有人就不会出售其房产。

存量市场的这种价格机制，决定了住房市场的总体价格最终会向二级市场的心理预期回归。存量市场的投资人越多，房产投资对货币时间价值的敏感性越低，住房市场的心理预期价格就会越稳定，政策弹性也就越低，越不会受到短期调控措施的影响。

二、住房租赁市场的地位与作用

住房市场资本化过程中形成的低效率、低弹性，是管理和发展住房市场必须解决的问题。提高住房资源配置效率，盘活存量市场，解决住房市场有效供给与有效需求之间的矛盾，将是我国住房市场发展的必经之途。

总的来看，我国住房市场的供需已经逐渐或者说基本趋于平衡，不应该出现因供给不足导致的价格上涨问题。据国家统计局测算，全国人均住房面积2016年就已经达到了40.8平方米，已超越英、德等发达国家。考虑到城市一般家庭的实际居住情况，特别是城市租房人员的个人租用面积，仅存量市场就已经保证了市场购买或租用的需要。价格之所以还会上涨，根本原因是有效供给不足。

解决有效供给不足，可以通过增加增量来解决，但由于住房增量市场受土地等客观制约且比重逐年递减，对有效供给和住房市场整体配置效率的影响不大。当存量市场配置效率下降时，增量所形成的房屋资源供给很有可能被抵消。同时，总供给的不断膨胀，如果导致总供求之间失衡，一旦达到某个临界值，还会形成巨大的系统性风险。这种状况决定了有效供给只能通过提高存量市场配置效率，通过缩小总供给与有效供给缺口的方式来解决。

在存量市场中，住房资源可以通过再交易（二手房买卖）和租赁两种方式配置。再交易方式要发挥主导作用，需要有足够规模的房屋愿意出售，这又需要满足两个条件之一：要么房价上涨超过投资人的心理预期，构成"出手"诱惑；要么房价大跌，形成可以置信的"套牢"或"亏损"威胁。前者与国家政策相背，后者在现实中出现的可能性极小。保守计算，目前全国平均有56%的住宅浮盈率超过了40%，有29%的住宅浮盈率达到了113%，加权平均浮盈率为78%。一线城市水平更高，以北京为例，有88%的住宅浮盈率达到了71%，有63%的住宅浮盈率达到了133%，加权平均浮盈率为270%。这就意味着只有当房价下跌七成以上，才有可能大面积触动主要城市房屋持有人的价格"恐惧"。考虑到房价的现实变化，存量市场有效供给的增加与房价下降，在现实中几乎不可能同时实现。要提高住房市场配置效率，最终能够依赖的只能是住房租赁市场。

与交易市场投资人复杂的预期转变、利益权衡、产品比较等决策行为相比，出租房屋的决策过程简单得多。在现实中，只要没有法律合规问题，只要不麻烦且能保护好其房屋，房屋持有人不会排斥获取租金收益。是否愿意提供出租，主要取决于出租收益和交易费用的比较，其中交易费用包括装修费用（毛坯房）、谈判费用、中介费用、税赋、维权成本（如房屋受损产生的法律费用和时间成本）等。当出租收益大于交易费用时，本着"有胜于无"的心态，房屋持有人就会愿意出租其房屋，市场可配置的资源规模就会扩大。因而，租赁市场的有效供给与租金价格、交易费用具有明显的相关性。

即使在租金水平不变甚至下降的情况下，只要交易费用下降的幅度超过租金收益下降的幅度，依然能缩小总供给和有效供给之间的缺口。由于交易费用中很大一部分可以通过制度和政策进行调控，这就为政府管理住房市场提供了另外一种可能，即政府可以通过在交易费用端发力，同时实现价格管控与有效供给增加的双重目标，提升住房市场的整体配置效率。

三、培育住房租赁市场的金融途径

住房市场资本化的特征和住房租赁市场特有作用机制，意味着要形成租金价格长期稳定的市场化机制，就需要突破传统产业发展和管理的思维，遵循住房市场内在规律，用金融治理的方式培育和发展住房租赁市场。

（一）通过试点方式，选择培育规范化的市场平台

规范、透明、高效的市场体系，是任何资本市场或类资本市场发展壮大的前提。目前，我国虽然已经形成了以专业化中介公司、房地产商、金融机构等为主体的住房租赁撮合机制和市场，但这种自发式、完全市场化的撮合体系与住房市场附加的金融属性格格不入。在缺乏政府或管理部门监管介入情况下，其规范性缺乏保障，透明度缺

乏监督，由于"麻烦"形成的交易成本无法有效下降。

从金融治理的角度看，政府应以制度保障、政策供给和行为监管的身份，介入住房租赁市场。比较有效且可行的方式是，选择3-5家现存的住房租赁平台，完善市场基础制度，引导和培育符合租赁市场发展所需要的市场平台建设。

一是在试点平台上，探索通过降低交易费用稳定租金价格、扩大有效供给的办法和方式。 可以参考其他资本市场的管理经验，在一定时期内减免税费，实行代扣代缴制度，促进"灰色"交易的合法化和租赁交易的便利化等。

二是严格规范试点平台的业务模式，有效管控相关风险。 试点平台应主要从事经纪业务（交易撮合），严格控制自营业务（转租）。经纪业务的佣金、自营业务的比例等，必须符合国家政策的指导。同时，严格控制自营业务现金流的证券化，防止租赁市场成为另类的美国次贷抵押市场或P2P市场。

三是采用金融扶持的办法，解决租赁市场发展的资金需求。 对于符合国家政策的试点平台融资需求，按照"堵歪门、开正门"的原则，由金融机构按照市场原则提供信贷支持。对符合政策导向和要求的银行贷款，给予诸如下浮定向准备金等政策支持。

（二）利用交易数据，建设真实透明的信息发布体系

及时、有效、准确的信息体系，对于任何市场的规范运作和良性发展都至关重要。

目前，我国住房租赁市场数据与指标的生成和发布体系尚处在原始阶段，国家层面发布的统计信息颗粒度较粗，难以成为交易组织者

和市场主体决策和管理的依据,中介机构根据局部信息编制的指数往往以偏概全,一些媒体为吸引眼球甚至人为编造相关数据,这些问题已经影响到租赁市场的有序发展。

现阶段可以参照金融市场信息管理的一般规则,由相关部门明确住房租赁市场信息编制和发布的规制,由试点平台根据其实际交易数据,研究编制发布多层级、结构化的指数体系,尽快完善信息基础设施体系的建设。

(尹龙、宋效军,《参阅件》第4期,2018年8月28日)

住房租赁金融的经济模式探索

住房租赁金融的发展前景及重要意义已毋庸置疑,商业银行在其中能够和应该发挥的作用也已形成共识。目前,社会和金融管理部门关注的焦点问题主要集中在商业银行介入住房租赁中的经济逻辑或经济模式问题,以及住房租赁金融业务的可持续发展问题。解决上述问题,需要回归金融本源,完善生态建设,促使住房租赁金融业务从信息平台化向市场平台化、数据平台化转变。

一、住房租赁金融的经济模式悖论

(一)特殊的业务形态需要建立新的金融服务模式

金融服务于客户资金需求的模式通常有两种,即提供**远期消费即期支持和即期消费分期偿还的资金解决方案**。住房按揭、购车贷款等属于前者,信用卡分期、消费贷等属于后者。

然而,住房租赁金融的实质是**即期消费即期偿还**,市场上通行的

"押一付三"的付租模式更是需要远期资金即期支付,如果按照传统的贷款逻辑提供支持,会引发两个悖论:**一是**如果客户的消费能力无法自行实现即期消费,银行贷款的适当性就会被质疑,即市场普遍关心的"为何连租金都付不起,银行还要提供金融支持"的问题。**二是**如果客户有能力支付当期房租,只是想用银行贷款置换出自有资金,又会引发监管部门的合规性质疑,即社会比较关注的"信贷资金是否违规流入股市、房市""是否会增加居民部门杠杆率"等问题。如果不能理顺这种逻辑悖论,仅凭帮助改善租住体验的情怀难以长期说服市场和客户,也容易受到监管部门的质疑。

(二)市场要素不健全使银行"三性"面临巨大考验

安全性上,现阶段的主要目标是培育形成规模化的住房租赁市场,由于承租人的经济能力通常不高,且本身和市场均难以提供有效的风险缓释措施,可以说银行提供金融支持本质上弱化了对第一还款来源、甚至第二还款来源的要求,与银行审慎经营原则不相符合。**流动性**上,当前银行流动性持续紧张态势,且市场上提供的住房租赁贷款期限较长,拉长了资产久期,加深了负债端和资产端的期限错配程度。同时,纯信用贷款将占用较多经济资本,进一步增加了流动性管理的难度。**效益性**上,为占领市场、吸引客户,银行提供的住房租赁贷款普遍定价低、周期长、成本高,资金回报率较低。如果银行寻求盈利,必将意味着资金成本向贷款人转移,难以成为长期可持续的发展模式。

(三)"长租即长住"理念落地需要更完善的市场机制

长期以来,租住权益难保障、长租房源紧缺、租赁信息不对称、管理不规范等是困扰住房租赁市场发展的痛点问题，导致租房只是过渡之举，而非安居选择。2017年底的中央经济工作会议要求"要发展住房租赁市场特别是长期租赁"，是住房租赁管理导向的重大转变。当前，租赁模式和金融支持工具不断创新，一定程度上缓解了长租稳定性和资金来源问题，但对于承租人而言，实质仍是"一锤子"的交易买卖，交易结束后租房再次面临痛点问题。因此，"长租即长住、长住即安家"真正落地生根，更需要的是一个更易获得、更便于交易的住房租赁市场生态，能够提供并获得长期、稳定的租住预期，从而引导百姓的居住需求从购房向租房转移，促进实现"住有所居"。

二、住房租赁金融经济模式的创新

从上述三个问题来看，仅通过提供金融支持和中介信息服务，难以理顺经济模式的内在逻辑，需要转换思路，进一步发掘住房价值和租赁市场各主体的利益诉求，构建一个新型的、闭环的市场交易生态（下称"新生态"），推动住房租赁市场健康发展。

（一）新生态的主要运作模式

住房本质上具有居住、社会福利（包括入学、户籍）和投资三大价值。过去，购房可以集中获得上述三大价值，而租房仅能够获取居住价值。随着租购同权改革的深入和房地产税的临近，租房将逐步获得同等社会福利价值，而购房的投资价值优势也在逐步缩小。从这种意义上讲，购房与租房作用更加趋同，甚至可以看作是业主向开发商购买了更加稳定的居住预期（70年产权）和随时交易的处置权。为了充分激发住房租赁市场的活力，**构建新生态的核心在于赋予并发挥租赁中住房的三大价值，通过构建一个公开、公平、公正的市场交易平台，将标准化后的租住权作为市场认可的交易资产，使其真正联通起出租方、承租方、金融机构、中介机构等多个市场交易主体**。在新生态中，出租方可以向平台出售租住权获取一揽子资金，承租方可以在平台购买租住权，获取稳定租约。同时，各方可以将租住权抵押给银行，获取贷款支持，进而有效解决租住权益保障、租赁信息对称、风险缓释等问题。运作模式主要如图1所示：

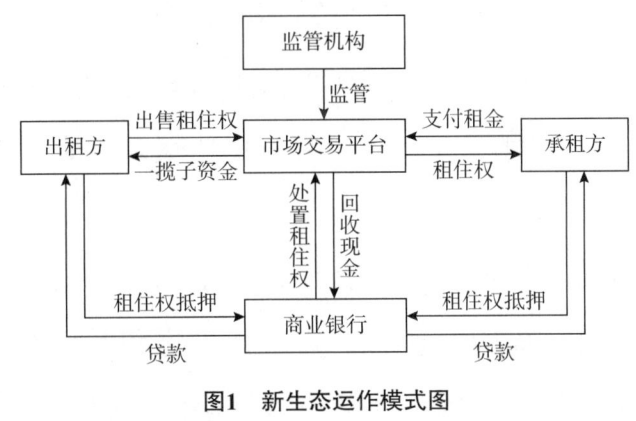

图1　新生态运作模式图

（二）新生态下各市场主体的利益分析

新生态能否顺利运转关键在于各主体的利益诉求能否在不损害交易对手利益的前提下有效获得。针对各主体利益诉求和获取的推演分析，可以得出新的经济模式能够按照较为清晰的逻辑运转。

出租人方面。根据来源不同，出租人可以划分为个人出租和机构租赁。其中，机构租赁又可以划分为房地产商自持式运营公寓（如万科泊寓、龙湖冠寓等）、改造式长租公寓（如魔方公寓等）和零散式长租公寓（如链家自如等）等模式。**对于个人和零散式长租模式而言,通过在平台出售不同期限租住权,可以一次性获得可观的收益,利益诉求容易实现。**对于自持运营和改造式长租模式而言**,由于租金回报率较低且融资成本较高,盈利性是其首要难题。据测算,入住率必须超过70%,当期现金流才能够覆盖运营成本[①]。在新生态下,一是市场平台能够大幅提升交易的流动性,显著改善入住率,提升租赁方的盈利能力;二是可以一次性获得未来现金收益,缩短了资金回收期;三是通过将租住权抵押银行,还可以获得贷款支持,有利于缓解短期面临的资金压力,进而满足机构租赁方的利益诉求。

承租人方面。承租人根据自身需求购买租住权,一是购买了稳定的居住预期;二是租住权可随时在市场平台随时交易的处置交易,具备了投资价值;三是通过市场平台购买租住权,突破了期限和地域对居住的限制,真正体现了"长租即长住 长住即安家"理念。

金融机构方面。目前,市场已经打通了四类主要的融资渠道,分别是银行信贷、公司信用类债券、资产证券化和股权融资,但除了收益权可以作为质权外,市场仍缺乏有效风险缓释措施。而且,伴随租赁项目经营不善,收益权变现能力也随之下降,难以发挥应有的风险缓释作用。基于租住权在市场平台的可交易性和易变现性,接受租住权合约作为合格押品,为市场各方提供贷款,有效解决了风险缓释问题。如果对手违约,可以将租住权在市场平台处置交易,收回部分资金,进而降低风险损失。

监管机构方面。监管机构能够从监督实际房源交易的真实性,转变为监督租住权登记的真实性和平台交易买卖行为的真实性,提升了监管的针对性和有效性。

---

① 夏磊,恒大研究院副院长兼首席房地产研究员,《租赁市场融资存在哪些风险?》。

三、推进住房租赁金融发展的建议

作为国有大行,无论是基于自身开展业务出发,回归金融的"三性"本源,还是基于社会责任,引导构建一个健康可持续的住房租赁市场,建设银行都有能力也有责任推动住房租赁市场生态的建设。

(一)明确构建新生态的战略发展方向

当前,总行党委将推进住房租赁金融发展作为全行重点战略,已经取得了重大收获,与地方政府、知名房地产企业签订合作协议,筹备成立建信住房服务公司,着力构建"CCB建融家园"平台,探索存房模式,推出特色产品"按居贷",市场作用及政府管理有机统一的住房租赁服务体系架构正逐步形成。但对于当前市场存在的管理逻辑不畅通、管理要素不健全等问题,建设银行应发挥大行担当,将推进新生态建设作为重大战略方向,**一**是研究起草新生态建设方案,提交人民银行、银监会等监管机构,从国家战略层面推进新生态建设构想的实施落地。**二**是研究设计标准化租住权合约的核心内容,建立资产特征、定价方式、交易方式等技术标准,进而建立核心竞争优势。**三**是研究设计多方参与交易平台的基础架构,提出一套科学、稳定、有效的规章制度和交易规则,为未来提供信息服务和结算、交割服务奠定基础。

(二)明确集团内各机构在新生态中的定位

一是建设银行应坚持商业银行定位,致力于为市场各方提供项目获取(购买或租赁房源等)、开发建设(开发、改造、装修等)和日常运营等全周期的资金支持，建立多层次的融资体系，满足不同类型的融资需求。同时，全力争取成为新生态运营管理的核心金融机构、市场交易资金的托管机构，在吸收大量资金沉淀的同时，能够监督资金的来源和去向，提升风险防控能力。**二是**建信住房金融公司应定位于新生态的中介服务机构。一方面全面承接"存房"业务，为房主家庭提供专业化、个性化的财富管理服务和延伸金融服务。另一方面，研究开展租住权真实性核查、评级、定价等业务，科学、客观地提供租住权标准化合约的信誉等级，并进行动态监测，为市场交易平台的有效运行提供基础支撑。

通过推进住房租赁市场生态的建设，将进一步提升集团住房租赁金融业务的核心竞争力，进而为集团创造丰厚的价值和收益。

（蒋帅，《专题报告》第2期，2018年5月3日）

化解长租公寓发展困境的思考和建议

市场对长租公寓模式进行了积极探索，但价格、环保等问题不断暴露。外界对于这些问题的分析也有各自的立场和判断，但从市场建设出发，如何实现平稳发展，仍需深入研究。长租公寓可能会成为未来住房租赁市场的主要模式。

一、主要问题

长租公寓模式是对房屋进行统一的、标准化运营管理，符合市场规范化发展趋势和要求。未来，长租公寓或将会成为我国租赁市场标杆模式，引导整个租房市场的发展，尤其在住房的价格形成和租赁规范方面能够发挥重要作用。我国长租市场尚处于培育阶段，业务模式、市场管理、政策制度均在建设当中，价格上涨、租赁体验差等问题确实存在。

(一)租金价格

长租公寓对原有房屋进行了更新改造和服务加成,改善了居住品质,客观上会刺激租金价格上涨。尤其分散式长租模式更为明显。但这符合提供更好居住环境的趋势和市场定价规律;再者,也主要集中在存量房屋,而非全部供给。因此,长租公寓模式本身不是租赁市场价格推高的关键因素。

根本原因还在于供给关系。一线城市存在明显的供不应求的问题。北京、上海、深圳的租赁人口占比比租赁房屋占比高15个百分点以上,与东京、香港、洛杉矶等城市明显相反(见图1)。

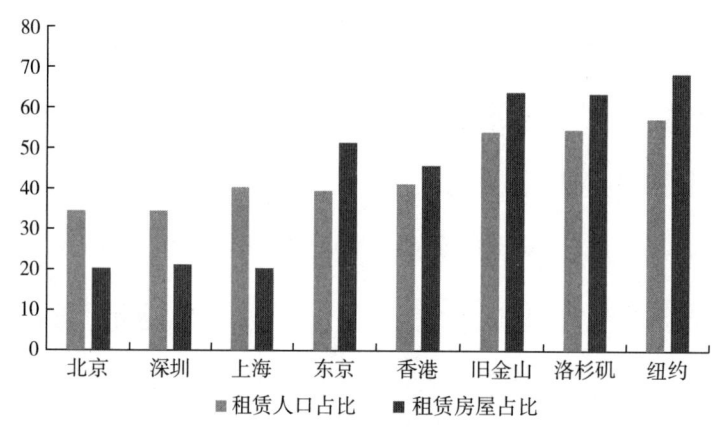

图1 租赁人口和租赁房屋占比比较

资料来源:链家研究院(2016年)。

其次是市场主体较为单一。从三季度末的市场数据看,约70%[①]的长租公寓房源集中在链家、我爱我家等中介机构。这些机构是完全的市场化经营行为,具有逐利本能。高额市场占比,容易形成垄断默契,哄抬价格。年中,也确实发现有机构为抢夺市场份额,不顾成

---

① 数据来源:链家研究院。

本，推涨租金的问题。

再次是机构经营理念尚未转变。现有的长租公寓B端（房企、中介、租赁企业等机构）均是从过去的房地产市场中转换而来，习惯于赚快钱、大钱。这与租赁市场的特点和国家定位不符。住房租赁业务资金回收周期较长，且属于民生保障，机构只能赚慢钱、小钱。在以往的经营理念驱动下，动用资本力量，推升价格，扩大利润空间等行为就自然会出现。

（二）租赁体验

从法律关系上看，机构主体相对于个人更有能力承担相应的法律责任，也更加易于监管。当前，长租公寓出现的质量保障方面问题，**主要还是归因于行业监管和规范不完善**。比如，管道维修、家具家电质量、涂料标准等方面，还未出台明细规则。在供需结构不平衡的情况下，单靠企业自律和市场机制难以解决问题。

其次是消费者权利保护困难。承租人处于弱势地位，居住体验和权利诉求难以快速反馈到监管机构，也没有明确的权利维护通道。现有的常规法律路径成本较高。维权难导致承租人租赁体验不高，也无法在终端形成有效监督，反过来也导致租赁市场环境改善缓慢。

再次是机构能力欠缺。现有长租公寓市场主体中，房产商、中介、酒店等擅长的领域各自不同，而专门的租赁企业多数也在初创阶段。市场还没有机构有能力覆盖装修改造、维护、运营管理等房屋租赁的全部环节，无法满足承租人居住的综合需求（见图2）。

	融资	房源获取	装修改造	获客	运营
房地产开发商	强	强	强	弱	弱
房地产中介	中	强	中	强	弱
酒店	中	中	强	弱	强
创业公司	弱	弱	中	弱	中

图2　各类型机构比较

资料来源：中国建设银行研究院。

二、实践经验

建设银行发挥技术和金融优势，搭建了统一的住房租赁平台，整合政府、企业、房东、租客等市场多方各个主体，形成了多方合作、共享的平台化发展模式。该模式对稳定租金和规范市场等方面均存在积极作用：

（一）平抑市场价格的作用

一是平台模式本身能有效降低成本。平台承担了中介的作用，但商业模式并不在中介业务本身，而是来源于平台积累的客户所带来的其他收益。由此可倒逼当前中介市场业务模式变革，降低交易成本。如建设银行的平台模式，盈利点在资金监管、支付结算、客户存款、理财等金融服务。同时，租客与厂商可直接衔接，装修改造、家具家电等居住成本也可大幅下降。

二是发挥价格引导作用。平台上房屋租金价格受到政府、个人、房东等多方监控，且融合了多家B端机构，有效杜绝房租价格操控或者哄抬。同时，平台集合的大量信息，可以形成具有指导意义的市场指数，积极发挥价格引导功能，实施预期管理。

三是激活市场存量。依托国有商业银行的信誉，部分市场供给可能被激活。如一些因市场不够规范而宁愿空置的房主，可能会产生房屋出租的动力。这也是通过市场手段，盘活存量，降低房屋空置率，改善供求关系，从而维护市场租金价格稳定。

（二）助力市场规范

一是平台能够提供足够的市场信息供监管所需。当前掣肘租房市场管理的一大因素就是信息严重缺失。平台模式能够为有关部门提供市场供给、需求、价格、房屋情况、房东、中介、承租人等全方位市场信息，有利于市场监管执行、精细化政策制定以及风险防范。

二是平台能够直接成为监管抓手。平台模式抓住了住房租赁交易的关键环节，同时融合了各级政府、住建厅（局）。管理部门可通过平台建立的业务流程构建监管逻辑，形成清晰政策传导和调节路径，维护市场发展。同时，建设银行平台模式还能够直接成为监管实验田，让各级部门以此为切入点，探索其他各类平台型机构的监管路径。

三、建议

平台化发展模式前景广阔，但平台作用和市场影响力仍需进一步拓展。对当前租赁市场的发展壮大，有三点建议。

（一）完善市场监管

市场培育阶段，制度形成、管理规范是重点。国家相关部门也在紧锣密鼓制定行业标准和规范。建议：一是尽快建立统一的房屋信息系统。监管依赖于对信息的掌控。平台模式提供了一种完善、有效的信息化思路，既涵盖各个市场参与主体，又能依靠商业运作快速在全国推广。二是加强监管协同。住房租赁市场涉及面广，各部门需要协同发力，涵盖租赁居住的所有环节，形成统一的市场管理体系。尤其要考虑整合监管路径，建立维权快速通道。三是实施分类管理。对B端（中介、开发商等机构）实施具有针对性的管理，细化业务范围和行为边界，明确B端责任和义务。金融部门重点防范不规范、无资质的金融服务，严格把控资金流向和用途，切实发挥"温柔的手术刀"作用。

（二）加快落地各项政策保障

在政策方面，各级政府主动落实，如加大租赁地块供给等，但覆盖范围、政策执行方面还需尽快完善。对承租人，"租售同权"政策要加快落地节奏，全面保障租户在教育、医疗等公共服务方面的权利；面向刚毕业学生、城市低收入人群提供福利性租住房屋或租房补贴等，作为民生托底保障。对出租方，房租收入税负要明确予以减免；对签订长租合同的房主，适当给予个人税收方面的优惠，进一步刺激盘活存量市场，加大租赁房源供给。对规范经营的中介或租赁企业，予以产业政策方面的优惠，释放盈利空间。对提供规范服务的金融机构，在准备金、审慎监管等方面，予以适当的优惠。

（三）丰富市场主体

按照租赁市场的特点，要培育的市场主体应当要具备专业能力，且专注于业务本身。一是拓展专门的租赁企业。大力支持专业化的租赁企业创设，弥补现有机构的专业化短板。二是拓展国有机构主体。探索打造国有性质的市场龙头企业，重点介入B端，形成市场标杆，引领市场发展，维护市场稳定。同时，也是加大市场竞争，避免垄断。三是鼓励跨界竞争。支持其他行业的机构跨界进入租赁市场，挖掘住房租赁附加值，打破现有商业模式，不断降低居住本身的成本，进一步促进住房租赁行业的发展。

（李一阳，《观察述评》第10期，2018年12月21日）

住房租赁市场特点及建行的行动路径建议

长期以来住房租赁市场基本属于放任、自发的发展状态，难以短时间内形成有序、高效的市场秩序。在市场发展初期阶段，把握市场特点、顺应市场规律，对于建设银行找准住房租赁的发展模式具有重要意义。

一、当前我国住房租赁市场的特点分析

（一）国家再分配权力作用有限，市场机制发挥主要作用

国家再分配权力与市场机制相互嵌入、共同作用是我国资源配置的特色。如在传统的住房买卖市场，个人获得住房的能力一方面取决于个人在市场获得经济资源的能力，另一方面取决于个人在再分配体制内获取权力资源的能力[①]。但在住房租赁市场发展初期，两者关系难以延用相似的套路，主要由于：**一是**供给主体以家庭和个人出租为

---

① 毛小平：《城市住房分层研究——以广州市为例》，中国社会科学出版社2017年版。

主，占比约90%[①]，出租房屋的产权私有，规模较大但分散，接受行政统一调控难度较大；**二是**需求主体通常社会阶层不高，或处于个人发展初期，收入较低，流动性较大，稳定性不足；**三是**经济回报低、投资回收期长，利润驱动不足。根据城市房产网数据[②]，2017年三季度，50个典型城市的平均租金收益率为2.6%，其中，北上广深租金收益率仅为1.4%～1.7%。因此，**政府缺乏行之有效、立竿见影的手段广泛调动供需双方，发挥作用主要以规范市场秩序和保障部分特殊群体（如高端人才）和低收入群体基本需求为主，市场调节机制发挥了主要作用。**

（二）需求人群结构发生变化，新生代租住需求占市场主要地位

租房需求主要来自流动人群。国家卫计委发布《中国流动人口发展报告2017》指出，16～59岁的劳动年龄流动人口中，"80后"比重由2011年的不足50%升至2016年的56.5%，"90后"比重由2013年的14.5%升至2016年的18.7%，两类合计占比75.2%；58同城发布《2017年高校毕业生就业及租房趋势报告》指出，2017年高校毕业生数量为795万，其中，"90后"租房人群已经占比39.9%，首超"80后"成为租房主力。**流动人群的年龄结构已发生显著变化，满足新生代的租住需求成为市场主流特征。**通过调研蛋壳公寓了解，年轻人租房特征主要有：**一是**具有长期租住需求（一般5～8年），但换房频次高，超七成用户租住半年到1年（含1年）或1年到2年（含2年）后换租；**二是**追求

[①] 中国报告网，2018年我国住房租赁行业供需现状分析。
[②] 上海易居房地产研究院：50城租金收益率研究报告，2017年10月。

舒适、安全和融入感。如，出行方面，希望交通便利、离公司近；配置方面，WiFi、空调等家电配置逐渐成为硬性需求，女性更在乎通风条件（如是否有阳台、窗台），男性更在乎饮食家具条件（如是否有厨房、冰箱）。但由于收入水平普遍不高，租住面积较小、合租成为主流选择。数据显示，近八成青年用户租房面积为10~15平方米（含15平方米）或15~20平方米（含20平方米），超七成青年租户倾向于选择与朋友合租。

（三）市场参与主体逐步增多，一线城市和部分热点二线城市竞争较为充分

截至2018年3月，全国范围内长租公寓品牌1200多家，房源规模逾200万间，主要分布在北京、上海、广州、深圳一线城市，以及南京、杭州、成都、武汉、天津、苏州等重点二线城市[①]。从性质上看，参与主体主要分为三类：**一**是传统房地产企业和中介机构，如万科泊寓、龙湖冠寓、链家自如友家等；**二**是互联网企业，如阿里巴巴、京东等。目前，支付宝已开通19个城市[②]线上租房服务，管理房源超过100万间；京东已开通8个城市[③]线上租房服务；**三**是金融机构，如银联、国有商业银行等，分别从房源供给、渠道建设和平台管理等多个领域渗透住房租赁市场，一线城市和部分热点二线城市市场竞争态势日趋激烈。

综上可以概述，当前住房租赁市场主要呈现房源供需不均衡、新

---

① 58安居客房产研究院监测。
② 北京、上海、广州、深圳、天津、杭州、南京、成都、重庆、合肥、济南、青岛、宁波、武汉、长沙、西安、郑州、苏州、厦门。
③ 北京、上海、杭州、南京、成都、重庆、武汉、苏州。

生代居住需求升级，部分重点城市市场竞争较为充分等特征。由于房源产权私有和分散，再分配权力难以有效调控市场供需关系，如果过度干预反而会造成市场过热或过冷，市场调节机制发挥了主要作用。

二、住房租赁市场趋势分析

基于特点可以判断，下一阶段住房租赁市场将出现以下三个趋势。

趋势一：租金价格在短暂管控后将恢复合理上涨趋势

前期，部分城市租金价格暴涨，多地政府约谈部分住房租赁企业，要求不得恶性竞争抢占房源、哄抬租金，对价格上涨起到了一定遏制作用，但在强管控之下，租金价格仍将恢复合理上涨趋势，主要由于：**一是**市场供需矛盾本身造成上涨压力，2018年上半年，全国一线城市租赁找房数据出现普涨，一线城市中，上海租房需求量同比增幅最大，二季度同比涨幅达70.66%[①]；**二是**出租方基于利益诉求，企业基于生存与发展需求，以及资本的投资回报要求，均存在涨价意愿；**三是**为满足租住需求升级，住房租赁企业增加的住房改造成本，将提升租金价格；**四是**地方政府增加租赁住房土地供给，将导致在同样土地开发量并有自持租赁住房开发的要求下，房地产开发企业对土地开发投资的回收期进一步变长，摊厚了租赁住房的开发成本，对租金价格上涨产生连带效应。

---

① 数据来源：58安居客房产研究院。

趋势二：集中式房源供给占比将持续上升

现阶段市场供给以分散式房源为主，各地方政府难以通过行政指令有效调动，而集中式房源主要由机构提供，容易成为调控的主要对象，短期内对市场租赁价格起到一定平衡作用，有利于激励地方政府推进集中式房源供给安排。近期各地方政府加大了租赁住宅建设用地的供给，中国指数研究院的数据显示，从2016年11月至2018年8月，各地方政府共拍卖出让了178宗含有一定比例自持的住宅用地[①]，并且将持续有大量的集体用地进入租赁市场（部分重点城市租赁住宅供给计划详见表1）。考虑到住宅开发需2-3年的建设周期，集中式房源将逐步释放到市场。但需要关注的是，集体用地多位于城市非核心区域，开发集中式租赁房源能够缓解部分低收入群体租住需求，但对于占市场主流的新生代租住需求，或没有显著吸引力。

表1　　　　部分重点城市租赁住宅供给计划情况表

序号	城市	租赁住宅供给计划
1	北京	2017~2021年，五年内供应1000公顷集体土地，用于建设集体租赁住房，平均每年供地任务量约200公顷
2	广州	到2020年，全市计划利用集体建设用地建设租赁住房面积300万平方米，每年批准建筑面积100万平方米
3	佛山	至2021年，南海区计划通过土地招拍挂、利用集体土地建设租赁住房、社会筹集等方式新增租赁住房3万多套，其中，利用集体土地建设租赁住房9000多套
4	南京	到2020年末，计划建设集体租赁住房总建筑面积30万平方米左右
5	合肥	2017年至2020年完成试点目标5000套，建设面积约45万平方米，其中，2018年完成1000套，2019年完成2000套，2020年完成2000套
6	成都	到2021年，租赁住房保有量达到151万套、13627万平方米。其中，人才公寓14万套，1019万平方米；产业园区租赁住房6万套，437万平方米；保障性租赁住房（公共租赁住房）11万套、589万平方米
7	郑州	到2020年，国有土地新建租赁住房3.8万套

信息来源：根据公开市场信息整理。12个试点城市中，杭州、沈阳、厦门、武汉、肇庆、深圳未明确发布计划。

---

① FT中文网，在中国租房如何变成一件难事。

趋势三：住房租赁企业退出风险加大

在中央倡导"租购并举"后，长租市场成为新风口，新兴住房租赁企业不断涌现，老牌住房租赁企业加速扩张，一线城市新开公寓门店增长率超35%[①]。部分企业高成本获取房源、盲目扩张，特别是部分企业定位于互联网公司，带有流量经营思维，不惜代价寻求达到市场垄断地位。但是，目前市场尚未打通金融可持续支持的通道，企业获取资本来源较为有限，通过资本运作进行持续扩张的基础并不具备。同时，当前政策中可落地的措施较少，且各部门监管尚未统一、规范，局部视角的行政指令反而会加大企业的经营风险。在前期企业高成本拿房但受到政府持续严格管控租金上涨的情况下，预计部分企业退出风险加大。近期，继杭州鼎家暴雷后，雷军旗下资本支持的寓见公寓也被爆出资金链断裂。

三、建设银行发展住房租赁业务的SWOT分析

对于不同机构，相同的市场特点和趋势也意味着不同的竞争优势和挑战，结合自身特点予以深入分析可以为明确行动路径提供参考。

优势：一是市场信用高，与政府、企业等合作基础较好；**二是**长期深耕住房市场，对房地产行业的客户基础、资金需求等了解深入，金融支持产品类别齐全；**三是**集团架构齐全，子公司能够获得稳定低廉的资金供给，有利于运营初期减少资金压力；**四是**"新一代核心系统"提供了有力的科技支撑；**五是**分支机构覆盖广泛，提供了地域上

---

① 贝壳研究院，《2018年中国住房租赁白皮书》。

的先发优势，跨区域业务联动更加便利。

劣势：一是跨界经营，可以快速发现当前住房租赁市场的痛点和弊端，但对于市场的深度理解有待提升；二是人才储备较为缺乏，子公司人员多由银行人员转换，对租赁市场制度、规则和环境了解不足，且原有租赁行业从业人员来源复杂，专业人才不足；三是成本难题尚未破解。目前集团初步形成了一套拿房成本、管理成本、租金收入与资金沉淀收益的管理模式，但公司化经营难以长久依靠集团输血，终需解决自负盈亏问题，亟须建立精细化的成本管理和运营管理机制。

挑战：一是市场不规范易诱发政策恐慌。住房租赁与民生问题关系密切，部分租赁区域（如城中村、棚户区等）又被视为社会治安管理的重点区域，任何问题都有可能引发不同监管部门的"一刀切"暂停政策，对持续经营产生重大挑战；二是客户服务能力较为不足。自如友家、蛋壳等均有管家、搬家、维修、保洁等团队，能够快速响应承租人的日常居住难题；支付宝深度融入承租人生活场景，平台房源广泛，通过芝麻信用即可评定贷款条件和贷款金额，方便、高效，这些企业通过深度挖掘自身特点，与承租人建立了深度关联，在供需两端都对建设银行的经营模式提出了较大挑战。三是税负问题加大了公司运营和合规管理难度。

机遇：当前，各地方政府对该市场都予以高度重视，如，山东印发《关于加快培育和发展住房租赁市场的实施意见》，鼓励培育机构化、规模化住房租赁企业；河北印发《深化住房制度改革工程活动方案》，要求培育和发展住房租赁市场，并选取石家庄市、廊坊市为试点城市。同时，部分新一线城市[①]和二线省会城市确有较高的流动人口和新市民的实际住房租赁需求。2011-2016年，一、二线城市常住人口持续大幅流入，年均增速分别1.5%、1.3%[②]。但很多企业由于资金压力等因素尚未进入，为建设银行业务拓展提供了良好的机遇期。

四、建设银行推进住房租赁发展的路径建议

当前，建设银行建立了母子公司联动的住房租赁业务架构，根据不同的市场定位，应明确不同的发展路径，建议如下：

（一）公司端的行动路径建议

定位上，明确为成本型住房租赁服务公司，加强宣传并长期遵循。 坚持成本型经营，即不过分追求盈利，主动让利于民，以仅覆盖经营成本的价格出租给承租人，使其能够租到质同价廉的住房，既符合政府期望，切实落实"房子是用来住的，不是用来炒的"要求，有利于获得政策支持，又可以展示建设银行的社会担当，并充分呼应承租人期待。

战略上，实行"非一线重点城市包围一线城市"的发展战略， 即业务重心以人口流动较大的新一线城市和二线省会城市为主、一线城市聚焦加强住房租赁金融服务，并深度挖掘城市特点，分别确定业务深度，利用低成本迅速获得经营经验。调研中发现，不同城市和区域的流动人口结构、竞争态势、房屋基础、思想认识不同，对住房租赁

---

① 《第一财经周刊》评定2018年15个新一线城市依次为：成都、杭州、重庆、武汉、苏州、西安、天津、南京、郑州、长沙、沈阳、青岛、宁波、东莞、无锡。

② 据来源：任泽平、熊柴、闫凯，《中国人口大流动：3000个县全景呈现》。

业务均有较大影响，如，北京租赁住房装修情况较上海较为落后；广东由于身处改革开放潮头，居民对于租房和购房具有较为开放平等的思想认识。因此，需组织各一级分行研究起草各区域内住房租赁市场基础情况报告（必要时可以借助市场调研公司力量），综合筛选出首批重点进入非一线重点城市名单。

产品供给上，以集中式房源为主，分散式房源为辅，且房间面积不宜过大。同时，以控制成本、绿色装修、温馨舒适、易于维护为原则，对房源不过度装修，以满足居住需求为重点，控制施工工期，减少空置期。注重装修品质，注意用料环保（如减少木质家具使用），以减少甲醛排放，保障租客安全，并可通过软装提升居住的温馨和舒适感。

业务模式上，以区域内住房租赁服务为主，并研究探索跨区域住房服务联动业务，利用集团优势，在长租期约定下，根据承租人工作、家庭和教育等变化情况，允许承租人跨区域用房，做到"长租即长住"。

（二）商业银行端的行动路径建议

现阶段，子公司品牌尚未成熟，以集团整体推动住房租赁业务是必要的，但银行端应坚持金融本源：

一是进一步完善金融产品设计，为企业提供覆盖项目获取（购买或租赁房源等）、开发建设（开发、改造、装修等）和日常运营等信贷支持产品和资产证券化支持产品（如REITs、ABS等）等，建立多层次的融资体系，满足不同类型的融资需求。

二是重新审视与地方政府的合作方式。现阶段，政府将以规范市场秩序为主要着力点，建设银行在与地方政府签约搭建平台的同时，可依托自身较强的资源整合能力，配合政府完善市场规则制定。调研发现，佛山分行积极协助地方住建局制定了《佛山市开展全国租赁试点加快培育和发展住房租赁市场实施方案》《关于规范佛山市国有专业化住房租赁平台的指导意见》等13份文件，既可以融入建行做法，又可以成为其他企业进入的标准，建议复制推广有关经验做法。

（蒋帅，《专题报告》第7期，2018年9月3日）

德国住房制度启示

德国经济发展稳定，房价基本维持稳定，没有出现大起大落的现象。1970~2017年间，德国名义房价指数上涨2.3倍，而同期的英国和美国名义房价指数上涨了52.8和12.5倍[①]。这在很大程度上归因于德国的住房制度。

一、德国住房制度的特点

（一）德国国情决定了住房的居住功能和社会属性

德国政府的住房政策已经成为"社会市场经济理论"的重要组成部分。在总体思路上，德国政府将住房界定为满足居住需求的消费品，采取市场经济供给房市为主导，辅助以社会福利的住房保障，确保居民对住房状态满意。在德国，住房不会成为奢侈品，因为所有公民都有权享受经济适用房。因此，住房对于德国至关重要。

---

① 任泽平："新时代新周期"的主题演讲，恒大研究院，2017-11-29。

德国房地产发展也是渐进演绎的。二战后至今经历了住房供应不足、房价飙升、租房市场混乱以及稳定发展阶段。不同时期德国政府采取了扩充住房总量、减少住房建设提高房屋质量、冻结租金、控制租金涨幅等，渐进完善的法律制度和政策调整促进德国1970年至今进入住房供需基本平衡，住房价格温和上涨、租金相对稳定，居民基本满意。可以说，德国政府在"居者有其屋"方面已做到极致。

（二）抑制投机，以满足住房需求作为房地产市场发展的根本目标

为了满足人民的住房需求，德国政府通过法律、行政与经济手段相结合的方式调节市场供求，抑制房价泡沫和房地产投机。为此，德国政府严格规定较高的首付比例，首付比例一般需要高于房屋总价的40%。若对于低收入家庭，为了有效控制风险，往往会要求其支付更高的首付比例。德国政府禁止房地产增值抵押，且抵押贷款利息不得从税基中扣除。在针对住房的税收方面，德国政府对自有自用住宅免征房产税，对出售住房征收1%~1.5%的房产土地税、3.5%的房产交易税和15%资本利得税。通过税收政策，德国政府导向人们购房自住，并切实抑制房地产投机行为。

（三）政府住房补贴中低收入者，鼓励租房并提供保障房以满足低收入家庭的住房需求

德国8025万人口，自有住房和租赁住房家庭各占一半。德国政府每年都会补贴中低收入阶层，租房补贴约占GDP的1.4%。2017年德国住房补贴大约280亿欧元，80%给了失业人口[①]。德国采用"货币补

---

① 赵建：西泽研究院。

贴"而非实物补贴,更未提供信贷优惠刺激或满足住房需求,收到了良好效果。德国政府编制详尽的房租合理价格表,房租超过合理价的20%就属于非法,超过合理价的50%就属于犯罪。在德国租赁住房率达到57%,而住房自有率仅为43%,是欧洲住房自有率最低的国家,行之有效的租房政策为无能力购房者提供了居住保障。在保障房方面,德国政府会对社会福利住房提供专门的规划用地,市场差价由政府向开发商提供补贴,并推行"社会住房"等资助政策保障低收入家庭的住房供给。德国的补贴对象包括出租人和承租人,但主要是针对承租人和低收入家庭发放住房补贴,如果承租人实际缴纳租金超过家庭可承受能力,承租人实际缴纳的租金要与家庭住房需求相结合,可承受能力的租金一般按照家庭收入的25%确定,差额部分由联邦政府和州政府各按50%共同承担;对于个人建房、住房合作社建房用于出租或企业为职工建造福利性住房的,也会给予不同程度的建房补贴。2016年,德国向63.15万个低收入家庭发放住房补贴,占到德国全部家庭的1.5%[1]。德国还对住房租赁机构投资者实行加速折旧政策;获取房产后前3年内发生的装修、现代化改造的费用可视为业务费用,减少应税额;对其他形式的建房用于出租的,可在所得税、财产税、土地转移税和交易税等方面给予优惠。

(四)住房合作社是德国房价的稳定器,德国住房合同储蓄制度对住房市场稳定发展作用显著

住房合作社是德国住房建设的主要组织形式。德国目前大约有

---

[1] 胡晨曦:《浮华里的坚守——德国经济稳定增长之谜》,西泽研究院。

2000个住房合作社,拥有360万套住房,柏林有大约80个合作社。通过合作社,住房的拥有者、使用者或拥有永久居住权的人都获得很多益处,实现了在互利共担的基础上集约改善人民居住条件。另据资料统计,德国约有三分之一的居民参与并持有CSH合约。德国的合同储蓄制度(Contract Saving Housing,CSH)即以居民的存款作为依据,确定购房贷款。顺序上为先存后贷,一般要求住户的存款额达到贷款的40%至50%后才可获得贷款,同时贷款用途仅为购建、维修和租赁住房。然而,贷款利率固定,较市场利率略低。由于对存款要求较高,因此德国居民倾向于租房。德国实行主办银行制度,银行可以向住房合作社发放低息贷款。银行选择与自身情况相适应的金融支持模式,并从金融服务角度不断产品创新。

(五)对住房建设提供有限制的融资支持

德国政府规定对用于出租的住房建设给予充足的融资支持(前提是房屋开发商按比例建造廉价房向低收入者出售或出租),并鼓励民间资本参与建设租赁住房。德国政府向住房合作社发放无息贷款,额度可占建房费用60%以上,最长期限20年。政府会向开发商提供税收减免优惠、无息贷款或低息贷款(利率最低可低于1%),以及相应的贷款担保,放款贷款年限,或给予贷款利息给予一定的补贴(年金补助,每年补贴贷款的4%,最长补贴7年)。同时,德国也鼓励民间资本进入房地产市场,增加租赁房屋的供给。2017年德国租赁住房供应的各类主体中,私人房东占约60%,私营住房租赁机构占16%,公共机构占8%,合作社和教堂占16%[①]。

---

① 罗岚:《德国房地产市场调研报告》。

（六）对住房租赁有一系列法律保障

德国一直坚持将各类租赁住房发展纳入统一的政策框架下，形成了"单一化"的统一租赁市场模式。降低租赁住房用地成本是多数国家发展住房租赁市场的普遍做法，德国政府对住房合作社建房提供价格合理的土地，对其他形式的用于租赁的建设用地减免土地税。德国法律如德国《宪法》《住宅建设法》《住房租赁法》都明确规定，保障居民住房是联邦政府首要的政策目标之一。20世纪五六十年代德国通过《住房管理法》等两部住房建设法律和一部租赁法律，既促进租赁住房建设和供应，又对租金设定进行管控。德国《住房建设法》《住房补助金法》《住房租赁法》《私人住房补助金法》分别为社会保障住房供给、中低收入者房租补贴、租赁市场的规范、私有住房供给等提供了法律保障，成为德国住房政策的"四大支柱"。尤其是1971年颁布的《住房租赁法》、2001年颁布的《住房租赁改革法案》成为确保德国庞大的租赁住房市场运转良好的制度保证。

（七）差异化安排相关基础性制度

德国住房市场基本稳定，不是靠一两部法律，而是金融、财税、土地、城镇发展、社会政策等重大基础性制度的统筹合理安排。首先从金融制度看，德国央行独立性非常大，德国从事住宅信贷的金融机构很多，2017年1.1万亿住房贷款余额中，60%来自储蓄银行、信用互助银行和建设贷款协会。住房抵押贷款别具一格，很少有人能从一家机构获得购房所需全部贷款。德国政府规定，个人住房出租不仅可以抵扣税收，还可以享受政府的福利优惠，对个人建房用于出租的免征

10年土地税，并在购买房产时免征地产购置税。其次财税制度方面，德国最早实行分税制，城市经济发展速度越快，建筑用地的土地税率越高，土地交易税属于特别流转税，地方可以根据房屋自持和投机程度提高税率，3%～5%不等，为打击炒房，汉堡达到5%。德国对自有自用第一套住宅免征房产持有税，地方州政府负责征收房产税，税率在1%～3%。第三从土地制度看，德国实行地籍管理制度，土地私有可以交易，通过土地估价委员会监测、地价信号、政府预先储备购买土地、规划法律限制和税率调节等手段，确保土地交易环节正常运行。德国的城市和小城镇发展，严格按照空间规划体系进行建设，德国有2000个以上自治市启动《21世纪议程》，将可持续发展纳入全民发展框架[①]。这些特殊、差异化、可持续的重大基础性制度安排，确保了德国住房长期稳定、居民满意。

（八）审慎监管约束银行恣意经营的高风险行为

德国货币政策相对独立，并以稳定为首要任务，很长一段时间德国央行"捍卫马克"稳定物价，统一货币后仍实行审慎的监管约束。2001年德国取消了对储蓄银行的政府担保，并严格界定银政企关系，使商业银行少了许多非市场化的干预。而政府对银行的准入也比较谨慎，这避免了德国银行业的过度竞争与信用的过度扩张，使银行信贷配置可以有效专注于风险可控且真正有前景的项目。对金融业的审慎约束和监管，使德国金融业长期以来平均回报率相对较低，于是资源就倾向于向实体经济进行配置而不是过分涌向金融业。

---

① 李伟：《房地产市场平稳健康发展的基础性制度与长效机制研究》。

(九) 完善住房租赁市场的监测监管体系

随着经济社会发展和住房需求变化,德国非常注重住房租赁市场的监测监管,并不断调整完善,以促进租赁市场平稳发展。在房屋短缺时,德国更加注重控制租金绝对值的设定,并对不同建筑年代的住房租金做出非常具体的规定。在住房供需关系平稳后,德国及时废除了较为严格的住房租金管制方式,注重将租金管控和合理成本测算结合,避免租金管控而使租赁住房供应减少。在住房供应平稳后,更加注重控制租金更新及其涨幅。

德国的住房制度实现了房价长期保持相对稳定,形成了自有住房与租赁住房相对均衡的良好格局,保障了中低收入家庭居住需求,获得居民相对满意。但是,德国住房制度亦非完美,也出现了一些问题。社会福利住房没有增加总供给反而提升了总需求,出现"懒人现象",扭曲了住房需求结构,导致"需求过度",即使社会补贴,也满足的是贫困群体中的"高收入群体"。而社会福利住房租金区域差异低年代差异大影响了承租人更新换代,大多数人留恋租金低老房子,拉低了整体租金水平,甚至引发贫困集聚区。而过于稳定的市场也忽略了新的房屋的建设,最新资料显示,德国新房需求缺口达40万套[①]。

二、几点启示与建议

住房不仅是满足部分人改善居住条件的物质手段,也是保障一国

---

① BFW e.V:《德国中型房地产行业研究报告2017》,联邦房地产住房协会。

居民实现居住权、追求美好生活的基础设施和制度工具。在某种程度上，中国与德国颇有相似之处，但是买房难、买房贵、租房难，预示着中国虚拟经济已凌驾于实体经济之上，居民财富和社会发展被房子房价绑架。住房制度和房地产业再次走到十字路口，或许已经到了再次改革的时刻。

（一）加强顶层设计，启动住房制度再改革

当前社会的关注点痛点难点包括高房价租房难、不断攀升的居民住房杠杆率以及"房价挤出消费"，需要住房制度再改革。在现有住房制度政策的基础上，我国可继续探索并发展多元化开发、多渠道补贴和多形式供给的保障性住房体系，同时需要有效规范房屋租赁市场，并加强对地方政府的窗口指导和监控，避免地方政府出于对土地财政的依赖，以及对地方GDP的信仰而放松房地产调控力度，即便面临房价下跌的阵痛。

放松调控和监管，可能会让租赁变成第二个房地产市场。住房租赁具有较强的保障、普惠性质，这就无法完全由市场来承担。政府在租赁市场中需要发挥主导作用。特别是房屋供给、市场调节方面需要大力介入。我国住房租金价格上涨是长期趋势，但是目前，政府部门应当尽快形成房租指导价格，并制定房租控制标准以及惩处措施。

（二）政府制定政策要以住房消费者为服务对象

政府应该践行"为人民服务"的宗旨，坚定住房发展的目标是让人民"住有所居"，弱势群体"有尊严的"居住，居民满意于居住环境。通过尽可能独立的住房政策，将政府对住房市场的干预控制在

合理的范围内。当前着力点应该基于保障性住房建立完善住房保障体系。

探索组建住房合作社，低端保障，高端放开，保障住房、租房补贴与市场化并行，把改善型享受型交给市场，并用土地、税收进行调节。启动综合改革，优化现行公积金制度，探索互助储蓄住房。大力发展租房市场，政府支持引导增加租赁住房供给，减免相应税收，减轻租房成本，着力培育和发展住房租赁市场。

（三）优化供给结构，增加供给，从供求关系出发解决根本问题

供需是根本。据测算2017年末中国城镇住房存量达2.74亿套，对应存量面积261亿平方米①。户均拥有住房1.13套，人均面积38平方米。从套型结构看，城镇存量住房中一居和二居室的比例达62%，而四居室及以上套型占比仅7%，套型整体偏小。从楼层结构看，尚有21%的存量住房为平房，57%的住房为2~6层楼房，而7层及以上的住房占比仅22%。从居住设施看，16%的存量住房没有厨房或卫生间，26%的住房无独立抽水/冲水卫生间设施。目前中国城镇家庭户住房自有化率80%，65%的家庭有一套住房，另外15%的家庭拥有两套及以上的住房（户均拥有3.2套）②。从长期来看，特别是要增加租赁关系紧张的特大城市供给，盘活存量，拓展增量。我国租房人群主要是青年，家庭结构简单，成员数量较少，小户型更契合其需求。

相关部门要尽快研究出台集体用地、农村宅基地入市抵押登记

---

① 中金公司研究部测算，中金公司研究报告，2018.11。
② 中金公司研究部测算，中金公司研究报告，2018.11。

制度，允许农民入股出让土地用于长租房公寓建设，降低土地财政依赖，减少建房成本，实实在在扩大有效供给。空置问题导致有限供给利用不足，并且针对交易环节的税负可以有效遏制交易冲动，但对于价格管控作用并不明显。因此，在房地产增量开发难以短期满足时，建议调整税收管控思路，着力于激活存量空置住宅，增加有效供给[①]。

（四）建议对主要租赁市场主体提供一揽子优惠政策

要在长效机制上激发市场活力，同时防止市场成本转移到租房终端，政府需要主动承担成本，提供一揽子优惠政策。对出租方，房租收入税负要予以减免，对签订长租合同的房主，建议适当给予个人税收方面的抵扣优惠；对承租人，政府要适当提供类似于租房券等福利性举措，重点面向刚毕业的学生等各类城市低收入人群；对开发商，租赁用途的土地要积极降低土地出让金，保障开发商合理的利润空间；对规范经营的中介，予以税收方面的优惠，并在业务范围方面逐步放开；对提供资金支持的金融机构，在准备金、审慎监管等方面，予以适当的优惠。

据测算2017年末中国城镇广义和狭义住房空置率分别为16.9%和12.1%，其中城区分别为14.7%和9.7%[②]，要制定政策鼓励空置商品房进入租赁市场。对于将家庭空置商品房用于出租的，免征空置税、增值税、房产税，减免个人所得税，降低流通持有成本。另外我国住房存在"城中村""农舍""无证房"等问题，存量住房中还有12%为无证房屋，实际拥有产权的住房存在短缺。无证房屋包含小产权房和

---

① 蒋帅：《住房租赁市场特点及建行的行动路径建议》，中国建设银行研究院。
② 梁红：中国国际金融公司研究部。

违建房屋,属于违法建筑。一刀切式集中拆掉违建,可能导致租金上涨,局部出现社会问题。建议差异化制定政策,允许部分城市改造"城中村"进入租赁市场,增加有效供给。

(五)建议以承租人权利保护为中心,重构我国住房租赁法律制度

全球主要国家都十分重视住房租赁立法,且与社会政治、经济、文化等变迁相适应,相关立法越来越体现社会保障、消费者权益保护等因素。在此背景下,以承租人权利保护为中心已经成为有关法律政策制定和执行的重要特征,例如增加出租人住房可居住性默示担保、减损、通知等义务,规制押金、限制合同解除权和出租人留置权、救济等规定逐步完善成型。

近年来,我国住房市场迅猛发展,但住房租赁相关法律法规囿于传统当事人平等、意思自治等民法观念,已经远不能应对我国当前住房租赁领域面临的诸多突出问题。当前,我国正在构建以租购并举为核心的住房制度体系,需从国情出发并借鉴其他国家住房租赁管理经验,以承租人权利保护为中心,重构住房租赁相关法律制度。

总之,住房问题不仅是经济问题,更是民生问题,启动新一轮住房制度改革需要解放思想,需要协同配套,需要坚持市场化和法制化。

(宋效军,《观察述评》第8期,2018年12月13日)

第五篇
金融科技

2018年11月，李克强总理在"与全球银行家国际金融机构对话"上，将新时代下的金融创新作为主要话题发表的重要讲话，与会的国际金融机构领导人均希望与中国在金融科技和创新方面进行合作。之后，中国人民银行易纲行长也多次谈到，要推动中国金融科技的发展和国际间的合作。国际货币基金组织和世界银行提出了《巴厘金融科技合作议程》，中国的积极参与推动了议程的最终形成。在这一背景下，研究金融科技、认识金融科技、发展金融科技，对于我国金融发展乃至整个社会经济的发展都具有重要意义。

从金融的角度来看，金融科技不是凭空出现的，它是在各方面条件不断酝酿并共同作用的产物，它是新时期金融又一次大规模、大范畴的进化。《金融科技：新生态下的金融变迁》从经济学的理论逻辑分析了金融行业存在的原因及其演进的过程，认为"现代金融业的发展史也就是信息技术的发展应用史，人类每一次重大的科技信息演进，都会对金融业的发展产生重要甚至革命性影响"，金融科技正在从基础层面改变着信息不对称的解决方式和方法，它将导致金融业的又一次进化。

无论是美国财政部的报告，还是国际组织负责人的讲话，都认可中国已经是金融科技快速发展的国家。2019年又将出现哪些新的、值得大家研究与讨论的金融科技趋势，《2019年中国金融科技趋势展望》基于建设银行研究院及相关机构开展的研究，从新技术、新业务和新政策展望了2019年中国金融科技的十大趋势。

《欧美大型银行金融科技股权投资》分析了欧美金融机构尤其是大型银行对金融科技公司的股权投资情况，发现美国大型银行股权投资金融科技公司呈现"多而全"的特点，欧洲大型银行投资金融科技公司偏重底层技术，欧美大型银行在技术方面都在"深耕"，都在为自身的转型和演进积蓄力量。

从国家政策层面，《美国财政部金融科技报告综述》对美国政府关于金融科技纲领性文件《一个创造经济机遇的金融体系——非银机构、金融科技与创新》进行了解读。这份文件放松了对金融科技的监管限制，致力打造适合创新的政策环境，美国各界对该文件在激烈讨论中凝聚了共识。美国已经从对现状的紧迫感提升至对产业政策的高度重视，并会对我国金融科技发展形成新的竞争压力，迫切需要在国家层面出台全局性金融科技政策。

对于近两年备受重视的人工智能问题，《金融领域人工智能研究进展》通过对金融行业的业务进行分类，研究了每一类金融业务中具体的人工智能技术现状，并认为目前金融领域人工智能的研究全面覆盖了五大金融业务类别，热点集中在金融核心业务领域，但人工智能技术应用范围仍比较有限、智能化要素水平仍较低，人工智能在未来的业务应用中具有巨大的潜力。

《全球金融科技发展现状与趋势》则分析了美国、英国、新加坡、日本和中国香港等国家和地区的金融科技发展状况，总结了我国在金融科技细分领域、重点城市金融科技的发展现状，并从金融科技监管和技术两方面探讨了金融科技的发展趋势，认为以降低合规成本、有效防范金融风险为核心的监管科技正在逐渐成为新时代金融监管体系的重要组成部分，金融基础设施将成为行业发展的核心竞争力，新一代信息技术将形成融合生态，金融科技发展会进入新阶段。

（边鹏）

金融科技：新生态下的金融变迁

金融业之所以存在，从经济学的观点来看，根本原因在于信息不对称问题。在缺乏专业化产业机构的组织下，信息不对称会导致金融领域资源配置的交易费用十分高昂，以至于很难形成有效的金融市场。因此，金融业的经济学使命就是通过解决信息不对称问题，不断降低市场交易费用，提升金融市场的有效性。

在金融机构产生之初，解决信息不对称问题的主要方式是规模化和专业化。中介类金融组织（证券公司、资产管理公司等）通过双向收集资金供需双方的财务信息、信用信息和风险信息等，实现了信息的专业化分析判断和规模化撮合，架起了资金供需双方的桥梁。银行类金融组织（商业银行、保险公司等）则在此基础上更进了一步，将专业化优势物化成存贷款产品，直接向资金供需双方提供明确标价的简单产品，解决了借款人和贷款人之间直接交易产生的期限、价格、规模、风险水平等一系列匹配问题，隔离了借款人与贷款人之间的直接风险，利用集中式专业化的资金与风险管理技术，极大地扩展了市场的宽度和深度。

随着金融业的发展，金融机构和金融市场不断完善，信息不对称问题从解决形式开始向提升效率、降低成本的方向转换。一方面金融机构创建了一系列的信用评级、贷款分类、风险量化等技术方法，力争使信息的处理更加及时、准确和高效；另一方面一直在改善信息和数据收集、储存、传递、管理的技术方式，从基础层面提高信息采集与利用的准确性、安全性和效率，金融业成为对信息技术发展最敏感的行业之一。

现代金融业的发展史也是信息技术的发展应用史，人类每一次重大的科技信息演进，都会对金融业的发展产生重要甚至革命性影响。信息加密方法的发展奠定了纸币广泛应用的基础，电报的发明促成了全球银行电子结算系统的诞生，计算机技术的应用使金融机构的数据信息处理方式从纸质化转成电算化，进而形成信息化，并通过客户数据、产品数据、风险数据等管理和处理方式的变化引领了金融机构客户管理和业务发展的一系列变革。毫无疑问，目前快速发展的大数据、云计算、区块链、人工智能等信息技术，也必然会促进金融业的进一步演化。

与过去科技只是支撑金融业务的技术工具和手段不同，当下数据信息技术的发展正在打破"业务是业务，技术是技术"的边界，业务和技术的结合诞生了"金融科技"这一新的术语和领域。金融科技从字面上很容易被理解成为金融领域的科技，或者服务于金融的科技，但实际含义并非如此。科技应用，尤其是信息科技在金融领域的应用已经有相当长的历史，如果只是将大数据、区块链、人工智能等技术简单地视为服务金融业务的工具，这些技术再新再好仍然是被应用的技术，探讨"金融科技"就失去了意义。

"金融科技"与"科技应用"根本不同点在于,"金融科技"正从基础层面改变着信息不对称的解决方式和方法,挑战金融理论的基础。如前所述,在经济学上金融业之所以有存在的必要,源于资金供需双方直接交易的模式由于信息不对称而无法形成有效市场,但在金融科技领域,互联网金融(P2P、网络保险)的出现和部分成功,就意味着在一定范围内即使没有专业化的金融机构,利用当下和未来的技术就有可能解决信息不对称的问题。同理,依托于大数据技术形成的信用评估,依托于区块链形成的分布式信息安全和自动合约,依托于人工智能形成的风险管理和自动交易等等,在一定程度上表明,部分金融业务离开传统金融机构的专业化、规模化优势,不依赖传统金融集中式的信用管理和专用网络,依然可以有效展开。"金融科技"的重点已经不是技术的简单应用问题,而是在可以预见的未来对金融理论、金融市场、金融模式形成的重要影响,由此推动的也不再是商业银行等金融机构技术水平的简单提升,"金融科技"改变的是金融机构的生态环境,导致的将是金融业的一次进化。

(黄毅,2018年7月10日)

2019年中国金融科技趋势展望

当前，以信息技术为代表的技术革命正在以金融科技的形式向金融行业渗透。经过数年的飞速发展，金融科技已经给传统金融业带来了巨大的变革，而且这些变革仍在继续，金融科技依然在持续而深远地影响着整个金融行业。2019年又将出现哪些新的、值得大家研究与讨论的金融科技趋势，我们对其进行分析及展望。

趋势一：知识图谱技术获得广泛应用

知识图谱是指用来显示知识发展进程与结构关系的一系列图形，通过使用数学、图形学、信息科学等技术手段以可视化的形式展示不同个体、变量之间的关系[①]。经过多年的探索，知识图谱已经成为金融科技的重要组成部分之一，目前被大量应用于反欺诈、反洗钱等领域中。随着知识图谱技术的进一步发展，该技术将会被更广泛地应用于金融行业中。例如，知识图谱可以用于风险分析和预测，将目标企

---

① Pujara J, Miao H, Getoor L, et. al. Knowledge Graph Identification. International Semantic Web Conference, 2013.

业或目标客户的业务往来、社会关系、资金往来进行梳理，从中发现潜在的风险节点加并以防范；通过对目标群体的商业关系进行分析，也能挖掘出客户的潜在需求，拓展业务范围，增强客户黏性。目前，招商银行、柳州银行、兰州银行等金融机构已经开始搭建知识图谱平台，通过知识图谱技术防控风险、挖掘潜在客户。预计在2019年，应用知识图谱技术的金融机构数量将会大幅增加，其业务范围也将大大拓展，知识图谱在整个金融行业的多个业务中将获得广泛应用。

趋势二：差分隐私等新技术将被引入到消费者隐私保护中

在技术引领的金融变革中，数据是核心驱动力，而保护数据的隐私又是利用好数据的前提。在数据隐私保护技术经历了以限制发布为技术手段阶段、以数据加密为技术手段阶段后，如今演进至以数据失真为技术手段的阶段，而差分隐私（Differential Privacy）正是这种基于数据失真的隐私保护技术[①]。差分隐私的基本思想是对原始数据进行转换或者对统计结果添加噪音来达到隐私保护效果，使得隐私保护后的数据使用者只能够知道数据的统计信息，而无法获取原始数据中个体的隐私[②]。预计在2019年，差分隐私等数据保护技术将会更多地应用于金融科技的数据隐私保护中；在依法加强隐私保护的前提下，金融数据的范围边界和使用方式将更加明确，各金融机构将稳步推动数据资源开放和共享，打通数据孤岛，更好地服务消费者与实体经济。

---

① 张啸剑，孟小峰："面向数据发布和分析的差分隐私保护"，载于《计算机学报》，2014-04。
② 鲜征征，李启良："差分隐私保护在推荐系统中的应用研究"，载于《计算机应用研究》，2016-05。

趋势三：智能助手将助力普惠金融

在金融领域之外，智能助手已经发展多年，比如苹果公司的Siri、微软公司的小冰等，为用户带来了极大的便利；而随着金融科技的进一步发展，尤其是人工智能技术的进步，一些金融智能助手将会不断涌现。该类智能助手可以通过结合语音识别、自然语言处理、图像处理、模拟问答等技术模拟人工客服，了解、收集客户需求，推荐或提供相应的金融服务，也可以对用户进行指导，帮助其尽快完成复杂的业务流程。相比于其他金融科技产品，金融智能助手大大降低了客户使用金融服务的门槛。例如，模拟人工客服能使一些中老年人快速上手金融服务业务流程；此外，针对失聪用户侧重图像引导、对于盲人用户侧重语音指导等，让传统金融覆盖不到的人群也能够享受到金融服务。预计在2019年，金融领域的智能助手将更加普及，助力普惠金融的发展。

趋势四：区块链中的联盟链逐渐"脱链"

同其他金融科技技术相比，区块链技术发展时间较短，尚处在探索尝试阶段，各大金融机构或是科技企业仍在摸索适合的商业模式。在过去的2018年期间，多家大型商业银行组建了以自己为中心的区块链联盟，在联盟内部开展区块链技术应用实验。然而此种做法与区块链的去中心化思想存在一定的偏差，预计在2019年，一些企业将开始尝试联盟链"脱链"，回归区块链的去中心化本质。"脱链"并非区块真的脱离所在链条，而其思路类似于银行支票的使用，"脱链"的区块背后拥有一定的来自某个金融机构的背书，区块中记录如银行对客户身份的认证信息，这样，该区块将不仅能得到联盟内部的认可，也能受到非联盟成员的信任。这种"脱链"的方式试图打造一个更加开放的、互信的金融信息共享平台，打通不同银行或金融机构间的数据孤岛。

趋势五：5G的部署有望动摇App在金融服务形式上的强势地位

近些年来，移动通信带宽不断增强、速率稳步提升，第五代移动通信技术（5G）的部署与商用，能够提供近百倍于4G的峰值速率，连接能力将增强至百亿级，带来海量的机器类通信及连接的深度融合[①]。高速的移动互联网使得金融领域中的软件云化趋势更加明显，即以手机为代表的移动终端无须再安装纷繁复杂的金融类App，用户只需利用手机端的浏览器通过高速的网络即可享受到云端的金融服务，使得金融服务线上渠道在手机端与网页端的现有格局有望被打破，金融服务线上渠道从手机App回归网页端。从金融机构的角度来讲，金融服务线上渠道的回归更易于用户的导流。此外，高速的网络使得金融服务从文字、图片指引快速向视频指引发展，更有利于提升用户的使用体验。

趋势六：金融智能化向中后台业务渗透

随着金融科技的迅猛发展，技术对金融行业的改造愈加广泛

---

① 新浪科技："阿里巴巴达摩院发布2019十大科技趋势"，https://tech.sina.com.cn/roll/2019-01-03/doc-ihqhqcis2455634.shtml。

和深入，越来越多的新技术被应用于金融业务中来，所辐射的业务范围也更加多元，逐渐从金融业务的前台拓展到中后台。例如，人工智能和大数据技术使得风险管控更加智能和有效；RPA（Robotic Process Automation，机器人流程自动化）、OCR（Optical Character Recognition，光学字符识别）、图像识别等技术的应用将协助实现纸质文件数字化和业务流程的线上化，金融业中后台对账、录入等业务受到巨大影响，不会疲劳、准确度极高的机器有望取代部分金融机构或银行工作人员，在节约人工成本的同时提升中后台业务处理效率。目前，四大会计师事务所德勤、普华永道、安永、毕马威相继上线财务机器人解决方案，该方案可以代替部分财务流程中的人工操作，对各种财务流程进行一定的自动化监控，实现了中后台业务的效率提升，降低了人工成本[①]。根据中国建设银行研究院的研究，预计在2019年，中后台业务中将引入更多的智能化技术手段。

趋势七：金融类App呈现"走出去"与"引进来"趋势

"走出去"是指随着商业银行资管业务独立性增加，会出现一批来自商业银行的专攻理财、资管的金融类App，它们的出现，会大大加剧理财市场的竞争；"引进来"是指部分原本商业银行的业务会被引入其理财子公司以增强其竞争力与盈利能力，这将会使来自商业银行的资管类业务不断拓展，为客户提供更多元化的金融服务。2018年4月，中国人民银行、中国银行保险监督管理委员会、中国证券监督管理委员会、国家外汇管理局四部委联合发布了《关于规范金融机构资

---

① 余应敏，王彩淋："财务机器人对会计行业的影响及其应对策略"，载于《会计之友》，2018-01。

产管理业务的指导意见》（即"资管新规"），对金融机构资产管理业务提出了新的、更严格的要求。为适应新的监管模式与监管要求，多家商业银行成立全资理财子公司，采取与以往不同的经营方式，相应地也会对金融科技的应用模式产生影响。金融类App将会呈现"走出去"与"引进来"趋势。

趋势八：非零售型金融业务应用将是金融科技的蓝海

金融科技最早的战场在金融业务的零售端，以阿里、腾讯为代表的互联网巨头通过移动互联网、大数据等技术切入个人金融业务领域，与传统金融机构尤其是商业银行进行竞争。经过几年的发展，零售端业务金融科技的应用已成为红海，市场已被各互联网企业或金融机构瓜分。而金融行业非零售业务中金融科技应用相对较少，是金融科技未来发展的蓝海。预计在2019年，一些具有市场敏锐度的金融机构将会加大非零售领域金融科技发展投入，积极拓展以大数据、云计算、人工智能等为代表的金融科技技术在非零售业务中的应用，如投资银行、供应链金融、中后台运营等领域。

中国建设银行研究院与国务院发展研究中心金融研究所共同开展的"全球系统重要性银行金融科技活跃度评估指数"课题研究结果显示，金融科技存在一定跨界竞争的趋势，例如摩根大通、高盛等原本专注在对公业务、特别是投行业务的银行，其金融科技活跃度也较高。这种跨界竞争势头可能来自非零售型银行的后发优势，由于历史原因，它们自身物理渠道较少，直接采用新技术手段服务零售客户，能以更低成本获得更有价值客户。这种低成本高收益的机遇也会反过来刺激觉醒的大型传统银行返身投入到金融科技非零售业务大潮中[①]。

趋势九：金融机构在金融科技方面的投入比例将持续攀升

在金融科技的发展浪潮中，金融机构尤其是商业银行面临新的挑战，为应对来自互联网公司的挑战，提高自身核心竞争力，金融机构将会加强在金融科技领域的资金投入和人才建设。例如，招商银行和中国银行宣布将会确保每年对科技创新的投入不少于上年度集团营业收入的1%，分别约为22亿元和48亿元。但是，国内商业银行同美国商业银行相比，在金融科技的投入方面仍存在一定差距。2017年，美国银行业巨头摩根大通在金融科技领域的投入约为95亿美元，占其利润的三分之一，而2018年金融科技领域的资金投入约为105亿美元[②]。预计在2019年，国内金融机构强化金融科技投入势头不仅会继续保持，而且会出现加速的趋势。

趋势十：模型可解释性将成为金融机构与监管机构共同关注的热点

德国联邦金融监管局（BaFin）在2018年7月发布报告《当大数据遇上人工智能——金融监管面临的挑战与启示》（《Big Data Meets Artificial Intelligence – Challenges and Implications for the Supervision and

---

① 中国建设银行研究院，国务院发展研究中心金融研究所：《金融科技研究与评估2018——全球系统重要性银行金融科技指数，中国发展出版社2018年版。
② 洪偌馨："1%与20%，中外银行业金融科技投入的真实差距"，http://finance.sina.com.cn/zl/bank/2018-12-20/zl-ihmutuee1160569.shtml?source=cj&dv=2。

Regulation of Financial Services》）[①]，其中认为模型可解释将是机器学习应用在金融领域的"拦路虎"。对于监管机构而言，模型可解释的好处有两点，一是模型可解释可以更好地对消费者权益进行保护，即实现"一碗水端平"，有助于去除模型设计时的"歧视性"因子，实现普惠金融；二是模型可解释可以防止"模型共振"，即各个金融机构都基于相似的背景知识设计相似的模型，导致模型的输出结果也大多相同，发生共振，进而有可能引发系统性金融风险。对于金融机构自身而言，模型可解释也使得金融机构更容易满足监管机构的合规要求，使模型更为有效，也可以保护金融机构的从业者。当前，美国国防预先研究计划局（DARPA）正在开展"可解释人工智能"计划（XAI），以此探索对人工智能模型进行解释的技术。按照DARPA的设想，XAI的目标是"产生更多可解释的模型，同时保持高水平的学习表现（预测准确性），使人类用户理解、信任和有效地管理新一代人工智能合作伙伴"。欧盟的全球数据保护法规（GDPR）也要求科技企业对其所使用的人工智能模型的工作方式对用户做出解释。尽管中国的监管机构暂未明确要求金融机构在使用金融科技技术拓展客户渠道、升级业务模式、提升服务体验时所使用的模型需要可解释，但模型可解释性将成为金融机构与监管机构在2019年共同关注的热点。

（边鹏，《观察述评》第13期，2019年1月10日）

[①] BaFin. "Big Data Meets Artificial Intelligence – Challenges and Implications for the Supervision and Regulation of Financial Services", https://www.bafin.de/SharedDocs/Veroeffentlichungen/EN/Meldung/2018/meldung_180716_kon_bericht_zur_bdai_studie_en.html.

欧美大型银行金融科技股权投资

欧美金融机构尤其是大型银行的金融科技应用起步较早，除自主研发投入外，还对金融科技公司进行股权投资。"他山之石，可以攻玉。"欧美大型银行对金融科技公司的投资情况，对建设银行金融科技发展具有一定参考价值。

一、股权投资基本情况

从2012年1月至2018年6月，美国资产排名前十大银行[①]共参与了101次59家金融科技公司的股权交易，累计交易金额约41亿美元。欧洲资产排名前十三大银行[②]共参与了58次33家金融科技公司的投资，累计交易金额约26亿美元。

欧美大型银行投资的金融科技公司分两大类，一类侧重金融业务管理，包括：支付类、个人消费和现金贷款类、个人金融账户管理

[①] 属地在加拿大的银行与美国的银行一并统计。
[②] 欧洲其他银行没有对金融科技公司的股权投资记录，故没有纳入统计范围。

类、个人财富管理类、保险销售类、房地产投资类、供应链咨询类和合规管理类。另一类侧重底层技术,包括:金融基础设施和软件服务类、区块链技术服务类和大数据分析类。

美国大型银行投资的59家金融科技公司中,业务管理类36家,底层技术类23家,分别占61%和39%。业务管理类中:支付类占33%、个人消费和现金贷款类占22%、个人金融账户管理类占11%、合规管理类占11%、个人财富管理类占8%、保险销售类占6%、房地产投资类占6%、供应链咨询类占3%。底层技术类中,金融基础设施和软件服务类公司数量最多,共10家占43%,大数据分析类占31%、区块链技术服务类占26%。

表1　　　　美国大型银行投资金融科技公司类别及数量

类别		占比(%)		数量(家)	
大类	子类	大类	子类	大类	子类
业务管理类	支付类	61%	33%	36	12
	个人消费和现金贷款类		22%		8
	个人金融账户管理类		11%		4
	合规管理类		11%		4
	个人财富管理类		8%		3
	保险销售类		6%		2
	房地产投资类		6%		2
	供应链咨询类		3%		1
底层技术类	金融基础设施和软件服务类	39%	43%	23	10
	大数据分析类		31%		7
	区块链技术服务类		26%		6

资料来源:CB Insights数据库、各银行年报。

欧洲大型银行投资的33家金融科技公司中,业务管理类21

家，底层技术类12家，分别占64%和36%。业务管理类中：支付类占33%、个人消费和现金贷款类占19%、个人金融账户管理类占19%、合规管理类占19%、个人财富管理类占10%。底层技术类中，金融基础设施和软件服务类公司数量最多，共6家占50%，区块链技术服务类占33%、大数据分析类占17%。

表2　　欧洲大型银行投资金融科技公司类别及数量

类别		占比（%）		数量（家）	
大类	子类	大类	子类	大类	子类
业务管理类	支付类	64%	33%	21	7
	个人消费和现金贷款类		19%		4
	个人金融账户管理类		19%		4
	合规管理类		19%		4
	个人财富管理类		10%		2
底层技术类	金融基础设施和软件服务类	36%	50%	12	6
	区块链技术服务类		33%		4
	大数据分析类		17%		2

资料来源：CB Insights数据库、各银行年报。

二、股权投资的特点

（一）美国大型银行股权投资金融科技公司呈现"多而全"

美国大型银行对金融科技公司的股权投资集中度[①]较高的类型包括支付类、金融基础设施和软件服务类、区块链技术服务类和大数据分析类。其中，除摩根士丹利外各家银行均对支付类和区块链技术服

[①] 集中度定义为投资相同类别金融科技公司的银行数量。投资同一个类别的银行数量越多，说明对该类别越重视，其集中程度就越高。

务类的公司有所投入。投资金融科技公司数量最多的是高盛和花旗银行，分别投资了27家和26家，可谓"又多又全"。高盛的投资覆盖了全部类型，花旗银行投资了除保险销售类、房地产投资类和供应链咨询类之外的全部类型。摩根大通和摩根士丹利位列第三和第四，分别投资了14家和10家，覆盖了大多数类型的金融科技公司。相比之下，富国银行和美国银行则多集中在底层技术类的公司，覆盖了其中的全部子类型。

（二）欧洲大型银行投资金融科技公司偏重底层技术，加强合规趋势明显

欧洲大型银行的金融科技投资数量和集中程度不及美国大型银行。但与美国类似，底层技术类被投资的集中程度更高，其中区块链技术服务类的集中度最高，除法国农业信贷银行外的12家银行均有投资行为。金融基础设施和软件服务类、合规管理类的投资也较多，反映出欧洲监管机构对银行业信息技术监管要求的提升。

三、几点启示

第一，欧美大型银行投资的金融科技公司中，业务管理类公司在数量上多于底层技术类，体现出业务应用比底层技术具有更多场景应用性和灵活性。但在投资集中度上更倾向于底层技术类公司，反映出欧美大型银行在技术方面正在"深耕"，主要的着力点在金融基础设施和软件服务、区块链技术服务、大数据分析和合规管理四个方面。

第二，业务管理类的公司中大部分是服务个人客户，体现出欧美

大型银行对金融科技提升零售业务效能的认可。

第三,对建设银行发展金融科技的启示。借鉴欧美大型银行股权投资的经验,建设银行在推动金融科技发展方面,需要特别关注两点:

一是核心底层技术是当代大型银行安身立命的根基之一,一定要牢牢掌握在自己手中。通过战略投资领先的金融科技公司实现优势互补,掌握前沿技术的发展和应用趋势。二是契合建设银行三大战略发展方向,促进底层技术与建设银行特色的金融业务场景深度融合,借助金融科技提升住房租赁和普惠金融的服务水平。

(赵熙,《观察述评》第4期,2018年8月13日)

美国财政部金融科技报告综述

2018年7月31日,美国财政部发表金融科技最新专题报告《一个创造经济机遇的金融体系——非银机构、金融科技与创新》(《A Financial System That Creates Economic Opportunities – Nonbank Financials, Fintech, and Innovation》)[①],这是目前为止美国政府关于金融科技最新纲领性文件。这份文件放松了对金融科技的监管限制,致力打造适合创新的政策环境,美国各界对该文件在激烈讨论中凝聚共识,我们认为美国已经从对现状的紧迫感提升至对产业政策的高度重视,对我国金融科技发展形成新的竞争压力,迫切需要在国家层面出台全局性金融科技政策。

一、报告出台背景

美国总统特朗普于2017年2月3日(特朗普上任执政第15天)颁布

---

① U.S. DEPARTMENT OF THE TREASURY, "Treasury Releases Report on Nonbank Financials, Fintech, and Innovation", https://home.treasury.gov/news/press-releases/sm447.

第13772号总统行政令——《规范美国金融系统的核心准则》（《Core Principles for Regulating the United States Financial System》），是美国政府到目前为止唯一一份金融领域的总统行政令，目标是修正2010年7月时任总统奥巴马颁布的金融监管改革法案《多德–弗兰克法案》（《Dodd–Frank Wall Street Reform and Consumer Protection Act》）。

这份金融科技专题报告就是美国财政部（The U.S. Department of the Treasury）对特朗普13772号行政令做出的四份正式反馈报告中的最后一份。

二、报告的主要内容

报告内容主要由四部分构成：积极鼓励数字化、数据与科技；调整监管框架以促进创新；更新特定活动规范条例；创建政策实施环境。

（一）积极鼓励数字化、数据与科技

1. 放松金融领域数字化应用限制

财政部建议国会和联邦通信委员会（Federal Communications Commission，FCC）更新电话消费者保护法（Telephone Consumer Protection Act，TCPA）和公平债务催收法（Fair Debt Collection Practices Act，FDCPA）中的条款，使得金融机构可以使用自动电话对客户进行通知，并且在债务催收时可以使用数字化通信手段。

2. 缩小数字鸿沟

财政部建议加强农村宽带基础设施建设，减轻由于基础设施不足导致人们无法使用数字化产品而造成的城乡分化问题。

3. 增强用户数据安全

一方面，增强用户账户安全。财政部建议采用银行提供的API接口使得用户能够跨过金融科技公司直接登录银行信息系统，而银行只为金融科技公司提供用户的财务数据而不提供用户的登录凭证；另一方面，增强财务数据安全。财政部建议国会制定全国范围统一的联邦数据安全和违规通知法，以保护用户财务数据，并及时向用户通报数据泄露情况。

4. 构建数字身份系统

财政部建议金融监管机构及管理预算办公室（Office of Management and Budget）加强同开发数字身份产品的私人部门之间的合作，更多采用值得信赖的数字身份产品和服务，并支持在全国范围内全面实施数字身份系统。

5. 使用云计算技术并关注机器学习与人工智能的应用

财政部建议金融监管机构对监管政策进行修改调整，以寻求促进金融机构在美国现有监管框架内更好地使用云计算技术，并支持对云计算技术应用有利的潜在政策。鼓励私营企业制定适合美国的标准以解决云计算技术的潜在风险。在机器学习与人工智能方面，尽管财政部列举了机器学习与人工智能应用的大量好处，政府也经常参加相关会议，但没有给出实际的监管调整建议。

（二）调整监管框架以促进创新

1. 协调各州金融科技相关法律

财政部支持采用示范法（Model Law）与全国多州许可制度（Nationwide Multistate Licensing System）协调各州金融科技相关法律，以有效减少各州法律法规之间不必要的不一致性，从而实现更高水平的协调，促进金融科技公司的发展。

2. 批准OCC发放特殊目的国民银行牌照

财政部批准货币监理署（The Office of the Comptroller of the Currency，OCC）考虑金融科技公司的特殊目的国民银行牌照（Special Purpose National Bank Charters）的申请。

3. 协调银行-非银行合作伙伴关系

财政部建议银行监管机构应因地制宜地给出有关银行与非银行公司合作的监管指导意见，强调改进目前有关银行与非银行公司合作的监管指导意见的适用范围，以提高监管效率；以安全和审慎的方式实现创新。

（三）更新特定活动规范条例

1. 制定即生效原则和真实贷方原则

财政部建议国会遵循制定即生效原则（valid when made）和真实贷

方原则（银行才是真正的贷款人）制定相关法律，确立银行的贷款人地位不受银行与第三方公司（包括金融科技公司）之间的合作伙伴关系的影响。

2. 电子抵押票据

财政部建议联邦住宅贷款银行（The Federal Home Loan Bank，FHLB）接受电子抵押票据。目前，FHLB的主要业务是为支持抵押贷款活动的成员机构提供担保预付款，而FHLB不接受电子抵押票据作为其成员机构获得预付款的合格抵押品。

3. 电子和远程在线公证

财政部建议国会为电子和远程在线公证立法，制定统一的国家标准，促进贷款与财产数字化。

4. 新的信用模型

财政部建议银行和非银行的金融机构建立新的信用模型，利用更多源的数据评估信用。同时，监管机构应调整自身的监管政策以适应时代的变化，便于银行和非银行的金融机构对新的信用模型进行测试。

5. 用户数据保护

财政部建议联邦贸易委员会（Federal Trade Commission，FTC）和其他相关监管机构采取必要措施保护信用报告机构持有的用户数据，并评估国会是否需要在该领域进一步授权。

6. 支付监管

财政部建议美联储牵头组织快速支付系统建立工作组与安全支付工作组（Secure Payments Task Force），以持续提高支付过程的安全性。此外，财政部考虑修改准则E（Regulation E，规定了网上支付的规范），以进一步增加电子支付的灵活性。

（四）创建政策实施环境

1. 监管沙箱（Regulatory Sandbox）

财政部建议联邦和州的金融监管机构参考英国与新加坡的监管沙箱实例建立一个统一的监管沙箱系统，以便为创新的金融产品、服务与流程提供有针对性的宽松监管环境与试验平台。

2. 技术研究项目

财政部建议国会立法授权金融监管机构与私人部门进行概念验证技术（proof-of-concept technology）的研究与开发。

3. 多方合作

财政部建议金融监管机构在行业内进行多方合作，建立与用户的连接点。同时关注国际和国内的金融市场，以促进对其他国家金融科技技术的了解，并及时与合适的国家达成合作协议。

4. 向国外学习并追求创新

财政部指出在金融科技数据监管和商业模式上应向包括中国在

内的多个国家学习，同时应当对新兴技术保持持续关注，不断追求创新。

三、美国有关方面的反应

（一）各界共识——监管应为金融科技让路（back off）

美国各界普遍赞同当前的监管制度过于复杂与严格，且存在一定的不确定性，支持监管应为金融科技让路（back off）的观点。霍根·洛夫尔斯华盛顿律师事务所（Washington law firm of Hogan Lovells）的金融服务监管律师Ashley Hutto-Schultz先生认为："目前美国的监管结构让创新变得困难，例如，拥有新技术、想在全国范围内推出产品的金融科技公司必须在州一级分析风险及敞口。如果他们受州法律的约束，他们还必须建立相应的合规管理系统，以跟踪关于州法律和法规变化的最新情况。"[1]换句话说，美国由50个不同的州组成，有50个不同的监管要求，这使得金融科技公司很难在美国各地进行创新。与此同时，当财政部试图制定鼓励金融科技创新的法律时，他们被指控超越了联邦政府的界限，侵犯了各州监管地方企业的权力[2]。

---

[1] Lucas Mearian, "U.S. Treasury: Regulators should back off FinTech, allow innovation", https://www.computerworld.com/article/3297931/financial-industry/us-treasury-regulators-should-back-off-fintech-allow-innovation.html.

[2] "US Treasury Urges Regulators to Back Off Blockchain and FinTech to Encourage Innovation", https://goodstockinvest.com/index.php/2018/08/18/us-treasury-urges-regulators-to-back-off-blockchain-and-fintech-to-encourage-innovation/

（二）关于特殊目的国民银行牌照——行政执行迅速，监管反对强烈

美国货币监理署（The Office of the Comptroller of the Currency，OCC）在报告发布后的几小时内就宣布开始接受金融科技公司的特殊目的国民银行牌照（Special Purpose National Bank Charters）的申请，并允许其向用户提供银行产品和服务。但是OCC没有界定持牌金融科技公司可以经营的业务范围及种类。后续讨论证实，持牌金融科技公司可以在有限的范围内进行支付业务的经营，但是OCC尚未就牌照是否适用于以虚拟货币为重点的业务做出最终决定[①]。

然而，OCC接受金融科技公司的特殊目的国民银行牌照申请这一举动并未得到美国各界的一致认同。国家银行监督局（Conference of State Banking Supervisors，CSBS）总裁兼首席执行官John W. Ryan先生对这一决定发表声明。他说："OCC这一决定开创了一个危险的先例。OCC的行为已经超越了法律规定的权力行使范围，忽视了国会两党的反对，给纳税人带来了新的风险。新的牌照相较于现有的国家消费者保护法有优先适用权，但是又没有与之相匹配的机制来取代该法律。它还使纳税人面临不可避免的金融科技失败带来的风险。"[②]此外，纽约州金融服务局（New York State Department of Financial Services，NYDFS）局长Maria T. Vullo几乎在财政部与OCC发布公告后立即发表对此的反对意见，她说："金融科技公司的特殊目的国民银行牌照显然没有得到国家银行法的授权并且将把一个完全不合理的联邦监管政策

---

① Michael H. Krimminger, Derek M. Bush, Patrick Fuller, Pamela L. Marcogliese, Colin D. Lloyd & Knox McIlwain, "OCC Begins Accepting Applications for FinTech Charters", https://www.clearyfintechupdate.com/2018/08/occ-begins-accepting-applications-fintech-charters/.

② John W. Ryan, "The OCC Fintech Charter", https://www.csbs.org/occ-fintech-charter.

强加于一个已经充分运作并且根深蒂固的州监管体系。"①

(三) 金融科技公司的看法——乐见监管放松，忧虑多头监管

美国的金融科技公司对财政部的这一份报告大多持谨慎乐观态度，他们认为在创造一个更具竞争力的环境，使创新能够蓬勃发展方面仍有许多工作要做。经营转账服务的TransferWise公司的银行业务主管Andrew Boyajian先生在一份声明中总结了公司的立场："尽管不同的监管机构协调一致，努力简化并统一监管政策有助于金融科技公司的发展，然而我并没有看到美联储或财政部表示他们有权这么做，相反，我看到的是不同监管机构之间的紧张关系。"为银行提供账户服务的Chime公司的首席执行官Chris Britt先生说："总的来说，我认为这些建议是变好第一步，对用户来说可能是积极的。希望它们将有助于为其他有利于用户的金融科技公司铺平道路，使它们在不受监管繁文缛节的监管政策下扩大规模。不幸的是，美国的支离破碎的银行监管制度总是会使金融服务的创新变得有些困难。"②

(四) 监管沙箱的正反两方观点

财政部关于监管沙箱的建议遭到了一些人的不公平批评，他们误解了监管沙箱的"意图"。人们的批评是，金融科技初创企业在监管之外获得了"免费通行证"。而事实正好相反，监管沙箱创建了一种环境，在这种环境中，金融科技创新的影响可以被监控和衡量。金

---

① Sarah Kocianski, "We're A Long Way Off From The U.S. Being A Utopia For Fintech", https://www.forbes.com/sites/sarahkocianski/2018/08/07/were-a-long-way-off-the-us-being-a-utopia-for-fintech/#518c60c57607.

② Sarah Kocianski, "We're A Long Way Off From The U.S. Being A Utopia For Fintech", https://www.forbes.com/sites/sarahkocianski/2018/08/07/were-a-long-way-off-the-us-being-a-utopia-for-fintech/#518c60c57607.

融科技公司Fintech Forge总裁Jason Henrichs先生认为："监管沙箱的目的是尽早发现风险。这样，就可以在适当的时候实现风险管理工业化。"①

四、我们对报告的看法

（一）体现出美国当前在全球金融科技领域竞争方面的紧迫感，也体现出其对金融科技发展的高度重视

财政部建议金融科技数据监管及商业模式的学习对象中不仅包括英国、新加坡等发达国家，还包括中国、印度、肯尼亚等发展中国家，不难看出，美国财政部已经意识到在金融科技创新方面与中国等国家存在事实上的差距，政府落后感强烈。不仅如此，金融科技公司的创新受制于美国复杂的多头监管及法律制度，发展举步维艰，企业也有很深的挫败感。因此，美国社会掀起了对自身金融科技发展的讨论高潮。

（二）美国社会各界发展金融科技共识正在达成，整体合力正在积聚

首先，财政部批准货币监理署（The Office of the Comptroller of the Currency，OCC）考虑金融科技公司的特殊目的国民银行牌照的申请，OCC在报告发布后的几小时内就开始采取行动，宣布开始接受该牌照的申请。第二，财政部支持采用示范法与全国多州许可制度

---

① Ron Shevlin, "Highlights And Recommendations From The Treasury's Report On Fintech", https://www.crnrstone.com/insightvault/2018/08/02/highlights-and-recommendations-from-the-treasurys-report-on-fintech/.

协调各州金融科技相关法律，以有效减少各州法律法规之间不必要的不一致性，进而减少各州法律不一致对金融科技发展带来的阻碍。第三，财政部鼓励金融机构与金融科技公司展开合作，促进金融科技的发展。第四，财政部还建议联邦和州的金融监管机构建立一个统一的监管沙箱系统，促进更多金融科技创新和应用的落地实施。尽管对于OCC发放特殊目的国民银行牌照这一举动国家银行监督局和纽约州金融服务局都表示了反对，但是我们可以看到反对中有共识，即反对的只是监管方式，而不是反对发展金融科技和为金融科技监管"松绑"。

五、对我国可能造成的影响及建议

（一）对我国金融科技的发展形成新的竞争压力

美国已经认识到金融科技的重要性，从监管和法律层面给予金融科技创新适度放松，鼓励金融科技发展，希望重夺全球金融创新琅琊榜榜首。特别地，美国由于其监管与法律的可靠性强、执行效率高，如果做到各州的监管与法律统一并适度放宽，则会促进更多金融科技的创新。对我国而言，由于美联储加息、我国金融监管不断加强以及外部环境不确定性增大等原因，客观上形成金融科技创新的天平向美国倾斜的趋势。

（二）加固优势，战略合作，完善立法，知己知彼

强化优势，无论从可持续发展还是从防风险角度来看，在国家层

面出台金融科技全局性政策都已经迫在眉睫。加强合作，接住美国财政部抛出的橄榄枝，增强同世界大国的战略黏性。完善立法，从美国金融科技相关立法得到启示，我国也应完善相应的立法实践。知己知彼，掌握美国金融科技产业政策，看清国际金融形势。

（边鹏、闫晗，《观察述评》第6期，2018年8月29日）

金融领域人工智能研究进展

当前,人工智能在我们这个星球上扮演越来越重要的角色,特别是在金融科技领域,它已经成为最活跃、应用最为广泛的信息技术之一。但关于人工智能在金融领域的研究日新月异,要想洞察全球金融科技趋势,就亟须掌握其最新进展。我们通过对金融行业的业务进行分类,研究每一类金融业务中具体的人工智能技术研究现状,深入分析人工智能技术与金融业务的关系。

一、人工智能及其金融应用

"人工智能"最早由约翰·麦卡锡(John McCarthy)在1956年达特茅斯学会上提出,其技术发展历经波折。

近年来,基础层的云计算平台、大数据处理等要素的成熟,为人工智能的发展奠定了坚实的基础;机器学习、深度学习算法与模型上的突破,则掀起了人工智能的发展浪潮,使得复杂计算任务准确率大幅提升,从而推动了自然语言处理、语音识别、图像识别、机器人技术等技术的快速发展。

据相关数据预测，2018年全球人工智能业务规模将达到1.2万亿美元，与2017年相比大幅增长70%。清华大学发布的《中国人工智能发展报告2018》也显示，2017年，我国人工智能行业市场规模已经达到237亿元，同比增长67%。在金融领域，人工智能的应用也提升了金融机构风险识别能力，降低业务运营成本，变革商业模式，提升服务效率进而为金融机构增加收益。

目前关于金融领域人工智能的应用还没有统一的分类标准，美国国际贸易委员会（USITC）在《2016顶尖市场报告——金融科技篇》中，把金融业务划分为支付、众筹、财富管理、借贷和转账服务五个门类；而毕马威（KPMG）则主张分为十类：借贷、支付、保险、数字货币、财富管理、众筹、资本市场、数据分析、监管科技、会计核算。上述金融业务的分类主要基于金融科技公司的业务领域进行分类。我们根据莫顿（Merton）金融功能理论对金融科技的应用范围进行分类，金融系统主要有六大功能。具体到业务层面，我们将金融业务分为支付结算、借贷融资、财富管理、风险管控、信息提供五大类。在此基础上，我们将探索每一类金融业务中当前主流人工智能技术，比如逻辑回归、SVM（支持向量机）、决策树、神经网络、深度学习等的研究现状。

二、金融领域人工智能研究现状

目前，金融领域人工智能的研究现状可以简单概括为：全面覆盖五大金融业务类别，热点集中在金融核心业务。

（一）支付结算方面

在支付结算业务中，人工智能技术主要应用在支付前的用户身份验证和识别过程，具体为利用生物识别技术进行用户的身份验证和识别，以增强在身份验证和识别过程中的安全性与便捷性。在相关的研究中，中南大学（2012）的研究[①]阐述了应用于支付用户身份验证和识别的几种生物识别技术并介绍了其评价指标，从系统的角度，基于融合的生物特征识别技术（指纹识别与虹膜识别有机融合），提出了构建稳定可靠的支付安全认证方案。

（二）借贷融资方面

在借贷融资业务中，人工智能技术主要应用在贷前个人/企业的信用风险评估（主要为违约概率预测）过程。在相关的研究中，对外经济贸易大学（2016）的研究[②]对基于大数据的个人信用风险评估模型体系进行研究，通过对模型的数据基础、表现定义及逻辑、样本分类和抽样方案等建模基础信息进行详细分析，提出大数据环境下的个人信用风险评估模型——CreditNet研究框架，将CreditNet模型划分为三个研究阶段，逐步限定技术要点，开展模型构建研究。南京大学（2014）的研究[③]对适用于小微企业的违约风险管理机制进行研究，对小微企业的违约管控机理进行了深入刻画与量化，分别构建了基于理想数据条件下，适用于小微企业的不完全信息违约估计模型、统计学与机器学习类违约估计模型和基于现实数据缺失条件下的违约估计模型。湖南

[①] 喻凌云：《基于生物特征识别技术的金融安全理论与方法研究》，硕士学位论文（中南大学），2012。
[②] 张万军：《基于大数据的个人信用风险评估模型研究》，博士学位论文（对外经济贸易大学），2016。
[③] 王粟旸：《商业银行小微企业违约风险管控及违约概率估计模型研究》，博士学位论文（南京大学），2014。

大学（2016）的研究①对供应链金融环境下中小企业信用风险评估问题进行研究，提出了二阶段混合模型和集成机器学习模型，通过投票方式聚集预测结果。

（三）财富管理方面

在财富管理业务中，近年来的突出现象是从对量化投资的研究向对智能投顾的研究转变，人工智能技术推动业务从对机构服务向对零售用户服务转变，主要应用在投资组合辅助设计（即量化投资）、股票指数走势预测、股指期货价格预测、互联网金融收益率预测等过程。在相关的研究中，北京航空航天大学（2017）的研究②设计了一种智能的量化策略辅助设计平台，该平台引入了深度学习框架，利用人工智能技术训练模型和设计策略，并将预测结果通过可视化技术呈现，为投资者提供按自己的风险偏好选择投资组合的辅助设计平台。上海师范大学（2018）的研究③在前人研究的基础上，从算法和模型指标两个方面研究如何提高机器学习算法在股价走势预测方面的准确率，经过研究发现，在AdaBoost和GBDT算法进行优化创造出的XGBoost框架相比较传统的决策树、SVM（支持向量机）算法具有更高的准确率。同时在指标上除了技术性指标外，研究还加入了与行为金融学相关指标，旨在将技术性指标和非技术性指标进行结合。北京语言大学等（2018）的研究④针对股指期货交易速度快、交易频率高、交易量巨

---

① 祝由：《供应链金融环境下中小企业信用风险评估研究》，博士学位论文（湖南大学），2016。
② 李斌，林彦，唐闻轩："ML-TEA：一套基于机器学习和技术分析的量化投资算法"，载于《系统工程理论与实践》，2017。
③ 刘晨：《多指标选股智能投顾策略构建研究》，硕士学位论文（上海师范大学），2018。
④ 黄卿，谢合亮："机器学习方法在股指期货预测中的应用研究——基于BP神经网络、SVM和XGBoost的比较分析"，载于《数学的实践与认识》，2018。

大且交易数据具有高维、时序的特征，构建了新的股指期货量化投资模型，采用沪深300股指期货1分钟高频数据作为研究对象，并对比分析了神经网络模型、SVM模型和XGBoost框架对股指期货下1分钟价格的变动方向的预测能力。

（四）风险管控方面

在风险管控中，人工智能技术主要应用在反欺诈过程。在相关的研究中，暨南大学（2016）的研究[①]借鉴国内外的研究成果，结合统计学和机器学习等学科知识，采用数据挖掘技术，提出了一套较为合理的互联网金融反欺诈系统，以互联网金融的行业实际数据进行分析与建模，原始数据集中包含用户的消费数据、社交数据和信用数据（欺诈类型和正常类型），分别建立神经网络模型、SVM模型和随机森林模型，模型评估表明神经网络的预测效果最为理想。

（五）信息提供方面

在信息提供方面，人工智能技术主要的应用领域为智能客服，具体为利用自然语言处理、语言识别技术自动化地为客户提供服务。与生物识别在支付结算业务中的应用类似，自然语处理、语音识别等技术不仅可以应用在金融领域的智能客服中，还可以应用在一切其他的智能客服场景中，即利用自然语言处理、语言识别技术为客户提供智能客服不是金融领域特有的应用。中国民生银行等（2018）的研究[②]从

[①] 万浩文：《基于数据挖掘的互联网金融反欺诈系统研究》，硕士学位论文（暨南大学），2016。
[②] 王彦博，桂小柯，杨璇，杜新凯，卢佳慧："FinTech时代商业银行智能语音识别技术应用与发展"，载于《中国金融电脑》，2018。

商业银行实际出发，对语音识别技术的发展进行梳理，并提出商业银行语音识别"4I"应用框架，结合深度学习技术对传统语音识别技术的相关环节进行优化和完善，提出级联系统（Tandem System）、混合系统（Hybrid System）、端到端模型（End-to-End Model）系统等新技术应用。

三、人工智能技术与金融业务

在探讨人工智能技术与金融业务之间的关系时，我们分析了每一类金融业务中应用了哪些人工智能技术，同时每一种人工智能技术又可以应用到哪些业务中。具体人工智能技术与金融业务之间的关系如表1所示。

表1　人工智能技术与金融业务之间的关系

			支付结算（1项）	借贷融资（14项）	财富管理（11项）	风险管控（7项）	信息提供（5项）
传统机器学习	回归模型	逻辑回归		√			
		SVR			√		
	分类模型	k近邻			√		
		朴素贝叶斯		√			
		SVM		√	√	√	
		HMM			√	√	√
		决策树		√		√	
		随机森林		√		√	
		GBDT		√			
		AdaBoost		√	√		
	学习框架	XGBoost		√	√		
		LightGBM		√			
	群智能算法	粒子群		√			
		遗传算法			√	√	

续表

		支付结算 （1项）	借贷融资 （14项）	财富管理 （11项）	风险管控 （7项）	信息提供 （5项）
深度学习	BP神经网络		√	√	√	
	卷积神经网络		√	√		√
	循环神经网络					√
	AutoEncoder					√
	LSTM			√		
应用	生物识别	√				
	用户画像		√			
	自然语言处理			√		√
	知识图谱		√		√	

（一）人工智能技术在金融领域的通用性有突破，但仍不高

在23项人工智能技术中，应用最广泛的技术是SVM（支持向量机）、HMM（隐马尔科夫模型）、BP神经网络和卷积神经网络4项技术，但也最多覆盖了三类金融业务，其中，卷积神经网络除了能够覆盖传统金融业务（指借贷融资和财富管理）外，还覆盖了信息提供等新型网络金融业务，说明该技术在金融领域的通用性有所突破。共有12项技术仅应用在一类金融业务中，而剩余7项技术应用覆盖两类金融业务。此外，应用最广泛的4项技术中有2项属于传统机器学习技术，而另外2项属于新兴的深度学习技术，说明当前研究领域在探索更新、更好的技术方面态度积极。

像生物识别和自然语言处理这类技术，学术研究较多，但与金融密切结合较少，说明金融领域对这些技术主要采取"拿来主义"，并未做太多专业化改造。

(二)金融业务中人工智能技术应用水平差别较大,将技术应用到更多业务中具有潜力

金融业务中用到人工智能技术最多的类别是借贷融资,用到了14项技术,其次是财富管理,用到了11项技术,最少的是支付结算,只有1项技术。说明借贷融资类业务的人工智能技术应用范围较广,而支付结算领域的人工智能技术应用还有待突破。此外,还说明人工智能技术对传统金融业务的改造空间较大,而在新兴金融业务中的应用还需进一步探索。

(三)模型的智能程度仍处于较低水平,还需探索更优化、更智能的模型

在当前金融领域人工智能的研究中,使用单一模型作为金融服务的核心组件的现象还较为普遍,而现有的成熟人工智能模型在执行简单任务时效果较好,在执行复杂任务时效果不是很理想。因此,在将人工智能技术应用于金融业务时,应探索更优化的模型,其方式可以是几种简单模型的有机融合,也可以是针对专门的业务场景构建特定模型,或者是考虑更多的影响因子,比如在财富管理业务中,融入舆情指标,结合技术指标、基本面指标、时间序列分析共同提升金融服务的智能化水平。还可以将技术指标与传统金融学的非技术指标进行融合,构建更有效的金融业务模型。

(四)数据作为人工智能的核心燃料,在实际金融领域应用中的广度和深度亟待拓展

人工智能的飞速发展得益于云计算与大数据等相关技术的成熟,

而在当前金融领域人工智能的研究中,存在数据量小、数据维度少等问题,数据规模还远没有达到大数据的广度和深度,这将严重阻碍人工智能技术在金融领域进一步的应用。具体来讲,当前训练数据样本较少、所考虑的模型因子也不够丰富,基于此构建的模型还达不到真正智能的水平。"人工智能最好的应用领域之一是金融领域",早在2016年,李开复就给出了这样的判断。金融领域相对隔离清晰,涉及的主要是数字和金钱,容易计算。同时,金融交易中产生的大量数据可以获取更多的数据。因此,人工智能应用于金融领域有得天独厚的优势,而当前数据的广度和深度仍亟待拓展。

(五)人工智能作为金融科技核心技术,其应用有利于提升金融服务普惠性

在借贷融资业务中,人工智能的应用研究场景多集中于互联网金融、P2P贷款、消费贷款等场景,而这些场景正是对传统的金融机构面向小微企业或低收入人群金融服务供给不足的补充。应用人工智能技术,普惠金融发展面临的成本较高、收益不足、效率与安全难以兼顾等瓶颈能够得到有效降低。因此,人工智能在金融领域的应用和创新能够探索建立健康高效可持续的普惠金融模式,扩大金融服务的覆盖面和触达程度,解决金融服务的对等性。

(六)知识图谱作为新兴人工智能技术,其在金融领域应用前景广阔

知识图谱本质上是一种语义网络,表达了各类实体、概念及其之间的语义关系。相对于传统知识表示形式(诸如本体、传统语义网

络），知识图谱具有实体/概念覆盖率高、语义关系多样、结构友好（通常表示为RDF格式）以及质量较高等优势，从而使得知识图谱日益成为大数据时代和人工智能时代最为主要的知识表示方式，同时随着机器学习的迅猛发展，机器学习和知识图谱这两个学科出现了一定程度的融合。知识图谱技术在金融领域存在巨大应用空间。知识图谱可协助金融工作人员对大体量数据进行处理，提炼出所需要的数据，并将结果直观地展示出来。同时知识图谱技术也可以通过一定逻辑帮助使用者从复杂的经营关系中挖掘出隐藏的关系和风险，协助投资者做出决策。同美国等发达国家相比，在金融信息服务领域我国还存在一定的差距。目前我国仅仅在基础数据层面建设发展较为成熟，可以提供大量的原始数据，但缺乏对这些数据进行进一步的加工、分析和总结，而知识图谱技术则可弥补该领域的不足，促进我国金融信息服务业的发展。

综合金融领域人工智能研究分析，当前金融领域的五类业务中人工智能技术应用范围仍比较有限、智能化要素水平仍较低。随着云计算平台、大数据处理能力、机器学习、深度学习等技术的不断进步，会使得当前金融业务的智能化水平不断提高，在未来的金融业务中，很有可能采用的人工智能模型都为计算机自动建模，同时在相应的业务场景中都可完全由计算机完成，而不需人参与其中，实现真正的自动化、智能化。

（闫晗、边鹏，《观察述评》第9期，2018年11月30日）

全球金融科技发展现状与趋势

近年来，随着技术的不断进步，以智能化、网络化、数字化为特征的信息化浪潮兴起，数字经济在全球范围内迅速发展，金融科技作为其中一项重要内容，已经成为全球金融创新的热点。各国纷纷发展金融科技，美国、英国、新加坡等国家都出台了促进金融科技发展的政策措施；金融稳定理事会、国际货币基金组织等成立了金融科技研究工作组，深入研究金融科技对货币政策和金融稳定的影响，重塑更具包容性和创新性的监管环境，促进金融科技安全可持续发展。

2017年5月，中国人民银行设立金融科技委员会，提出要加强金融科技工作的研究规划和统筹协调，强化监管科技，识别和防范新型金融风险；2018年3月，中国银行业监管管理委员会和中国保险监管管理委员会合并成为中国银行保险监督管理委员会，适应金融业跨界经营环境；10月北京市出台《北京市促进金融科技发展规划（2018—2022年）》，提出将北京建设成为具有全球影响力的国家金融科技创新与服务中心的战略目标，同时发布《关于首都金融科技创新发展的指导意见》，指出支持金融科技技术研发、设施建设，加强金融科技场景应用，建设金融科技示范区，防控金融科技风险等重要工作举措。10月，广州发布《广州市关于促进金融科技创新发展的实施意见》将广州建设成为我国重要的金融科技强市。深圳福田区出台《关于促进福田区金融科技快速健康创新发展的若干意见》。

一、金融科技内涵与特点

金融科技由Financial Technology的缩写FinTech直译而来，强调金融和科技的结合，落脚点在科技，其应用重点是基于互联网思维层面的金融生态圈的构建。金融科技是指新技术带来的金融创新，通过创造新的业务模式、应用、流程或产品，从而对金融市场、金融机构或金融服务的提供方式产生重大影响。金融科技关键在于创新驱动，强调将技术创新作为服务金融发展的手段，以维护金融稳定和安全、防范金融风险为前提，在具体应用和发展过程中，仍需遵循金融市场的基本规律。

金融科技并非科技与金融业务的叠加应用，以下是金融科技基本特征：

高创新：金融科技是一个高创新的行业，不仅仅是商业模式的变化所带来的金融创新，更多的是指科技手段上的创新。他们将各种新技术与理念拿到金融领域去试验、试错，快速迭代产品，推出具有"破坏性"创新的产品，这已经超越了传统金融语义下的金融市场与产品层面的"金融创新"。

轻资产：不仅指金融科技公司只需要很低的固定资产或者固定成本就能展业，还指其成本关于业务规模的边际递减使得其能够以低利润率支持大规模的发展。另一方面，也正因为其资产轻，使得其战略选择、组织架构、业务发展更加灵活，易于创新创造。

高扩展：金融科技可利用伙伴关系、分销和简易性，将业务模式、产品、服务在可能的范围内快速延伸。金融科技通过科技支撑和可扩展的架构支持，为金融产品差异化定价，为客户服务提供灵活手段，有助于实现业务规则和流程的统一，强有力地支持快捷、准确的决策分析。

易合规：优秀的金融科技公司应具备业务增长技术优势，还具有易于监管合规的技术优势，这有利于金融科技增强信息透明度，降低风险和运营成本。

金融科技是金融和科技的融合，通过人工智能、大数据、云计算、区块链等新技术推动金融创新，对金融服务、金融市场、金融机构等产生重大影响，并形成新的技术应用、业务模式以及流程和产品。金融科技行业主体包括四类：一是在业务与经营活动中积极应用新技术，并探索成立金融科技子公司的银行、保险等金融机构，如建设银行、平安银行；二是利用自身技术优势开展金融业务或对外提供技术服务的互联网企业，如蚂蚁金服、度小满金融；三是主要为金融机构或类金融组织提供技术支持与外包的新技术企业，如第四范式；四是利用新技术搭建平台、提供创新型金融服务的互联网金融、类金融组织，如融360、拍拍贷。从科技角度看，金融科技主要包括人工智能、大数据、分布式技术、安全技术、互联技术等一系列技术。金融业依靠这些技术手段，全面应用于智能投顾、网络借贷、第三方支付、互联网保险、消费金融、互联网银行、供应链金融、互联网征信、股权众筹等诸多领域，科技对于金融的促进不再局限于渠道等浅层次的方面，而是开启了真正的金融加科技的深层次融合。

二、全球金融科技发展情况分析

随着金融科技的迅猛发展，国际上已涌现出一批具有金融科技发展领先优势的国家。美国、英国、新加坡、日本和中国香港凭借庞大的专业人才队伍、丰富的投资资源等金融基础建设以及政府的全力支持，成为具有国际影响力的金融科技中心。从投融资数据来看，2017年全球金融科技领域发生融资事件1350笔，同比增长16.5%，融资金额为179亿美元，同比降低5.8%。2018年前三季度全球金额科技领域融资金额超过500亿美元。即使不将蚂蚁金服的高额融资计算在内，2018年前三季度融资额已经超过2017年全年融资额。从结构上来说2016年之前北美金融科技投融资金额一直保持领先的趋势，但从2017年开始亚洲投融资金额逐渐增大，2018年上半年已远赶超北美洲，其中美国和中国成为全球金融科技领域的领导者。

（一）美国

美国金融行业和高科技产业都极为发达，成熟的金融市场能够提供比较完善的、全方位的金融产品和服务，传统的银行等金融机构积极拥抱新兴科技进行金融服务创新，金融行业与高科技的融合阻力一直较小。美国在获得信贷的便利程度、解决破产问题和执行合同上得分非常高。成熟包容的金融行业和强大的金融科技技术创新能力，使得美国金融科技发展始终位于世界前列，并且涌现出了一批定位清楚、技术先进、经营规范的金融科技公司。从融资额来看，2018年上半年，美国金融科技领域融资199亿元，涉及融资项目数共80个。硅谷和纽约以各自的资源禀赋优势鼓励金融科技创新发展，增强了金融科技未来发展的可能性和多样性。

美国进一步明确了金融科技监管框架，推出金融科技监管沙盒，促进金融科技规范发展。2017年初，美国发布《金融科技框架白皮书》，明确阐述了美国政府对金融科技创新的原则和框架政策，并把金融科技相关业务按功能纳入现有的监管体系。2018年3月，美国亚利桑那州成为美国推出监管沙盒的第一州，通过监管沙盒指导亚利桑那州内金融科技、区块链、加密货币等新兴产业的发展。

（二）英国

英国作为历史悠久的全球金融中心，金融科技的发展一直处于领先位置，英国政府为了保持金融科技的创新力和竞争力，不断推出创新的监管政策。其中"监管沙盒"项目为金融科技、新金融等新兴业态提供了"监管实验区"，支持初创企业发展。

2017年，英国的金融科技产业收入已超过70亿英镑，从业人数超过6.1万名，英国还从多达120万金融从业人员中培养金融科技领域的专家，扩充金融科技从业者队伍。在技术创新方面，2017年英国申请注册国际专利数达22072件位居世界前列。2018年上半年英国金融科技融资总额超越美国，占据欧洲首位，欧洲吸引投资总额260亿美元，其中英国吸引投资161亿美元；欧洲十大金融科技交易中有四笔发生在英国。英国金融科技涵盖了网络借贷、支付服务到区块链等多个领域，正在颠覆既有的金融服务模式和流程，为金融消费者提供更多元化的服务。

(三) 新加坡

作为东南亚区域金融中心，新加坡一直致力于成为东南亚乃至亚太地区金融科技枢纽。新加坡是世界金融科技中心的有力竞争者。新加坡的金融环境较好、英语作为商务语言的优势使其成为全球金融资本进入亚洲市场的首选门户。目前，新加坡是全球1200家银行、保险等金融机构的总部所在地。

2016年以来，新加坡金融科技快速发展，成为东南亚金融科技市场的领导者。2017年新加坡已经有超过400家金融科技企业，同时还有30多家由跨国公司设立的金融科技创新实验室/研究中心，全球最大的金融科技中心Lattice80也在新加坡落户发展。2016年和2017年，金融科技行业为新加坡金融业带来了近四分之一的新增工作岗位。2018年上半年，新加坡金融科技领域融资15亿元，同比2017年增加50%，创历史新高。同时，大量国际资本正在关注新加坡金融科技的发展，新加坡已成为风险投资基金、大型企业及金融科技公司向东南亚拓展业务的前沿基地。

在国际交流方面，新加坡金融管理局先后与英国、瑞士、日本、中国、韩国、澳大利亚和丹麦等国在金融科技创新方面建立合作关系，实现各国间的数据、金融服务创新信息的共享。新加坡金融管理局与马来西亚、泰国、菲律宾等国家签订双边协议，共建金融科技基础设施。

(四) 日本

近年来日本涌现出了一批技术水平较高的金融科技企业，例如乐天智能支付、智能财富管理企业Money Forward和智能投顾企业THEO等。但是由于发展较晚，目前日本在金融科技领域的市场体量较小。在技术创新方面，2017年日本申请注册国际专利数达318479件，位列全球第三，创新动能强劲。2018年上半年，日本金融科技领域融资2.9亿元，仅占全球金融科技领域融资额的千分之一。为了不落后于世界金融科技发展大势，日本以区块链技术应用为切入点，以点带面推动金融科技发展。

日本政府是国际上少数承认数字货币合法地位的国家之一，截至2018年2月，虚拟货币中日元交易量占到全球整体的40%，已超过美元成为世界最大交易份额。而这主要归因于日本对虚拟货币业的友好态度以及一系列虚拟货币监管政策。2017年以来，日本已经有7个区块链相关政策出台。日本参议院2016年5月通过《虚拟货币法》。

（五）中国香港

近年，香港金管局对新兴的金融科技持开放态度，凭借大陆提供的有利条件以及香港的科技发展环境，正跃身成为全球的金融科技中心。香港拥有完善而且运作得宜的法律及监管体制，能为金融业的发展提供可靠依据。此外，各大银行亦积极配合正在迅速发展的金融科技，根据普华永道的一项调查，有82%的香港金融服务机构正在寻求与金融科技公司合作；其次，香港在积极提升年轻本地专才的能力，特批香港中文大学和香港理工大学开办金融科技学士学位课程；再次，香港成立"金融科技促进办公室"，重点针对金融科技及监管科技行业创新，除此之外，香港金管局成立"金融科技监管沙盒"推动金融科技健康发展；定期举办"金融科技周""金融科技双创大赛"

等活动。2018年5月，香港金管局修订并正式发布了《虚拟银行的认可》指引，接受虚拟银行申请。

综上所述，金融科技作为新兴的产业领域，各国在发展中表现出共性特点。第一，金融科技有效提高金融效率，促进经济增长。无论是传统金融强国美国与英国，还是金融新秀新加坡，都无一例外地对金融科技的发展表现出强烈的关注。各国都争相出台措施，打造建成全球金融科技中心。第二，金融科技以技术为驱动力，行业发展人才是关键。因此，各国都开始重视金融科技人才的争夺。第三，金融科技产业需要政府监管政策与发展政策支持。目前，根据金融科技发展的特点，比较适合且受到广泛认同的政策是"监管沙盒"政策。

三、国内金融科技发展情况分析

国内金融科技市场表现活跃，2017~2018年金融科技公司数量、金融科技领域融资额位于世界前列，行业融资规模快速增长。政府及监管层高度重视金融科技发展，发布了系列监管措施及发展规划，积极推动行业健康发展。

按照金融行业科技应用的发展阶段来划分，中国金融科技行业的发展节点比较清晰，可以分为四个阶段：1.0时代是以现代通信技术在金融领域的应用；2.0时代是利用软硬件实现办公电子化，注重数据库技术地应用；3.0时代利用互联网对接金融的资产端-交易端-支付端-资金端，实现渠道网络化；2017年以来金融与科技高度融合发展，将传统银行、证券、保险业务进行分解，降低了交易成本，提高了运转效率。

从资本活跃度来看，2018年前三季度，中国金融科技领域吸引总投资约2786亿元，位列全球第一，融资事件占据全球的60%。从领军企业数量来看，根据2018年毕马威公司发布的《全球金融科技100强》，排名前五的企业中，中国企业有3家。其中，蚂蚁金服依靠技术优势以及金融销售服务模式，成为全球金融科技企业的典型代表；京东金融凭借丰富的消费生态系统以及高速的业务发展位居第二位。数据表明，在全球金融科技领域中国具有引领性、示范性、创新性。

（一）金融科技细分领域分析

从金融科技细分领域来看，金融科技在赋能传统金融业的同时，在互联网保险、智能投顾、供应链金融、消费金融、第三方支付、监管科技等领域开拓创新，创造了新的价值。

1. 互联网保险

互联网保险是利用互联网技术和移动通信技术为客户提供保险服务的新型模式，是在新技术赋能的基础上，以时效性、经济性、交互性、灵活性为特征的新产业、新模式。2017~2018年，互联网保险件数与保费收入反向增长；互联网财产险初现回暖现象，非车险重要性凸显；互联网人身保险市场规模发展势头放缓，健康保险发展迅猛；融资额平稳上涨，目标客户从C端转到B端。大数据、区块链、人工智能等新技术不断应用到保险业中，新产品、新模式不断涌现。同时，金融科技技术冲击保险理论基础，公司体制不能充分适应科技发展，商业模式亟待革新，为保险业发展带来进一步挑战。

根据中国保险行业协会的数据，2017年互联网人身保险市场规模发展势头放缓，全年累计实现规模保费1383.2亿元，同比下滑23%，保费增速出现近年以来的首次负增长。到2018年上半年，下滑趋势依然持续，互联网人身保险累计实现规模保费852.7亿元，同比下滑15.61%。尽管保费和渗透率呈现下滑态势，但随着保险保障功能的凸显、保险科技的广泛应用，行业风险防控能力持续增强，业务结构得到调整。从长远看，将为互联网保险创造更为有利的发展环境，进而激发行业的内在动力和活力，同时维护金融安全。

2. 智能投顾

智能投顾（Robo-Advisor），又称机器人投顾，是一种结合人工智能，依托大数据和云计算等新兴技术，通过现代投资组合理论等分析方法和机器学习，自动计算并提出组合配置建议的在线投资顾问服务模式。目前，我国智能投顾行业刚刚起步，商业模式上缺乏自身特色；2017～2018年，我国财富管理市场规模进一步扩大，智能投顾的资产管理规模和市场渗透率进一步增高；当前智能投顾产品多针对C端客户，独立的智能投顾平台面临获客难的困境，快速引入智能投顾技术和业务模式的金融机构及互联网巨头后来居上；目前智能投顾采用的人智能多为弱人工智能，随着整个行业和技术的进一步发展，千人千面的投资方案将会出现。

作为互联网理财的重要形式，智能投顾2014年底在我国发展起来，随后大量的科技创新企业开始出现，2015年下半年以后，传统金融机构也大力布局智能投顾领域，并凭借自身的资源优势迅速实现超越。据波士顿咨询（BCG）发布的《中国资产管理市场2015》

报告预测,中国资产管理规模将在2020年达到174万亿元,按照5.6%的市场渗透率测算,中国智能投顾的市场规模将在2020年达到9.74万亿元。

总体来看,国内智能投顾行业刚刚起步,参与主体众多,大多数参与者只是跟风"智能投顾",实质上是人工干预的线上荐股,将智能投顾当作一种多产品捆绑销售的方式。真正在探索智能投顾的参与者往往对标美国智能投顾企业,在技术创新和商业模式上亦步亦趋,缺少自身特色。

3. 供应链金融

供应链金融是一种立足于产业供应链,根据供应链运营中的商流、物流和信息流,针对供应链参与者而展开的综合性金融活动。它既不同于传统的银行借贷,也有别于风险投资等其他形态的金融活动。供应链金融紧扣资产端,夯实产业供应链的同时产生金融的增值,从而促进产业供应链和各参与主体良性互动、持续健康发展。2017~2018年,我国供应链金融市场规模不断扩大,发展黄金期已经到来。供应链金融的市场参与主体中,科技赋能方正发挥着越来越大的作用。供应链金融涉及的业务模式中,应收账款融资额最多,纯信用融资较少。以区块链、大数据、物联网为代表的新技术进一步推动供应链金融向数字化、智能化的转型。

据小米金融科技研究中心报告显示,目前中国供应链金融业务规模约为13万亿元。据公开数据显示,到2020年,我国供应链金融的市场规模可达15万亿元左右。

4. 消费金融

消费金融是指消费金融公司向各阶层消费者提供消费贷款（一般不包括购买房屋和汽车）的现代金融服务方式，具有单笔授信额度小、审批速度快、无须抵押担保、服务方式灵活、贷款期限短等优势。2017～2018年，我国消费信贷市场不断扩大，从事消费金融业务的市场主体发展良好。大数据营销、大数据风控和场景扩展是对消费金融发展影响最大的三类技术。

消费作为拉动实体经济增长的"三驾马车"之一，消费金融的发展将为我国经济发展注入新鲜血液。从中国人民银行的数据来看，短期消费性贷款的占比不断增加，消费金融市场的信贷结构也发生了明显变化，除房贷、车贷外的短期贷款由2010年的12.7%增加到2017年的21.6%。2012～2017年，我国住户消费性贷款余额年均增长24.7%，未来发展前景广阔，消费金融市场巨大。

5. 第三方支付

第三方支付是在互联网发展新时期，信任程度不断提升及技术推动发展的一种新型的支付方式，是指具备一定实力和信誉保障的独立机构，采用与各大银行签约的方式，通过与银行支付结算系统接口对接而促成交易双方进行交易的网络支付模式。我国第三方支付在整体环境趋优、监管趋紧的基础上，交易规模不断扩大，增长趋于平稳。从2013年起，我国第三方支付交易规模基本上按照每年翻番的速度快速增长。虽然近两年增长率有所下滑，然而依然保持在44.3%的高位。

6. 监管科技

金融的发展创新同样伴随着风险的扩大，监管科技作为金融监管在新时代下所经历的必要改革手段，在防范金融风险的突发性、隐秘性等方面具有积极作用。大数据、人工智能等技术迅速崛起，并逐渐应用到监管中。被监管者根据监管者提供的数字化监管协议、监管应用程序接口，对自身运营数据进行实时监控，运用算法动态分析，建立模型自动生成报告。据CB Insights数据显示，截至2017年10月初，17%的企业应用监管科技解决方案，2017年金融业预计在监管科技方面支出达1000亿美元。目前中国的监管科技仍处于萌芽状态，对于监管科技的认识研究多以学术研究为主，实际应用监管科技的企业较少，是一片仍待开发的市场。

（二）国内重点城市金融科技发展概况

从金融科技公司数量、底层技术发展情况、产业生态、融资情况来看，北京、上海、深圳、杭州已成为中国金融科技发展重地。北京是金融管理总部和金融监管总部"一行两会"所在地，全国顶尖的大学和科研单位云集，以中关村为代表的全国科技创新中心建设催生了一批优秀的企业，使得北京在金融科技发展方面占有得天独厚的优势；上海是中国的商业和金融中心，金融资源整合能力和创新能力较强；深圳作为中国的经济特区，自身具备创新基因，有丰富的人才和技术资源支撑金融科技的发展；杭州一直以来对"互联网+"产业高度重视，而且拥有全国三分之一的互联网企业，是金融科技头部企业蚂蚁金服的所在地，金融科技得以迅速发展。

1. 北京

北京已初步发展成为中国综合优势领先的金融科技创新区域。依托中关村国家自主创新示范区的创新优势，北京吸引聚集了超过1500家金融科技企业，涵盖了征信、支付、数据、交易等众多领域，活跃在中关村的天使投资人超过1万人，占全国的80%。北京人工智能、大数据、区块链等金融科技底层技术企业数量位居全国前列。截至2018年5月，北京的人工智能企业达1070家，约占全国的26%，中关村已经成为中国人工智能创新高地。此外，在移动支付、监管科技、供应链金融、互联网保险、智能投顾等领域涌现出了一批领军企业。根据中关村互联网金融研究院发布的《2018中国金融科技竞争力100强榜单》，北京有50家金融科技企业跻身全国100强。国内唯一非银行支付机构网络支付清算平台——网联清算公司已经启动运营，并接入超过406家银行和115家支付机构。百度、京东、小米等国内领先的互联网企业也在金融科技方面布局，基本形成了覆盖各个服务领域的全业务版图。金融机构纷纷在北京设立金融科技子公司，中国互联网金融协会、中关村互联网金融研究院等各类行业组织、支持金融科技创新创业的平台已经形成规模效应。

北京出台多项政策加快金融科技的创新与发展。2017年4月中关村科技园区管理委员会发布《中关村国家自主创新示范区促进金融科技深度融合创新发展支持资金管理办法》，9月发布管理办法的实施细则，对中关村示范区企业和金融机构进行资金支持。北京还出台了一系列鼓励和支持金融科技发展的保障措施。

2018年10月，北京市发布《北京市促进金融科技发展规划

（2018—2022年）》，提出将北京建设成为具有全球影响力的国家金融科技创新与服务中心的战略目标。规划深入研究梳理北京市要素资源布局情况，结合相关区域的资源禀赋和功能定位，进一步优化空间布局，聚集专业服务机构，打造一批金融科技创新集群，形成各具特色、互动协同发展格局。同时，北京还发布了《关于首都金融科技创新发展的指导意见》。12月北京市海淀区政府、中关村管委会发布《关于促进海淀区金融科技产业创新发展的若干措施》，西城区政府、中关村管委会发布《关于支持北京金融科技与专业服务示范区（西城区域）建设的若干措施》。

2018年，北京前三季度金融科技领域发生融资事件99笔，占全国融资事件的19.2%，融资金额525.77亿元，占全国金融科技领域融资额18.87%。主要融资领域涉及区块链、网贷、理财、消费金融、汽车金融、第三方支付等，区块链领域获得融资笔数最多。

2. 上海

2017年年底，上海成立"上海科技金融产业园"，推动科技与金融互动，政府与企业互动，聚焦云计算、大数据、人工智能、区块链等前沿技术的研发创新；聚集科技、金融、投资、中介等机构，形成先进信息技术产业，高效金融资本流动的产融有机融合和互动发展，成为上海重要经济增长级和金融科技服务中心。据统计，截至目前，上海金融科技企业1100家左右，涵盖网络借贷、第三方支付、区块链、保险科技、消费金融等领域。

2018年，上海前三季度金融科技领域发生融资事件47笔，占全国融资事件的3.9%，融资金额83.33亿元，占全国金融科技领域融资额

3%。主要融资领域涉及互联网理财、互联网保险、汽车金融、区块链、第三方支付，区块链领域获得融资笔数最多。

3. 深圳

深圳市政府重视金融科技的发展，出台了多项政策措施，推动金融科技的发展。2017年3月，深圳福田区发布《关于促进福田区金融科技快速健康创新发展的若干意见》。此外，深圳筹建金融科技联盟和研究院；启动金融科技双创大赛；设立"金融科技创新奖"，奖励团队及人员；鼓励区块链等金融科技关键技术的示范应用。截至止目前，深圳金融科技企业共计1100家左右，涵盖网络借贷、股权众筹、互联网保险、第三方支付等领域。

2018年，深圳前三季度金融科技领域发生融资事件44笔，占全国融资事件的8.5%，融资金额43.26亿元，占全国金融科技领域融资额1.6%。

4. 杭州

杭州在金融科技方面拥有良好的条件和基础，拥有蚂蚁金服、恒生科技等知名金融科技企业。近期，杭州拟出台支持金融科技发展的专项政策文件，加大财政支持力度，设立专项资金，在企业落户、人才吸引、科研创新等方面予以支持，吸引更多的金融科技机构和人才在杭州聚集。目前约有400家金融科技企业。

杭州凭借蚂蚁金服两笔Pre-IPO大额融资，成为中国2018年前三季度融资金额最高的城市。2018年前三季度杭州金融科技领域发生融资事件44笔，占全国融资事件的8.5%，融资金额约1556亿元，占全国金融科技领域融资额的55.85%。

四、金融科技发展趋势

金融科技的发展,将推动金融组织、服务能力、消费者体验等不断向高效、优质发展。此外,金融科技的发展,也使金融机构的服务在范围、空间和时间上不断拓展,并对金融市场产生重大影响。金融科技的发展,既给我国金融业乃至整个经济发展带来了历史性机遇,同时也是我们面临的挑战。从金融科技监管和技术两方面来看未来金融科技发展趋势:

1. 金融监管趋严监管科技将得到广泛应用

随着金融科技的快速发展,金融产业生态发生深刻变革,传统监管模式已不能满足金融科技新业态的监管需求,以降低合规成本、有效防范金融风险为核心的监管科技正在逐渐成为新时代金融监管体系的重要组成部分。

2. 牌照化管理将成为金融科技发展的常态

金融科技企业开展金融业务需持牌经营,金融监管部门应依法进行金融监管,守住不发生系统性金融风险的底线,持牌经营将成为金融科技、互联网金融发展的常态。

3. 监管沙箱进一步推动金融科技发展

监管沙箱是监管机构为履行其促进金融创新、保护金融消费者、促进市场有效竞争职能而创新的一种监管机制；未来监管者可通过参与测试了解创新、评估风险，并对不适应的监管规则进行调整，进一步推动金融科技发展。

4. 金融基础设施成为行业发展的核心竞争力

金融业的健康快速发展需要更稳健、更高效、更强大的金融基础设施作为保障。"网联""信联"的成立和发起为互联网支付、互联网征信的规范发展提供了保障。伴随着技术为金融带来的重大变革，对信息、信用的基础设施，以及会计、律师、经济鉴证类中介的发展带来核心竞争力。

5. 新一代信息技术形成融合生态，金融科技发展进入新阶段

以大数据、区块链、人工智能等新技术为代表的金融科技迅速兴起，在改进金融底层技术设施，扩展金融产品应用领域，推动金融行业转型发展等方面发挥更大作用。新技术在营销、风控和客服等多个领域衍生出一系列新需求，积极推动普惠金融快速发展。随着金融与科技的融合，金融科技的技术创新与应用发展将进入良性循环新阶段。

6. 金融科技类公司将大量崛起，成行业重要力量

金融科技类公司将继续涌现，推出更多基于大数据、区块链、人工智能的成熟金融产品，提供更高效的金融服务，普惠、共享等金融理念会得到深化落实。随着金融科技的进一步发展，大数据和人工智能等新兴技术也将在风险定价能力上完成科技对人的超越，各类金融

科技公司将助力传统金融机构发展,成为金融业的重要力量。

7. 新兴技术带来全新的金融基础设施

上一代的金融基础设施是以银行为核心的金融机构,而全新的金融基础设施的核心则是价值互联。价值互联网,是以区块链为代表的新兴技术,将在现有信息互联网的基础上构建出全新的信用传输层,使在网上传递的信息有明确的价值归属,时间价值在全网的高效流动,信息互联就升级成了价值互联网。而大数据和人工智能则为核心的新兴技术用于信用传输,至此,以价值互联网为核心的全新一代的金融基础设施正式形成。

8. 越来越多的传统金融机构以金融科技成功转型

金融科技在提升传统金融业效率和降低成本方面有极大的优势。目前,有越来越多的主流金融机构不断转变发展理念,通过合作实现优势互补,在最短时间内弥补自己的短板、享受技术红利。

(刘勇、尹龙,2018年12月20日)

第六篇

普惠金融

到底什么是普惠金融？普惠金融与我们过去比较了解的政策性金融、补贴式金融、帮扶式金融有何区别？80年代推行的农村金融、90年代推广的小微金融，包括现在的扶贫金融等，是不是就是普惠金融？普惠金融是一种理念还是一种商业模式，能否像公司金融、零售金融、能源金融等等一样，成为商业银行的一个部类？普惠金融是否只是一个新的"筐"，它对商业银行自身的发展到底有何意义？在我国能够依靠普惠金融解决"融资难""融资贵"的问题吗？

问题是研究的基础，我们带着这些问题开始了普惠金融的研究。《融资难融资贵悖论与金融发展》首先就"融资难""融资贵"这一现象进行了理论分析，认为这是一种经济学上的悖论，是感性认识和主观判断的表象，其深层问题并不是融资难和贵的问题，而是我国金融市场价格扭曲和资源配置低风险偏好必然产生的结果。解决融资难、融资贵的根本不是融资问题，而是如何使我国金融资源配置转向高效率的方向。这就需要加快金融市场化改革，优化整体金融结构，提升金融体系的包容性。普惠金融的发展只是市场化包容体系的扩展和补充，不能让普惠金融承担其难以承担之重。

沿着这一方向，《普惠金融研究现状和简要综述》梳理了当前有关普惠金融的一些研究成果和观点。遗憾的是，在梳理了国内外有关研究成果之后，我们发现普惠金融具有明显的国别特色，而国内相关研究带有明显的释义化（以解释国际组织相关定义）、篮子化（金融体系的各方面能装则装）、口号化的特征。有关普惠金融的这些基础性问题，不仅找不到科学合理的理论分析和体系化论述（这也可能是因为我们的梳理难免挂一漏万），而且与其他国家的研究成果相比，不少权威性的论述甚至偏离了普惠金融重在解决的包容性问题。

《普惠金融的实质与发展路径》试图进一步厘清相关概念，认为普惠金融已经不再只是过去意义上的穷人金融、小额贷款和微金融，普惠金融要解决的核心问题也不再只是扶贫济困、帮弱助农，而是如何从根本上提高整个金融体系的包容性，实现金融权利的平等。因此，普惠金融的实质就是要求金融体系，尤其是正规金融机构通过技术进步、金融创新提高其金融服务的广度和深度。这就使得普惠金融与过去主要依靠政策和情怀实施的福利式金融区分开来，明确了普惠金融发展的方向是解决金融排斥的问题，而不是简单的"普"和"惠"。对由于金融资源配置体系扭曲或歧视造成的外生性金融排斥，根本之路在于坚持市场化改革，改善金融体系的资源配置公平性与效率；对由于金融机构按照市场化原则经营带来的内生性排斥，根本之路在于不断引入科技进步的力量，细化金融分工，提升金融机构创新的能力。

《企业融资难融资贵问题的系统分析和应对》从实证的角度进一步论证了企业融资难融资贵的结构性特征，并认为"企业部门持续存在的结构性融资难、融资贵是一个系统性问题，其背后是经济发展周期性因素、体制性因素、银企微观因素、配套政策和基础设施因素相互影响、共同推动的结果"。因此，破解企业融资难融资贵，需要理顺实体经济与金融体系关系，深入推进市场化改革，破除企业融资的体制机制和基础设施束缚；持续加快改革创新，提升资金供给方——银行等金融机构的专业化、综合化服务能力；更好保障公平竞争，引导资金需求方——企业改善信用基础。

（尹龙）

融资难融资贵悖论与金融发展

融资难融资贵在金融活动中是一种悖论。"融资难"讲的是融资过程中的状态：资金需求方愿意支付既定的价格（利率），却无法获得融资；"融资贵"讲的是获得融资后的价格判断：已获得融资的市场主体接受融资价格，但认为融资价格高于其心理预期或者能够产生效益的边际成本。理论上讲，只要愿意支付足够高的风险价格，融资就不会难；反过来如果融资存在"排队"，队伍中的资金需求者愿意在既定价格甚至更高价格上融资但"排不上"，"排上"的融资就不会贵。

这种悖论出现在我国经济金融活动之中，并形成了社会高度的"认同感"，实际上反映出我国金融发展的理论和实务研究依然比较落后，看待和分析金融问题依然受到感性认知和主观主义的困扰或左右。

感性认知是我们认识世界、了解社会的重要途径，但不一定是会得到正确结果的途径。从感性来看，"融资难"显然是资金供给方面出了问题：要么是商业银行服务实体经济的觉悟和意识不够高，要么是服务的方式方法不够好，利"局部"而损"大局"。但从理性的角度分析，可能就是另一种结果。从经济学原理来看，民营企业、小微企业等市场主体之所以融资难，是因为信贷配给问题在我国比较严重，而导致信贷配给的原因是信贷价格（利率）的管制。

在竞争的环境下，资金的供给方和需求方通过价格竞争形成市场均衡价格，未获得融资的需求者因为"价格贵"放弃融资而不会对融资过程的公平性产生抱怨。但在利率非市场化的情况下，价格扭曲得越厉害，融资难的问题就越严重。在管制利率低于市场利率的情况下，一些资金使用率达不到均衡利率要求的企业，一些"可融可不融"的企业都可能会因为价格便宜、有利可图，置身到融资队伍中来。当融资表现出明显的"卖方市场"特征时，资金资源的配置就不再取决于市场，主要依赖于商业银行的选择。银行在选择融资对象时，"合理"的方式是选择与低利率相匹配的"低风险"主体，而不是与均衡价格相匹配的高收益主体；不合理的方式就会出现人情化、行政化，甚至寻租化的问题。无论哪种方式，都会受到诟病，商业银行的选择权和自由裁量权越大，受到的诟病也就会越多。这种选择权看似有利于商业银行，实际上损害了银行的总体效益和金融体系的资源配置效率：一方面，银行不能按照均衡的风险收益价格"生产"服务，约束了银行效益最大化的规模和培育风险管理核心竞争能力的积极性，另一方面当资金交易不完全取决于资金的实际使用能力和效益，还比较依赖于身份、公关甚至贿赂时，金融资源的配置就不可能遵循公平与效率的原则。

感性认知带来的另一个问题，就是我们在观察金融现象、分析金融问题时，主观臆想往往取代了理论分析和逻辑论证，就问题谈问题，就结果论结果，并由此去构建金融政策和管理措施。从逻辑上讲，融资"贵"或"贱"是与衡量标准相比较的结果。在自由竞争的市场中，均衡价格是判断"贵""贱"的标准，此时，各类生产要素都获得了其应得的回报。在高度垄断的市场中，价格不是由市场竞争形成，垄断者可以压低进价，抬高出价，判断贵贱的标准除了可以进行国际比较外，还可以通过比较其资本回报率与社会平均资本回报率之间的差距，或者与其他生产要素回报率之间差距来度量。金融机构是一个受管制的行业，其市场在两类市场之间，我们完全可以构建出一个客观的标准，理性判断社会融资的贵贱。

但现实不是这样，由于融资过程中的价格扭曲和资源按照低风险而不是高效率的原则配置，获得信贷的企业并不都是，甚至相当部分不是资产经营效率和回报相对高的企业，与其低下的资源利用效率相比，任何带有市场化竞争色彩的融资价格在其主观上都是贵的。比如，对于僵尸企业而言，任何利率大于零的融资都是贵的，对于部分资产利润率极低的企业，任何接近市场价格的利率，也是贵的。由于特殊的体制原因，这些企业往往可以凭借特别的信用或身份获得贷款，这类贷款无论是主观来看，还是从这些企业现有的财务数据来看，都是"不公平"的。

如果把感性认识和主观判断形成的、带有偏见的现象作为金融政策制定的基础，金融政策就会陷入自相矛盾、似是而非的境地。从整个社会来看，无论政府、企业部门还是居民部门杠杆率都比较高，上升速度也比较快，客观上表明这些部门这几年融资速度快、融资量大。如果整个社会都"融资难"，融资速度就不可能快；如果整个社会都"融资贵"，融资量就不可能大。恰恰相反，只有当融资不难、融资不贵时，才有可能导致资金泛滥。在这种情况下如果仍然把资金供给方作为解决融资难、融资贵的政策抓手，在不改变资金配置方式下，要求商业银行继续提供更廉价的资金，其政策效果就有可能南辕北辙。

既然"融资难"是资金配置过程有问题，是信贷的结构问题，"融资贵"是资金使用效益的判断标准问题，解决融资难、融资贵的根本反而不是融资问题，而是如何改进金融资源配置结构和如何建立社会资金使用效率的衡量标准问题。

目前我国经济正面临下行压力，解决融资难的必要性和迫切性要远大于融资贵的问题，企业得不到融资也就无所谓贵不贵。这就要求我们要尽快改革我国的金融资源配置体系，提升市场配置效率。

首先，我们应当按照市场化、法治化的原则，积极推进资金配置体系的改革，尤其是加快利率市场化改革，建立有利于促进竞争的资金风险收益市场定价机制。放开利率管制，允许商业银行按照其自身的风险管理能力和水平，决定存贷款利率，一方面可以增加信贷的有效供给，改善结构，另一方面能够有效改善货币政策的传导机制，打破由于价格管制而形成的"天花板效应"，解决"宽货币"无法形成"宽信用"的传导阻碍，使得国家有关支持民营企业、中小企业融资的政策能够真正传导到企业"末梢"。

由于国有企业、民营企业、小微企业等不同企业主体的风险属性不同，金融机构所要求的风险溢价也就不同。金融资源配置体系越是能够容纳风险属性较高的民营或小微企业，就越会表现出多层次的价格体系，整体来看可能就会不断抬高社会融资的平均成本，融资可能会更"贵"。但这种"贵"与原来可获得融资的僵尸企业、低效企业的主观判断不同，是企业资金使用效率竞争的结果，导致的是全社会资金配置规模和效率的同步提升而不是缩减。相对于民间借贷的价格，能够进入正规融资体系的企业，其实际资金成本只会下降而不会上升。社会平均资金成本上升真正影响的是那些低效、甚至无效占用社会资金资源的企业，这恰恰又为我们清理僵尸企业，降低社会资金滥用，去除高杠杆创造了有利环境。

纠正价格扭曲，改革我国金融资源配置体系，提高资金配给对不同企业的包容性，是现代国家解决融资问题的基本途径。但这种途径实现的包容是市场原则下的包容，由于市场经济自身存在着缺陷，再完善和发达的金融资源配置体系也不能消除部分企业、群体、地区融资难的问题。换句话说，市场原则外存在的局域性、局部性融资难的问题，在任何时期、任何国家都会存在。

联合国在2005年倡导推广普惠金融，实质就是在市场原则包容的基础上，通过技术进步、金融创新和积极履行社会责任，使得金融体系不断提升其局部包容性，逐步使得全体社会居民能够享有平等的金融权利。国务院在《推进普惠金融发展规划（2016—2020）》中明确指出："普惠金融是指立足机会平等要求和商业可持续性原则，以可负担的成本为有金融服务需求的社会各阶层和群体提供适当、有效的金融服务"。由此可见，发展普惠金融解决局部性融资难，依然需要机会平等和商业原则。

因此，我们可以得出以下结论：解决我国"融资难"的基本途径是资金配置体系的改革，解决"融资贵"的主要方式是科学评判体系的建立，发展普惠金融是解决融资难融资贵问题的有效补充。没有资金配置体系的改革，主要依靠普惠金融解决融资难融资贵，无疑是

"舍本逐末";没有普惠金融的积极补充,完全依赖市场原则,就难免"有失偏颇"。无论是市场金融还是普惠金融,都需遵循其内在发展规律,不能有意或无意地将其变成"福利"金融,各国实践证明,依靠"福利"金融解决融资难融资贵问题,只能是"扬汤止沸"。

(黄毅,2018年11月6日)

普惠金融研究现状和简要综述

近年来,"普惠金融"备受社会各界关注,发展普惠金融,有利于促进经济可持续均衡发展,助推经济发展方式转型升级,增进社会公平和社会和谐,是我国全面建成小康社会的必然要求。党的十九大报告提出,"深化金融体制改革,增强金融服务实体经济能力",建设银行党委提出在全行实施普惠金融战略,作为建设银行"三大战略"之一,旨在破解社会难点痛点问题,履行国有大行的责任担当和使命。本文对普惠金融研究的历史、发展和现状做一简要梳理,以厘清相关概念,增进相关认知。

一、"普惠金融"概念的提出

具有普惠和慈善性质的金融形态并不是一个新事物,我国北宋王安石变法时就提议实施"青苗法",在每年青黄不接的月份由官府给老百姓提供现钱或者粮食谷物,以资周转。解放以前,共产党在陕甘宁边区和晋察冀边区开展安置难民、支持农民生产等具有普惠性质的贷款。欧洲则早在1462年就有意大利的传教士设立慈善性质的典当机构。

而现代意义上的"普惠金融",其正式名称源自英文"Financial Inclusion",是由小额信贷和微型金融发展而来的概念。2005年,联合国在小额信贷年会中,第一次提出"建设普惠金融体系"的新概念,并定义为:普惠金融是一个为社会所有群体和阶层提供金融服务的体系,尤其覆盖到低收入和贫困人群。2016年,在中国杭州G20峰会上,经各成员国讨论磋商,金融领域的首个国际性的共同纲领《G20数字普惠金融高级原则》正式公布。在国务院印发的《推进普惠金融发展规划（2016—2020年）》中,对普惠金融的定义、覆盖群体、发展目标做出了明确界定。

总的来说,普惠金融是指立足于机会平等和商业可持续原则,通过政策引导扶持、加强金融体系建设、健全金融基础设施,以可负担的成本为有金融服务需求的社会各阶层和群体提供适当的、有效的金融服务。小微企业、农民、城镇低收入人群和残疾人、老年人等其他特殊群体是普惠金融的特定服务对象。

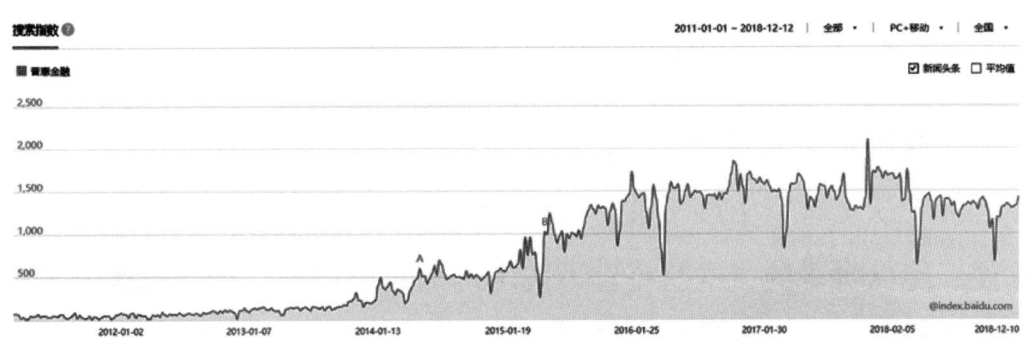

图1　"普惠金融"在网络上的搜索热度

资料来源：中国建设银行研究院根据互联网大数据调查整理。

近年来，普惠金融已成为社会热门话题。互联网大数据调查显示，从2014年以来，"普惠金融"关键词的网络搜索量大幅上升，并持续保持高热度不减。

二、国外研究动态

国外对于普惠金融的研究主要集中于以下几个方面。

（一）辨析普惠金融（小额信贷、微型金融）的基本目标

Vogel，Rhyne和Christen（1995）认为服务更多的穷人和商业可持续性是小额信贷最基本的两个原则[1]。Robin Young（2004）在提供普惠金融服务的机构由非政府组织转为正规金融机构的背景下，关注正规金融机构如何开展小额信贷业务，并讨论小额信贷业务的可扩展性与可获利性[2]。联合国（2006）指出每一个发展中国家在健全的政策、法律和监管框架下，都应该有一整套的金融机构体系，共同提供合适的金融服务和产品给所有层面的社会成员[3]。

（二）讨论普惠金融的内涵和主要的服务内容

联合国资本发展基金United Nations Capital Development Fund（2006）认为普惠金融应该包含以下内容：①对于所有的家庭和企业来说，能以合理的成本获得合理范围内的金融服务，包括储蓄、长期

---

[1] Christen RP, Rhyne E, Vogel RC, et al. Maximizing Microenterprise Finance, 1995.
[2] Liza Valenzuela, Robin Young. Consultation on Regulation and Supervision of Microfinance: A Workshop Report. Microenterprise Best Practices. Development Alternatives, Inc. 2004.
[3] Building Inclusive Financial Sectors of Development, UN, 2006.

和短期贷款、租赁、保理、抵押、保险、养老金、支付以及当地资金转账和国际汇兑；②有健全的内部管理体系、行业业绩标准、市场监管以及审慎的法律规范；③参与普惠金融的机构能够持续性地提供金融产品和服务；④金融产品和服务的供应商需要基于成本效益原则为客户提供选择方案[1]。印度政府的Planning Commission（2009）在印度金融机构改革委员会的报告中认为普惠金融不仅包括信贷，还包括其他一系列的金融服务，比如储蓄、保险和汇款等。其重点强调了安全且有利润率的金融产品如储蓄、保险、汇款、养老金等需要加以推广，使之成为解决贫困问题的有效工具。该报告还重点强调了普惠金融覆盖面的问题，认为普惠金融的发展要覆盖贫困人群的真正需求[2]。

（三）研究政府、金融机构和客户等各参与方在普惠金融中的利益格局

Mohan（2006）认为普惠金融为社会各阶层尤其是贫困人群提供恰当且低成本的、公平且安全的正规渠道金融产品和服务，从而提升了客户的生活质量[3]。Rangarajan（2008）[4]和Khan（2011）[5]认为普惠金融为低收入者、贫困人群等弱势群体，以可承受的成本提供金融服务和及时合理信贷服务。Lam（2010）认为不仅仅是客户受益于普惠金融，政府也可以从中获益，因为随着普惠金融的发展，之前非正

---

[1] United Nations Capital Development Fund, Department Economic. Building Inclusive Financial Sectors Development. United Nations Publications, 2006.
[2] Planning Commission, Government Hundred Small Steps: Report Fi-nancial Sector Reforms. SAGE Publications, 2009.
[3] Mohan R. Economic Growth, Financial Deepening, and Financial Inclusion. 2006.
[4] Rangarajan C. Report of the Committee on Financial Inclusion. Government of India, 2008.
[5] Khan H. Financial Inclusion and Financial Stability: Are They Two Sides of the Same Coin? . Speech at Bancon, 2011.

规渠道的交易转变成为合法合规、可监管和透明的交易①。Lusardi、Mitchell（2011）认为，发展普惠金融会使客户、政府和金融机构三方同时获益②。

（四）通过对"金融排斥"的研究阐述普惠金融的原理

普惠金融（Financial Inclusion）的对应面是"金融排斥"（Financial Exclusion）。金融排斥理论的研究早于普惠金融。"金融排斥"最早由Leyshon和Thrift（1993）提出，他们在研究英国金融网点分布时发现，居民能否获得金融服务在很大程度上取决于地理位置，农村和郊区的居民较难获得相应的金融服务③。Sherman Chan（2004）认为"金融排斥"是某些社会群体缺乏从金融体系中获取金融服务的一种状态，特别是社会中的弱势群体缺少足够的方式或渠道，在获取金融产品、享受金融服务方面存在诸多困难和障碍④。

一些国外学者还提出旨在抑制金融排斥的治理措施。比如，由政府出资设立各类保障基金，包括：普及金融知识的教育基金、保障儿童基本资产的儿童基金；鼓励穷人储蓄的穷人基金、为弱势群体提供无息贷款的危机基金等等。又如，加强社区银行立法和管理，要求社区银行开展消费融资、小额贷款等社区金融业务，对社区银行进行分层分级管理，以消除金融排斥现象。

---

① Lam, W. Funding Gap, What Funding Gap? Financial Bootstrapping: Supply, Demand and Creation of Entrepreneurial Finance. International Journal of Entrepreneurial Behaviour & Research, 2010. 16（4）: 268–295.

② Lusardi A and O S Mitchell. Financial Literacy and Planning: Implications for Retirement Wellbeing. National Bureau of Economic Research, 2011.

③ Leyshon, A. and Thrift, N., The Restructuring of the UK Financial Services in the 1990s, Journal of Rural Studies, 1993（9）: 223–241.

④ Sherman Chan. Financial Exclusion in Australia [R]. The Third Australian Society of Heterodox Economists Conference. 2004.

三、国内研究动态

(一)学者研究

一是结合中国特色对"普惠金融"的概念和目标进行辨析。王睿(2008)等认为普惠金融体系的基本特征是公平、高效、稳定以及与经济结构的相容性①。杜晓山(2010)认为,普惠金融体系实际上是在总结小额信贷和微型金融的基础上将零散的小额信贷产品和服务发展成为金融整体发展战略的一部分,即"微型金融产业"②。姚余栋(2016)指出,家庭资产配置、家庭财富投资和家庭金融服务越来越成为普惠金融的核心③。

二是对于普惠金融的发展路径、机制和模式提出建议。焦瑾璞(2010)认为需从系统和机制的层面来理解和设计普惠金融,从而使普惠金融更加制度化、定型化和可持续④。周孟亮、李明贤(2011)研究了旨在实现普惠金融目标的大型商业银行与专业性小额信贷机构之间的合作机制⑤。杨再平(2012)提出"社会责任+市场机制+外部监管"的普惠金融运行机制模式⑥。谭文培(2013)提出构建市场、政府和社区相结合的"三位一体"的普惠金融运行机制⑦。纪敏(2015)认为,普惠金融要依靠技术革新和政策支持来鼓励金融市场向经济落后的地区开

---

① 王睿,明悦,蒲勇健:"普惠性金融体系下中国农村小额信贷机构的研究分析",载于《重庆大学学报(社会科学版)》,2008(05):28-34。
② 杜晓山:"小额信贷与普惠金融体系",载于《中国金融》,2010(10):14-15。
③ 姚余栋:"新常态繁荣",载于《金融会计》,2016(04):12-14。
④ 焦瑾璞:"构建普惠金融体系的重要性",载于《中国金融》,2010(10):12-13。
⑤ 周孟亮、李明贤:"普惠金融视野下大型商业银行介入小额信贷的模式与机制",载于《改革》,2011(04):47-54。
⑥ 杨再平:"打造中国的普惠银行",载于《中国金融》,2012(17):71-72。
⑦ 谭文培:"基于'三位一体'视角的农村普惠金融体系构建",载于《湖南科技大学学报(社会科学版)》,2013,16(06):85-88。

放,并且提供价格合理和种类丰富的金融产品①。

三是研究普惠金融发展对于促进经济增长和缩小贫富差距的社会意义。周小川(2016)提出,要通过完善金融基础设施建设,不断提高金融服务的可获得性,以可负担的成本将金融服务扩展到社会低收入人群和欠发达地区②。厉以宁(2014)提出,"草根金融"的发展对于提高中低收入家庭收入、农村扶贫开发、增加就业等具有重要作用,要在深化金融改革的过程中促进"草根金融"的发展③。

(二)政府规划和白皮书

一是党和政府的文件全面阐述普惠金融发展战略。党的十八届三中全会第一次将普惠金融写入党的正式文件;党的十九大报告、全国金融工作会议都强调,要建设普惠金融体系,加强对小微企业、"三农"和偏远地区的金融服务;《政府工作报告》也多次指出要发展普惠金融,鼓励大中型商业银行设立普惠金融事业部,支持金融机构扩展普惠金融业务。

2015年12月31日,国务院印发《推进普惠金融发展规划(2016—2020)》,明确了我国发展普惠金融的总体思路、总体目标,提出要充分调动、发挥传统金融机构和新型业态主体的积极性、能动性,引导各类型机构和组织结合自身特点,找准市场定位,完善机制建设,发挥各自优势,为所有市场主体和广大人民群众提供多层次全覆盖的金融服务。

---

① 纪敏:"金融扶贫的几点理念",载于《甘肃日报》,2015-12-17(012)。
② 周小川:"更好地发展普惠金融",载于《金融时报》,2016-03-18(001)。
③ 孙芙蓉:"新常态下的金融改革——访全国政协常委、著名经济学家厉以宁",载于《中国金融》,2014(24):17-20。

2018年11月1日，习近平总书记在民营企业座谈会上的讲话中指出，"要优先解决民营企业特别是中小企业融资难甚至融不到资问题，同时逐步降低融资成本。""要扩大金融市场准入，拓宽民营企业融资途径，发挥民营银行、小额贷款公司、风险投资、股权和债券等融资渠道作用。"

二是金融监管部门发布实施方案和白皮书。2017年5月25日，银监会联合多部委发布《大中型商业银行设立普惠金融事业部实施方案》，明确了设立普惠金融事业部的商业化运作基本思路，其中特别明确"成本可算、风险可控、保本微利"的总体要求，确保普惠金融事业部长期可持续发展，强调了普惠金融的两个必备要素：一是机会平等；二是实现商业可持续。

2018年8月13日，人民银行发布《2017年中国普惠金融指标分析报告》，显示我国基础金融服务已基本实现行政村全覆盖，银行结算账户和银行卡使用已广泛普及，电子支付迅速发展，保险产品和服务使用稳步增长，信用建设稳步推进，消费者金融素养有所提升，金融消费纠纷非诉解决机制建设取得进展，信贷对普惠金融的支持力度平稳增长。

2018年9月28日，中国银行保险监督管理委员会发布《中国普惠金融发展情况报告》（简称《白皮书》），总结了我国普惠金融发展的意义、主要措施、主要成效和基本经验，从发展多层次普惠金融供给、构建市场化经营模式、创新普惠金融产品服务、发展数字普惠金融、推进基础设施建设、加强金融知识普及和开展普惠金融试点等方面具体介绍了普惠金融发展举措。客观分析了当前普惠金融发展面临的挑战，并提出了未来建设普惠金融体系的思路。

(三)金融从业机构报告

中国建设银行、中国农业银行、中信银行、中国邮政储蓄银行等金融从业机构结合自身实践经验,对普惠金融发展问题发布了相关研究报告。

其中,最具有代表性的是,2018年10月11日,中国建设银行和新华社中国经济信息社共同发布《中国普惠金融蓝皮书(2018)——中国实践与国际借鉴》,介绍了普惠金融体系、机构建设和服务现状,从政府、市场机构以及金融科技三个方面探讨了国内实践现状,总结了宝贵的经验,分析了我国普惠金融未来发展中的机遇与挑战,并作出趋势研判,提出了相关政策建议。同期发布的"建行·新华普惠金融——小微指数"通过采集新三板、银行、具有较高资质的小贷公司、新兴科技渠道的金融服务商积累的相关数据,统筹客观数据分析和主观问卷调查信息,综合考量普惠金融的供给方和需求方,构建了小微融资指数、服务指数、发展指数和营商指数,成为全面刻画小微企业普惠金融的"晴雨表"和"指南针"。

(王盛刚、凌云,《观察述评》第12期,2018年12月18日)

普惠金融的实质与发展路径

普惠金融的兴起一方面源于2005年联合国的提倡与推广，另一方面也源于20世纪中期以来人们对"福利"金融不成功实践的反思和对市场化小额信贷、微型金融成功模式的总结，以及90年代以来关于金融排斥和金融权利平等实现等方面的研究和探索。从联合国和各国政府的角度来看，普惠金融是一种理念，但从金融发展和金融机构的角度来看，普惠金融是一种战略，其是否能成功，在很大程度上取决于金融机构对普惠金融实质的认识，以及由此确定的发展路径。

一、普惠金融的实质

不同的组织、机构，不同的学者对普惠金融的认识至今仍然存在着差异，有人从金融服务对象的角度出发，将重点服务于弱势人群、弱势产业、弱势地区的金融服务视同为普惠金融[1]，有人从金融服务的质量出发，认为普惠金融的关键是便利性、产品多样、可负担、可持

---

[1] 《全球视野下的中国普惠金融：实践、经验与挑战》，中国人民银行和世界银行联合报告，2018。

续和能够实现消费者保护的金融服务①，也有人从体系建设的角度出发，强调普惠金融是一个包容性的金融体系，"目标是能够在任何经济主体有金融服务需求的时候能够为其提供理想的金融服务"②。

尽管对普惠金融的认识存在差异，但有三个方面各界已形成了共识。

一是普惠金融不是传统意义上的特定对象金融。尽管普惠金融的服务对象强调了小微企业、农民、贫困人群、老年人群等特定对象，但与传统的"小微金融""农村金融""农业金融"等不同，前者"立足机会平等要求和商业可持续性原则，以可负担的成本为金融服务需求的社会各阶层和群体提供适当的、有效的金融服务"③，后者立足的是按照某一产业或某一类别服务对象特有的属性、特定的规律，专业化设计的政策性辅助模式或商业化运营模式。换言之，二者服务对象存在交叉，但其背后的经济原理、运行机理完全不同。

二是普惠金融是小额信贷（microcredit）和微型金融（microfinance）的进化而不是简单的延续④。不少国家在20世纪70年代之前就已经开展了大量的辅助农村金融发展，为贫困人口提供小额贷款，支持民间小微企业融资等实践，这些实践往往乏善可陈。70年代以后，"孟加拉乡村银行模式"的成功，使人们看到商业化原则可以与"扶贫信贷"有机结合，并实现可持续发展。随后，在小额信贷基础上又发展出了一批为贫穷人群综合提供储蓄、信贷、保险、汇款等金融服务的成功的微型金融机构（Microfinance Institutions，MFIs），

---

① 李杨、叶蓁蓁：《中国普惠金融创新报告（2018）》，社会科学文献出版社。
② 焦瑾璞、王爱俭：《普惠金融：基本原理与中国实践》，中国金融出版社。
③ 《推进普惠金融发展规划（2016—2020年）》，国务院印发，2016年。
④ 伊丽莎白.拉尼，李百兴译：《从小额信贷到普惠金融》，中国金融出版社，2016年。

在这种背景下，联合国在2005年才提出了用普惠金融替代微型金融的倡议。这种变化说明，普惠金融继承的并不是简单的小微贷款或金融扶贫，而是在这些领域金融创新导致的金融发展。换言之，普惠金融是在用金融创新和金融发展的思维替代过去政策金融和扶贫金融的理念。

三是普惠金融要解决的核心问题不是金融的"普惠"而是金融发展的包容性问题。"普惠"是金融体系包容性良性扩展的结果，只为部分群体提供服务、缺乏包容性，或者说金融排斥是产生不普惠的原因。"普惠金融"是一种理念或者主义，金融排斥是各国金融发展过程中需要研究和解决的课题。正因为如此，普惠金融在国际上被称之为"包容性金融"（inclusive finance），其研究对象是阻碍消费者（包括穷人和弱势群体）进入主流金融体系服务渠道，无法从正规金融机构获得金融服务的过程[①]，以及进入后受到金融产品排斥的问题[②]。

这三个方面的共识，对于理解普惠金融、推进我国普惠金融的发展十分重要。

第一，不能将普惠金融的发展简单地视为小微金融、三农金融、扶贫金融等特定企业类型、产业类型或人员群体金融服务的发展，这会扭曲普惠金融的发展方向。在我国特定的经济制度背景下，金融排斥（甚至金融歧视）对于不特定主体，在不同的时期表现出来的突出问题不同，目前解决民营企业融资的包容性，对于中国普惠金融的发展影响更为深远。如果简单地以"小、弱、穷"金融发展规模作为普惠金融的发展标志，一方面可能会忽视改善金融体系包容性更加重要

---

① Examining evidence of financial and credit exclusion in Canada from 1999 to 2005, Simpson W, The Journal of Socio-Economics, 2009

② Kept out or opted out? Understanding and combating financial exclusion, Kempson E., Whyley C., Policy Press, 1999.

的改革与建设，另一方面可能会出现"新理念下走老路"的问题。

第二，普惠金融的实质是通过金融创新改善金融体系的包容性，客观上实现社会责任和商业原则的有机融合，进而实现金融权利的平等。普惠金融与过去政策金融、补贴金融、慈善金融等的根本不同在于，其强调市场原则和商业的可持续性，强调"普惠"与金融体系发展的内在协调，实现这种内部协调的主要手段不是行政措施和政府干预，而是金融服务和产品的不断创新和演进。对于发展中国家而言，金融创新和技术进步是普惠金融发展的最主要手段，没有创新，也就无所谓普惠金融的发展。

二、普惠金融的方向

普惠金融或者说包容性金融要扩大金融的包容性，也就意味着要减少金融的排斥性，降低乃至消除金融排斥的方法也就决定了普惠金融的可能发展方向。

从金融服务和产品的角度来看，简单来说，金融排斥主要表现为外生性排斥和内生性排斥。前者是指不是由金融机构所能决定的、不取决于金融服务与产品属性等因素所导致的金融服务不可获得、不可理解和不愿使用的问题；后者主要指源于金融机构和金融产品自身商业原则和运作方式产生的需求主体排外现象。

形成外生性金融排斥的原因有很多，主要有三个方面：一是物理性排斥，包括由于地理原因（偏远地区）缺乏金融分布，由于环境原因缺乏金融设施与机具，由于生活原因（如游牧习惯）难以保持与金融机构的连续接触等等。二是制度性排斥，既包括错误的政策、法律等产生的金融歧视（如种姓制）和金融排除（如监管规定贷款必须要有抵押品且严格限制了抵押品的范围），也包括科学合理的制度可能产生的金融权利的不平等。比较典型的例子是利率管制以及由此形成的信贷配给。三是技术性排斥，由于不少金融服务的专业性较强，而金融知识又非人们生活必须掌握的知识，这就使得一些消费者对可能能够满足其金融需求的金融产品"可望不可即"。同样，现代科技设备的使用，也会使过去包容在金融服务中的老年人，因无法跟上科技发展而"望而却步"。

内生性金融排斥主要形成于金融服务的条件、过程和结果：一是条件排斥，任何一个金融产品或金融工具都是产品提供方（金融机构）和产品需求方（消费者）之间，按照一定条件达成的契约，换句话说金融服务一定具有某种条件要求，可能是资格条件（比如适当投资人要求），也可能是签署条件（如必须本人面签），还有可能是履约条件（如存款和转账中的反洗钱证明）等等。与制度性排斥不同，这些条件并不是简单的制度或政策要求，而是金融机构生存和发展的内在要求，是金融安全性、效益型和流动性在各项金融服务中的体现。二是价格排斥，金融产品通过交易才能实现其功能，交易就会有价格。按照市场原则，金融服务的均衡价格是供需双方风险收益水平达到均衡的价格，由此自然会导致均衡价格以下的金融需求被"抛弃"。三是利润排斥，不少消费者不是不符合金融机构的条件，也不是付不起金融服务的价格，而是根本找不到可以满足其金融需求的产品，这种现象在保险领域比较常见。究其原因，是因为金融机构按照"利润最大化"原则，对不盈利、微利，甚至是可盈利但相对麻烦领域金融服务的放弃。

金融排斥形成的原因和机理不同，减少金融排斥的合理有效的方式也就不同。合理有效的意思是，减少金融排斥的方式方法应当符合市场原则和金融发展的方向，符合经济金融理论内含的逻辑和规律，在扩张金融服务"量"和扩大包容性的同时，能够有效提升金融服务的"质"，促进金融深化。否则，我们完全可以退回到计划经济年代，通过行政的方式，以有限的金融服务实现形式上的"人人平等"。一些国家可能会以普惠金融的名义，重拾行政配给、低效配置、寻租谋利的恶习，这是发展普惠金融首先要警惕和防范的风险。

一般来说，外生性的金融排斥需要政府和社会的力量加以解决。其中，物理性排斥和技术性排斥将伴随金融发展的始终，除非金融机构遍布每个角落，每个人都具备同等的金融知识，否则总有一部分人会存在金融接触上的障碍，需要政府和社会大力解决的主要是制度性排斥。

结合目前中国的实际，亟须解决的制度性排斥问题主要包括两个方面：一是对金融价格的管制政策，也就是我们常说的利率市场化问题；二是对金融分工的管制和约束。

减少内生性金融排斥主要依靠市场和金融机构自身的发展：一是金融产品的生产需要经历设计、生产、销售、管理等环节，现有的金融服务和产品大多是被实践证明合理有效的产品，在金融服务的商业模式、生产流程、组织方式等不变的情况下，改善这些产品的条件、价格和对金融机构的吸引力的空间有限。要扩展现有金融服务的广度和深度，就需要不断改造金融产品的设计方式、生产流程，这就意味着金融机构需要不断进化。二是对于现有金融服务尚未覆盖的金融需求，特别是在某一个阶段或时期，非特定主体需要的非大众化需求，提高金融机构自身的业务宽度和灵活性，是持续扩大金融服务包容度的基础。

三、普惠金融的路径

从降低金融排斥提高正规金融体系的包容度来看，现有的金融机构发展普惠金融，或者说开展具有更大包容性的金融服务，生态化发展、开放式经营和创新型管理是基本路径。

在社会经济生态中，金融业作为一个生态主体与其他生态主体之间互联互动，需要从生态中吸收"养分"（人、事件以及由此形成的信息集），经过"消化吸收"（利用货币信用符号构建一系列的契约关系），形成"产出"（金融服务），金融活动依赖于所处的生态，也对社会生态产生着影响。

与历史上开展过的、众多的农村金融、小微金融、穷人金融相比，20世纪90年代以来微型金融取得成功的一个重要因素，就是随着科技信息的快速发展与变革，社会经济生态发生了明显的改变。一些适应这种生态变化的金融服务"吃"到了新的"草料"，自然快速生长起来，金融的包容性也就随着扩大。反过来，一些从这些服务中获益的，或者已经认识到生态变化潜在危机的金融机构，开始主动地、有目的地改造甚至创造周边的"微生态"，进一步提升与其他生态主体之间互换互动的数量和效率，形成一个个良性循环和不断成长的"微生态圈"，并使之联系起来，这是21世纪普惠金融能够一改过往颓势，走向新的发展道路的基础。

要提升生态主体之间的互联、互动、互换，普惠金融的发展就需要坚持开放性原则，按照平台化、系统化的方向，吸引更多的生态主体参与到精细化"生态链"的构建和维系中来。从生物学的观点看，越简单的生态链风险越高，也就越脆弱，反之，复杂的生态链稳定性高、资源利用和产出率也较高。从社会学的角度来看，分工是导致社会进步的重要原因。从普惠金融成功的实际经验来看，孟加拉格莱珉银行成功的关键是"创建了以贷款小组为核心的风险控制模式①"，在信用评估、一定金额的授信等环节，引入了"贷款小组"这一新的生态主体；巴西代理银行成功的关键，是"商业银行通过与代理商签订合同，推进无网点银行业务"，是将金融的"微细血管"交给了"零售商店、加油站、邮政网点"②等，建立起了可以迅速提高银行金融服务覆盖范围的"链条"。

生态化发展、开放式经营，势必带来管理方式的创新。创新和提升普惠金融管理水平的关键，是解决好两个问题：一是金融机构在普惠生态圈中的关键地位是什么？或者说生态链的开放边界在哪里？哪些事项是金融机构必须且应该管理的？二是如何管？

前一个问题实际上涉及的是金融业的本质问题，按照经济学原理和金融实践，简单来说，金融组织是经营货币与风险的机构，也就是说，管理货币等与信用交换有关的价值符号，以及由此形成的资产是金融机构的职责，以此为标的，经营和管理风险是金融机构的立身之本，也是金融组织在社会生态中进化出来的"看家本领"。

后一个问题实际要解决的就是按照生态化发展路径，金融机构如何提高资产与风险管理水平。金融资产与金融风险往往被认为是"一体两面"，商业银行发放100元的贷款，就意味着要组织管理100

---

① 焦瑾璞、王爱俭：《普惠金融：基本原理与中国实践》，中国金融出版社。
② 焦瑾璞、王爱俭：《普惠金融：基本原理与中国实践》，中国金融出版社。

元相关资金以及由此产生的风险。银行可以通过技术等手段不断提高风险管理的效率、降低风险管理的成本，但由于一家银行能够精通的行业、群体有限，而面临的客户所涉及的行业和群体众多，这种提升终归有限。这也是我国小额贷款、小微金融几经努力，依然没有解决"小"批量与"高"成本的根源所在。按照平台化、系统化建设普惠金融生态链的思路，有效的方法是将资产管理与风险管理剥离开来，在金融机构内部和金融机构之间进一步实现分工的细化。比如对某一企业群体、行业缺乏风险管理能力，但又具有资金组织管理优势的金融机构，完全可以通过将这些风险"卖给"具有风险管理优势的其他机构，从而愿意涉足其过去不愿意涉足的领域，拓展金融服务的包容性。90年代出现的CDS、CDO等信用违约衍生产品，正是实现了这种剥离，才促进了金融风险管理技术和水平的变革性演进。正如交通速度的提高会导致疾病传播风险的上升，包括金融衍生产品在内的各种风险管理工具和模式的创新，本身又会形成新的风险，但正是这些创新才推进了金融进化，才能使普惠金融的可持续发展具备不断前行的动力。

（尹龙，《专题报告》第10期，2018年12月20日）

企业融资难融资贵问题的系统分析和应对

自2013年以来,我国企业融资难融资贵问题持续存在,但重点是融资难问题。尽管相关部门对这一轮企业融资难融资贵问题高度重视,并采取了不少措施,但目前尚未得到实质性缓解。这种状况在改革开放之后的经济发展史上较为罕见,也表明其并非是一个简单的资金供需问题,需要采取系统思维,实事求是,结合我国的体制机制、经济发展、金融结构、银企互动等方面的具体情况,进行全面深入的分析探讨。

一、企业融资难融资贵问题的结构分析

近些年来,我国货币供应量M2、信贷供给和社会融资规模都保持了平稳较快发展的态势,实体企业贷款加权平均利率和利率上浮贷款占比已下降至低位(如图1所示)。我国企业部门的融资难融资贵问题不是一个简单的总量问题,既有着极强的周期性,更有着鲜明的结构性。

(一)企业融资难融资贵问题与经济下行压力相伴而行

金融体系是国民经济的中介部门,金融问题很大程度上是实体经济发展的镜像。企业融资难融资贵问题具有较强的周期性,通常伴随着经济增速明显下滑或者经济增长持续面临下行压力。这一次也不例外,2013年以来持续存在的企业融资难融资贵问题具有极强的顺周期性,其宏观经济背景是经济增速持续下滑,经济下行压力持续较大(如图2所示)。经济增速持续下行,一方面降低了企业投资经营的收益水平,减少了企业有效融资需求,另一方面也提升了企业对融资利率的敏感性,强化了企业对融资利率上升的"痛感"。

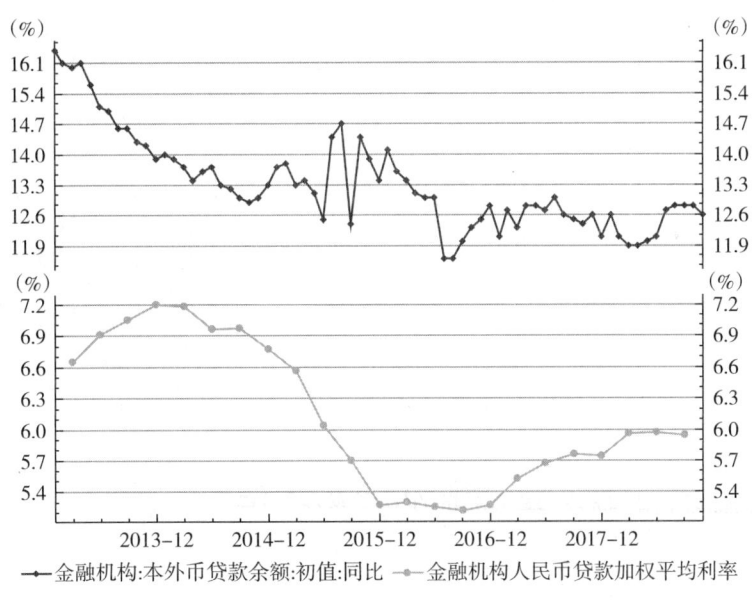

图1　金融机构信贷增速与贷款加权平均利率变化

数据来源:Wind。

(二)企业融资难融资贵问题存在明显的行业差异

近些年来,我国经济下行既有被动的周期性原因,也与主动推进经济结构调整和转型升级密切相关。与此相应，跟以往企业融资难融资贵问题集中在新兴技术产业不同，这一轮企业融资难融资贵问题在转型升级压力较大行业更加显著。例如，随着供给侧结构性改革的持续推进，钢铁、煤炭等产能过剩行业属于去产能的主战场，房地产行业则是去库存的聚集地，也是"有扶有控"货币信贷政策的控制重点。这些行业中不少企业生产技术比较落后，产品积压严重，盈利水平持续走低，难以满足银行放贷的条件。与此相对的是，近几年"大众创业、万众创新"战略持续实施，新兴技术产业企业面临的融资问题反而得到了缓解。

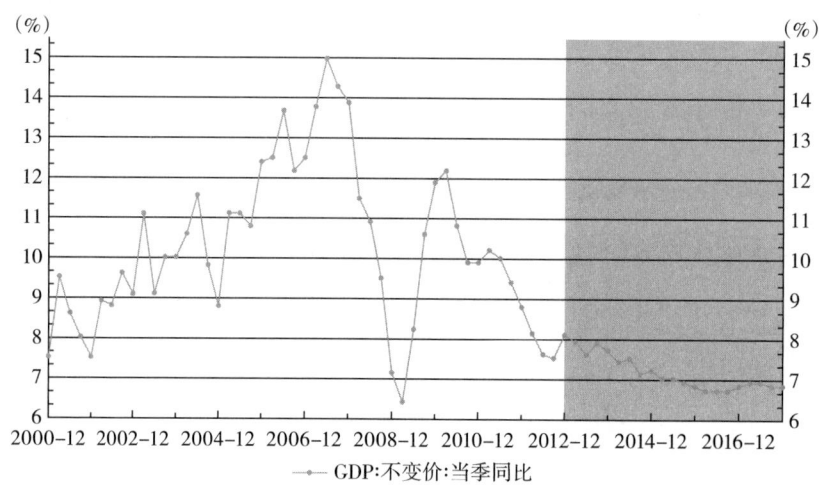

图2　2000年以来的GDP增速变化

数据来源：Wind。

（三）不同类型企业的融资难融资贵问题存在差异

这种差异体现在以下几个方面：大中型企业融资仍然容易，而小微企业融资难融资贵问题突出；国有企业融资相对容易，而民营企业特别是民营小微企业融资难融资贵问题突出；坚守主业、不盲目投资的企业融资并不困难，而脱离主业、投资房地产甚至投身民间借贷的企业融资难融资贵。例如，2015年，大型、中型企业的银行贷款余额均超过18.5万亿元，小型企业为14.8万亿元（如图3所示），而小型企业的数量远大于大型、中型企业，小型企业遭受更多、更大的融资难融资贵问题在所难免。与此同时，我国国有企业贷款余额在大型企业贷款余额中的占比超过了70%，而这一比例在中型、小型企业中分别为44.26%和32.57%[①]。部分大型、国有企业利用融资渠道便利和资金来源充裕，充当"资金掮客"，对其他企业发放委托贷款和开展资金拆借活动。

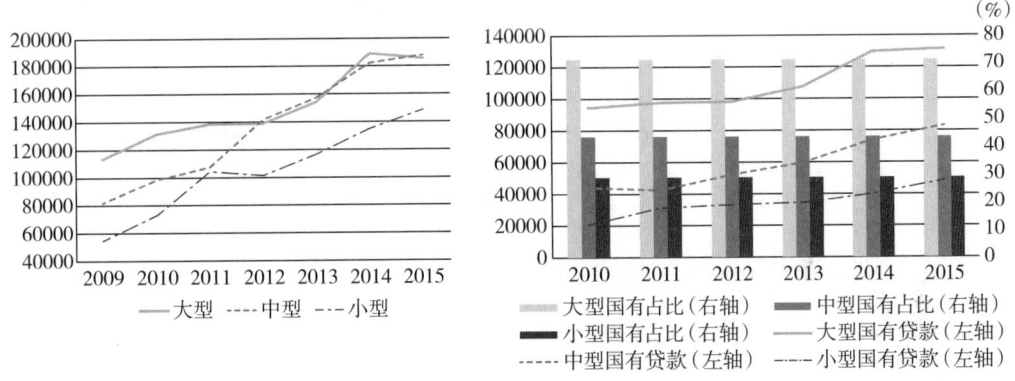

图3　不同规模、所有制企业的贷款情况

资料来源：中国人民银行、中国建设银行研究院。

（四）企业融资难融资贵问题与地区信用环境息息相关

一些地区企业逃废银行债务现象明显增多，逃废的手段和方式不断翻新，产生了极其负面的示范效应和羊群效应。一些地方甚至出现了为企业逃废银行债务提供服务的职业化群体，恶化了地区的信用环

---

① 朱太辉、赵伟欣和刘南希："金融服务结构、企业公平竞争与金融体系稳定研究"，载于《国际金融》，2018年第6期，46-54。

境,让银行"能贷不敢贷"。一些地方的企业出现了不还息、不代偿、不担保的"三不"现象和躺在政府身上、躺在银行身上、躺在担保人身上的"三躺"现象。还有一些地方的企业制造假项目、假主体、假交易、假担保、假报表等,虚构交易从银行骗贷,转而将骗取的信贷资金投向房地产、民间借贷等。这些行为破坏了所在地区的信用环境和银企之间的互信关系,让积极履行偿债义务、信用好的企业也在融资上遭受牵连,负面影响极大。

(五)民间借贷利率和第三方收费高是企业融资贵的重要来源

2014年以来,在货币政策和减费政策的引导下,我国企业从银行贷款的平均利率大幅下降,近两年来维持在6%左右的水平,银行服务收费项目不断规范,收费项目持续减少。但一些企业在借贷过程中引入了担保公司的第三方担保,担保费率大多为1.5%~3%(如2013年以来广州担保市场的平均费率持续保持在2.5%~3%的水平),有些甚至高达5%。除担保费外,一些担保公司还要求企业将贷款额的10%~20%留存在担保公司作为保证金或提供相应的反担保物,变相提高了企业融资成本。一些企业借助民间借贷融资,而民间借贷的综合利率普遍大幅高于银行贷款。如浙江温州民间借贷的综合利率持续保持在16%左右的水平,银行贷款利率高出了约10个百分点(如图4所示)。此外,近年来P2P网络借贷兴起,虽然有助于在一定程度上缓解小微企业和工体工商户的融资压力,同时随着互联网专项整治的持续推进,P2P平台的贷款不断规范、利率有所下降,但是根据"网贷之家"的统计,P2P行业约90%的平台综合收益率在8%~16%之间,还有不少平台的综合收益率在16%以上。

以上结构分析表明,在近年来我国企业融资难融资贵问题的合理成分和不合理成分相互交织。其中,一部分企业融资难融资贵问题是经济增速下行和去产能、去库存、去杠杆在融资上的反映,本质上是企业经营遇到了困境。这部分企业融资难融资贵问题具有周期性,符合经济金融发展规律和市场化的资金配置机制,是合理的,也是我国经济实现高质量发展所必须要承受的。另外一部分企业融资难融资贵问题则是金融体系结构不合理、不同类型企业融资地位不平等造成的,是投融资体制机制缺陷和金融市场化改革转型滞后的反映。这部分融资难融资贵问题具有长期性,但与周期性因素交织在一起,放大了企业融资难融资贵问题,是不合理的,也是最应该受到重视的。此外,还有一

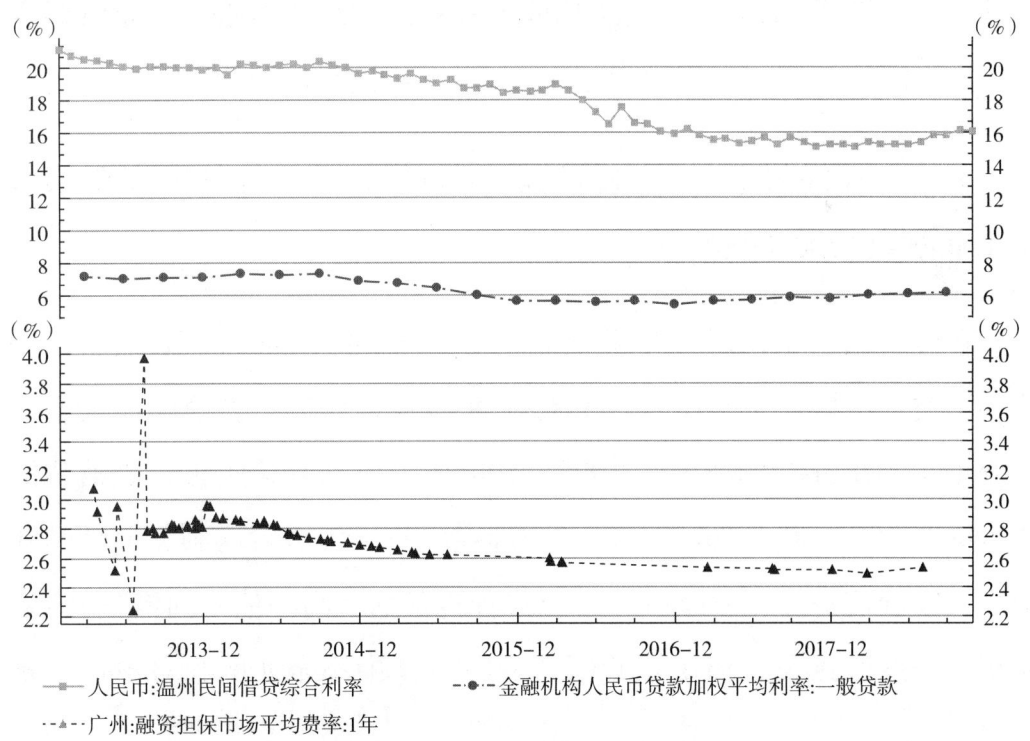

图4 民间借贷利率、担保费率与银行贷款利率对比

数据来源:Wind。

部分企业融资难融资贵问题是政府和市场关系处理不当的反映，既有地方政府行政干预、隐性担保等方面的乱作为，也有地方政府在信用环境治理、信息互通共享等方面的不作为。这部分融资难融资贵问题具有结构性，不是所有地方都存在，但是一个基础性问题，会冲销周期性应对政策和体制机制改革的正面成效，不仅是不合理的，而且是最不应该出现的[①]。

二、企业融资难融资贵问题的原因剖析

近年来我国企业部门持续存在的结构性融资难、融资贵是一个系统性问题，其背后是经济发展周期性因素、体制性因素、银企微观因素、配套政策和基础设施因素相互影响、共同推动的结果。

（一）在经济下行压力持续较大的背景下，杠杆率高企放大了企业融资难融资贵问题

在经济增长下落时，小微企业相对于大型企业而言，收益率、回款率会更快下降，现金流快速恶化，使得银行信贷更多地投向大中型企业（Gertler and Gilchrist, 1993、1994）。这在理论上被称为信贷的"质量逃亡"（Flight to Quality），即在经济下滑或者实施紧缩性的政策时，银行信贷从"低净值"的借款者转移到"高净值"的借款者[②]。这是个全球性现象，但由于我国企业特别是中小企业的收益更依赖规

---

① 也有一些研究将这些融资难融资贵中的合理成分和不合理成分成为"好的融资难融资贵"和"坏的融资难融资贵"。陈道富："我国融资难融资贵的机制根源探究与应对"，载于《金融研究》，2015年第2期。

② Bernanke, B., and M. Gertler. Agency Cost, Net Worth and Business Fluctuations. American Economic Review, 1989, 79（1），14–31.

模扩张和经济增长，这一现象在我国表现得更加突出，企业的营业收入相对于经济增速的下降速度更大。例如，2011~2015年，我国GDP同比增速从9.5%持续下降到6.9%，而我国工业企业的主营业务收入同比增速从27.23%下降到了0.8%，利润同比增速更是从25.35%下降到了-2.3%，下降幅度均超过了GDP同比增速降幅的10倍。更为重要的是，近年来与我国企业融资难与融资贵问题相伴的是企业部门的杠杆率持续上升，从2012年初的115%上升到了2018年6月的155%（如图5所示）。高企的杠杆率在经济上行阶段会给企业投资经营带来正的杠杆效应，而在经济下行阶段会给企业投资经营带来负的杠杆效应，放大企业的债务负担和融资困境。

（二）金融体系长期由间接融资主导，企业融资存在严重的模式期限错配和风险收益失衡

经济结构转型升级，经济发展从"要素驱动"转向"创新驱动"，更加需要股权融资、债券融资等直接融资模式的支持。但长期以来，中国的融资体系以银行为主，企业发展资金主要来自自我积累和银行信贷，多层次资本市场发展滞后，企业直接融资渠道不充分、不畅通。2002~2016年期间，我国企业股票融资占比始终在1.0%~7.5%之间徘徊，其间的年均占比仅为3.0%，企业融资存在巨大的"模式错配"。与此同时，我国企业的债券融资在新增社会融资规模中的占比虽然整体上处于上升态势，但仍处于20%以下的水平（如图6所示），导致实体经济投融资存在较大的"期限错配"[①]。此外，政府隐形担保和产品刚性兑付，混淆了风险资产和无风险资产，提高了实际的

---

① 朱太辉："中国实体经济债务：演变、风险与治理"，载于《东北财经大学学报》，2018年第4期。

无风险利率，扭曲了正常的风险收益关系和市场化的资金配置机制，导致企业的整体融资成本"水涨船高"。

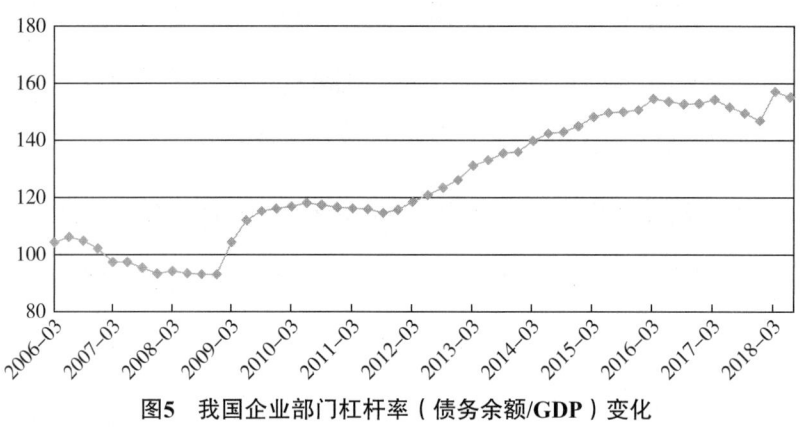

图5 我国企业部门杠杆率（债务余额/GDP）变化

资料来源：BIS。

（三）银行业金融机构同质竞争，贷款定价和风险管理能力不能有效覆盖所有企业类型

前期由于利率没有市场化，在解除利率管制之后保留了较强的政策引导，银行机构的"存贷利差"相对稳定。自2000年以来，我国银行业1年期定期存款与6个月至1年期的短期贷款利率之间的利差，大部分时间都保持在3%以上（如图7所示）。在经济平稳较快增长的背景下，长期稳定的存贷利差使得银行通过简单的规模扩张就可以获得可观的利润增长[①]。这种状况导致银行业金融机构缺乏差异化战略定位，竞争过度和竞争不足并存：在大型企业、政府性项目的贷款发放上竞争过度，而在小微企业的贷款上竞争不足，且对小微企业提供的信贷服务主要集中在规模相对较大、资质相对较好的小微企业上。同时，这也削弱了银行业金融机构改善贷款定价和风险管理的积极性，贷款

---

① 王胜邦，朱太辉："银行业转型发展：历史、挑战与未来——对改革开放四十年来银行业服务实体经济的回顾"，载于《国际金融》，2018年第11期。

定价精细化能力不足,信贷风险管理过度依赖抵押物,信贷审批和风险管理流程、绩效考核和激励问责机制不能有效地适应小微、民营企业和科技创新企业的特点。

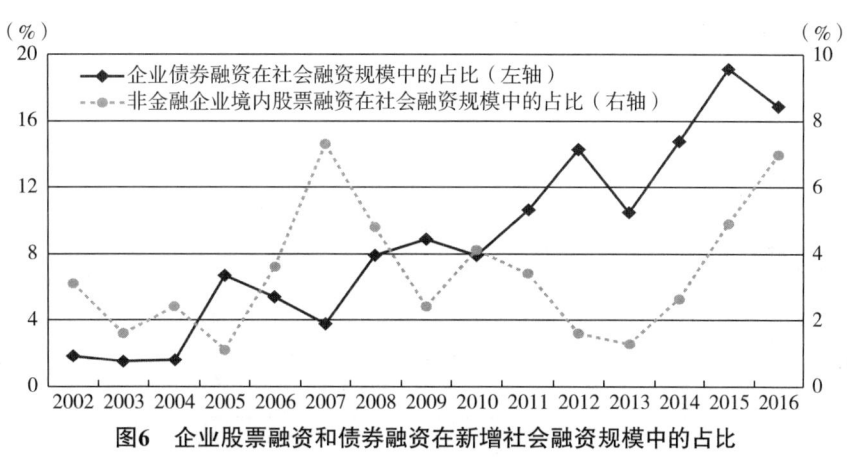

图6 企业股票融资和债券融资在新增社会融资规模中的占比

资料来源:Wind、中国建设银行研究院。

此外,一些银行业金融机构产品开发和创新动力不足,产品设计和服务模式同质化,一些信贷产品不能很好地匹配企业的生产经营需要、资金周转周期等。随着经济下行压力持续较大,银行不良贷款持续暴露,在没有可靠的贷款定价和风险管理保障的基础下,一些银行业金融机构的风险偏好明显降低,对于企业特别是对于小微企业的贷款能力和贷款意愿不断下降。

(四)企业部门资信水平下降,国有企业预算软约束和隐形担保产生明显的"挤出效应"

近年来随着经济增速持续下行和转型升级持续推进,一些行业企业的营业收入快速下降,现金流短缺甚至入不敷出,达不到银行放贷条件。与此同时,企业部门不断攀升的杠杆率削弱了企业融资扩张的能力,推高了融资利率的风险溢价。对于脱离主业而过度扩张、投资房地产和参与民间借贷的企业而言,这一影响尤为突出。同时,财务管理制度不规范,财务报表不健全,经营信息不透明,经营波动较大,生命周期较短,资本金和抵押物不足等制约小微、民营企业融资可得性和便利性的因素,在经济下行时期体现得更加明显。

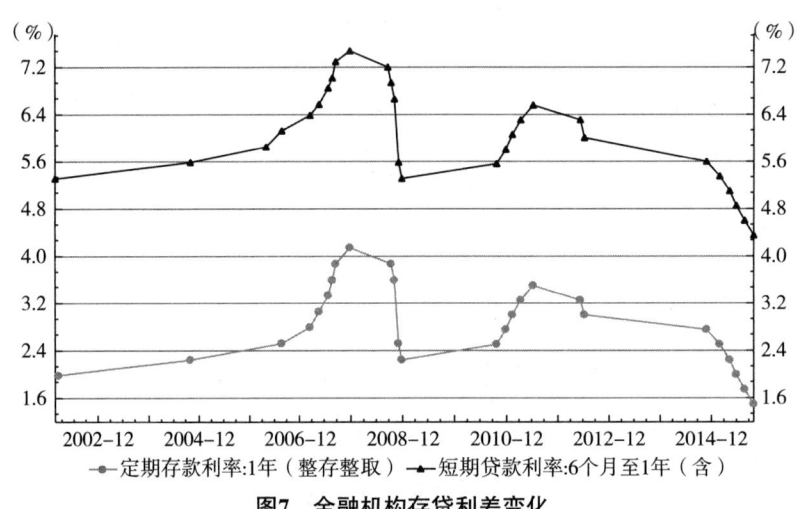

图7 金融机构存贷利差变化

数据来源:Wind。

此外,国有企业存在投资冲动、隐性担保和预算软约束,加上一些地方政府对商业银行信贷投放进行行政干预,使得国有企业和政府项目吸附了大量的金融资源,即使已经成为"僵尸企业"也僵而不死、死而不出,破坏了融资市场的公平秩序,对小微、民营企业的融资产生了明显的挤出效应。同时,一些大型、国有企业凭借自身在行业和产业链中的核心地位,恶意拖欠上下游小微、民营企业货款,加剧了这些企业的资金链紧张,制约这些企业的融资能力。

(五)支持小微企业融资的基础设施不健全,改善小微企业融资的配套政策不到位

社会信用体系建设滞后,工商、税务、海关等部门掌握的信用信息缺乏有效的归集、整合、共享，征信体系的信息难以全面、及时、有效反映企业生产经营状况和偿债能力，违规项目、淘汰产能及"僵尸企业"信息难以及时获取，银行信贷决策和风险管理缺乏有效的信息支撑，面临较大的信贷配置问题[1]。风险分担补偿机制不健全，在某些地方一方面存在较大的逃废债问题，银行业金融机构等对于贷款违约企业不能自主采取风险处置措施，信用环境较差，提高了企业贷款之后的道德风险，降低了信贷资金的配置效率[2]；另一方面，政府性融资担保机构、再担保体系、风险补偿机制建设滞后，这些政策性担保机构的风险补偿政策不明确、不持续，补偿资金到位难、适用难，不但无法对银行贷款提供有效担保，反而影响了银行对违约贷款的追偿和核销。银行不良贷款核销和处置成本较高，核销损失税前扣除优惠政策覆盖面较窄，影响了银行核销不良贷款的意愿与能力，中小企业和涉农贷款之外的不良贷款核销损失税前扣除标准总体较严，还需法院、工商等部门出具证明或签章确认，一些符合财政部门核销条件的不良贷款无法满足税前扣除条件，难以在应纳税所得额中抵扣，核销成本仍然较高[3]。

三、企业融资难融资贵问题的应对之策

破解企业融资难融资贵问题需要多管齐下、标本兼治，在理顺实

---

[1] Stiglitz, J., and A. Weiss. Credit Rationing in Markets with Imperfect Information. American Economic Review, vol. 71（1981），393–410.

[2] 陈德球、刘经纬和董志勇："社会破产成本、企业债务违约与信贷资金配置效率"，载于《金融研究》，2013年第11期，68-81。

[3] 银行业发展与供给侧结构性改革研究课题组："银行业服务供给侧结构性改革：实践、难点与对策"，载于《金融监管研究》，2016年第8期，16-27。

体经济与金融体系关系的大思路框架下,发挥市场在资金配置中的决定性作用和更好发挥政府作用:积极推进经济发展转型,更好地塑造企业融资的经济基础;深入推进市场化改革,破除企业融资的体制机制和基础设施束缚;持续加快改革创新,提升资金供给方——银行等金融机构的专业化、综合化服务能力;更好保障公平竞争,引导资金需求方——企业改善信用基础。

(一)积极推进供给侧结构性改革,改善企业融资的经济基础和收益预期

经济发展与金融运行互为支撑,同存共荣。高质量的经济平稳增长有助于提高企业的营业收入,增加企业的现金流,改善企业投资的预期,强化企业融资的经济基础。加强各领域政策的协调配合,将缓解企业融资难融资贵问题与推动经济结构优化调整、转型升级有机结合起来。统筹运用财政、货币、监管政策和产业、投资、价格等政策工具,为推进供给侧结构性改革做好基础保障,推动经济增长从要素驱动转向创新渠道,实现高质量的平稳增长。通过平稳的高质量增长来扩大企业的有效融资需求和降低企业的融资风险溢价,同时提高银行信贷经营的收益预期和风险偏好。

(二)积极推进资本市场改革,缓解企业融资面临的模式、期限和价格错配

推动直接融资与间接融资协调发展,降低企业杠杆率,缓解企业融资的失衡问题。持续推进多层次资本市场建设和转板机制,大力发展直接融资工具,增强区域性股权市场活力,不断提高直接融资占

比，更好满足科创企业、初创期企业的差异化融资需求，缓解企业融资的模式错配。积极推进债券市场基础设施建设，推动债券市场互联互通，更好解决企业长期债务融资需求，缓解企业融资的期限错配。有序打破刚性兑付，理顺金融产品的风险收益关系，更好发挥市场机制在资金配置中的决定性作用，缓解企业融资的风险收益错配。

（三）积极推进商业银行改革创新，增强融资服务的内生动力和综合实力

在机构体系上，各类银行业金融机构根据自身特点和比较优势，摆脱"速度情结"与"规模情结"，坚持实施差异化的发展战略，真正形成广覆盖、多层次、差异化的机构体系，实现开发性政策性金融机构与商业性合作性金融机构、银行机构与非银行金融机构合理分工、科学布局、差异竞争、联动互补[①]，以此提高企业信贷融资服务的多样性和覆盖面，缓解银行业信贷供给的顺周期性。在经营管理上，建立健全普惠金融事业部、科技金融专营机构等贷款专营制度，完善贷款定价机制和精细化定价能力，优化小微、民营企业的信贷审批流程和风险管理模式，构建适应科技、小微等不同企业类型的绩效考核和激励问责机制，让基层机构和员工对小微、科创企业等敢贷、能贷。在服务模式上，充分利用互联网信息技术，线上线下服务相结合，创新金融产品和风控技术，改造业务流程和服务模式，提高科创、小微、民营企业融资服务的效率和质量，更好地实现信贷供给和风险防控的统一。

---

① 周慕冰："关于银行业服务实体经济的实践与思考"，载于《金融监管研究》，2016年第2期，1-10。

（四）积极推进国有企业改革，促进各类企业融资平等竞争和强化信用基础

一方面，大力推进国有企业和政府投融资体制改革，认真贯彻落实党中央国务院《关于加强国有企业资产负债约束的指导意见》，加强地方政府性债务管理和消除地方政府对商业银行经营管理的行政干预，规范地方政府和国有企业的融资行为，有效抑制国有企业和地方政府的"投资冲动"和"预算软约束"，推动国有企业、民营企业在融资市场的平等竞争。另一方面，引导企业坚守主业，加大研发创新投入，提升自身的核心竞争力，避免盲目的多元化扩张，基于自身偿债能力合理确定债务结构和服务债务，以持续稳健的投资经营筑牢自身融资的信用基础。此外，要想缓解自身的融资难融资贵问题，企业应该建立健全资本（而不是资金）补充机制，"积谷防饥"，不能过度依赖外部融资搞无本经营、少本经营[①]。

（五）积极完善基础设施和配套政策，优化企业融资的外部环境和政策保障

完善政府主导的公共征信服务平台，有效归集整合各部门、各地区掌握的信用信息，积极发展资信调查和信用评级等中介机构，建立一整套完善中小微企业信用评级理论和方法[②]，缓解企业融资的信息不对称问题。加强政银企之间的投融资信息共享，联合打击逃废债和遏制失信行为，为企业融资塑造良好的信用环境。加快完善和实施政

---

① 杨凯生：《解决企业融资难思想方法比工作方法更重要》，在清华大学五道口金融学院和CWM50联合主办的"中国金融风险管理2018年会"上的讲话，2018年11月17日。

② 吕劲松："关于中小企业融资难、融资贵问题的思考"，载于《金融研究》，2015年第11期，115-123。

策性融资担保体系,健全政府风险分担和补偿机制,缓解企业"贷款难"和银行"难贷款"之间的矛盾。进一步完善不良贷款核销和税收减免政策,放宽不良贷款处置渠道和条件,解决银行服务小微、民营企业的"后顾之忧"。

(朱太辉、颜慧,2018年12月10日)

后　记

2018年是中国建设银行研究院设立的第一年，按照"边筹建、边研究"的工作思路，研究院围绕着"夯实基础、服务建行、建言国家"三个方向，开展了部分课题的研究工作，形成了一些初步研究成果。时至年底，我们选择了部分发表在研究院内刊上的文章，汇编形成本书。

为了便于阅读，本书按篇章汇集了宏观经济、中美贸易、金融风险、住房金融、金融科技、普惠金融六个方面的相关文章，董利、尹龙、安俊、宋效军、边鹏、王盛刚等人分别承担了相关篇章的编辑、修改和篇首语的撰写工作；安俊、赵熙承担了书稿编辑组织工作；杜要忠参与了全书讨论及部分统稿工作；闫晗、李一阳、刘雯、张旭等承担了文稿最终校对工作。宋效军、颜慧承担了书稿出版、翻译组织工作。

本书出版得到了国务院发展研究中心、中国宏观经济研究院、北京大学、武汉大学、中关村互联网金融研究院等单位的大力支持，国务院发展研究中心金融所参与了书稿审定，中国建设银行研究院全体同事在各方面都给予了大力支持，中国发展出版社的编辑同志在较短时间内完成了专业高效的出版工作，在此一并感谢。受选题范围和篇幅所限，还有不少优秀的研究成果本次未纳入本书，在此一并致谢。